刘晓英◎编著

图书馆评价研究

知识产权出版社
全国百佳图书出版单位

图书在版编目（CIP）数据

图书馆评价研究/刘晓英编著．—北京：知识产权出版社，2015.8
ISBN 978－7－5130－3477－7

Ⅰ.①图…　Ⅱ.①刘…　Ⅲ.①图书馆—评价—研究　Ⅳ.①G250

中国版本图书馆 CIP 数据核字（2015）第 091865 号

内容提要

本书是一本综合性的图书馆评价研究著作，全书共八章，系统论述了图书馆评价体系、高校图书馆评价、公共图书馆评价、数字图书馆评价和图书馆服务评价等问题。适合图书馆学研究人员、图书馆管理人员、图书馆工作人员、图书馆学专业师生、广大图书馆读者、社会公众等阅读参考。

责任编辑：张水华　　**责任出版**：孙婷婷
封面设计：邵建文　　**责任校对**：谷　洋

图书馆评价研究
刘晓英　编著

出版发行：知识产权出版社有限责任公司
网　　址：http：//www.ipph.cn
社　　址：北京市海淀区马甸南村 1 号
天猫旗舰店：http：//zscqcbs.tmall.com
责编电话：010－82000860 转 8389
责编邮箱：miss.shuihua99@163.com
发行电话：010－82000860 转 8101/8102
发行传真：010－82000893/82005070/82000270
印　　刷：北京中献拓方科技发展有限公司
经　　销：各大网上书店、新华书店及相关专业书店
开　　本：787mm×1092mm　1/16
印　　张：16.5
版　　次：2015 年 8 月第 1 版
印　　次：2015 年 8 月第 1 次印刷
字　　数：260 千字
定　　价：48.00 元
ISBN 978－7－5130－3477－7

前　言

自图书馆诞生起就存在图书馆评价问题，早期的图书馆评价以服务于图书馆内部管理为主。随着民主法治的推进，公众日益关注其税收支出效果，公众要求了解政府公共支出的呼声日益高涨，为了响应公众的要求，美国 1993 年通过政府绩效评估法案，各国政府纷纷仿效，公共部门的绩效评估问题备受瞩目。图书馆作为公共文化服务机构，政府对图书馆事业发展的投入及所产生的效果以及图书馆服务质量状况也自然受到公众的高度关注。

国外早在 20 世纪初就出现了图书馆评价的萌芽，系统的和有意识的图书馆评价始于 20 世纪中叶以来的英美国家。总体来看，经过半个多世纪的发展，国外图书馆评价经历了从理论研究到实际应用、从个人的学术观点到制定国际标准、从基于读者获得回报的图书馆价值研究发展到开发和应用新评价模型来考量图书馆整体效益、从简单的服务输出计量扩展到图书馆广泛的社会价值分析确认的转变过程。图书馆评价已经在许多国家的各类型图书馆得到了广泛应用并且积累了丰富的研究和实践经验。国外图书馆评价研究大致可分为 5 个阶段，经历了从理论探索到实证研究，从学习借鉴社会学、心理学理论到引入管理学、经济学理论，从主观评价到以用户的期望、要求和满意度为出发点的客观评价，由传统图书馆评价转向数字图书馆、电子资源和网络资源评价，不断进步、不断成熟和不断完善的过程。

我国图书馆评价实践与研究起步较晚，在借鉴国外图书馆评价实践经验的基础上，开辟了一条理论研究与试点实践紧密结合的发展道路，即在图书馆评价实践和研究中，边研究边部署试点准备工作，再深入研究并正式开展评价实践。总体来看，我国的图书馆评价实践和理论研究大致经历了20世纪80年代的起步、90年代的发展和2000年以来的完善3个时期。2000年以来，我国有关图书馆绩效评价、数字图书馆评价、服务质量评价、用户满意度测评、馆藏评价、数字资源评价、经费评价、人员评价等问题相继成为图书馆学和图书馆评价研究中的热点问题，图书馆评价实践在全球范围内普遍展开，研究论文逐年增多，相关研究著作纷纷涌现，至今不衰。可见，图书馆评价问题既是图书馆管理部门，也是图书馆界和学术界，特别是广大读者、用户、公众都十分关注的重要问题。

图书馆评价涉及两个层面：一是图书馆综合评价，把图书馆看作一个整体，对其运行绩效进行评价，也叫图书馆绩效评估，如高校图书馆评价、公共图书馆评价、数字图书馆评价；二是图书馆要素评价，把图书馆看成是一个由多个要素构成并相互作用的系统，对图书馆的各个要素单独进行评价，如图书馆管理评价、图书馆人员评价、图书馆资源评价、图书馆经费评价、图书馆服务评价等，也叫单项评价。为了能够更加系统全面地反映国内外图书馆评价实践和研究现状及最近进展，本书特意选择了图书馆评价中几个十分重要的研究领域进行系统研究集结成书。全书共分8章，系统地论述了图书馆综合评价问题。第1章绪论论述了图书馆评价的内涵、要素、内容、功能、作用和国内外研究现状及发展趋势；第2章和第3章分别用文献计量方法和可视化方法对国内外图书馆评价研究进展进行了系统分析；第4章从4个角度和层面阐述了国内外图书馆评价体系；第5章、第6章、第7章和第8章从评价历程、评价体系、评价标准等方面综合分析了高校图书馆评价、公共图书馆评价、数字图书馆评价和图书馆服务评价问题。本书可供图书馆管理部门、图书馆学术界、图书馆业界、图书馆广大读者及社会公众阅读参考。

本书是我用了近一年的时间独立思考、潜心研究、精心撰写而成的。本书在写作过程中得到我先生——中南大学医药信息系文庭孝教授的大力支持，没有他的支持和鼓励，本书不会如此顺利地完成并得到出版。本书在出版过程中得到了湘潭大学公共管理学院龚蛟腾副教授和知识产权出版社张水华编辑的大力帮助，在本书写作过程中我还参考和引用了国内外众多图书馆评价研究者们的成果，正是站在他们的肩膀上，我才能思有所得并完成此书，在此一并表示最诚挚的谢意！

图书馆评价是一个复杂的社会系统工程，也是一个综合性难题，加上笔者水平所限，有许多难题还没有解决，因而书中不妥之处在所难免，恳请读者批评、指正。

刘晓英

2015 年 1 月于中南大学

目　录

第1章　绪　　论

“没有科学的评价就没有科学的管理，没有科学的评价就没有科学的决策”已成为一种社会共识，对于图书馆也一样。我们生活在一个评价的世界里，任何人都离不开评价，都与评价息息相关。我们生活在评价与被评价之中，随时随地都在评价周围的人、事和物，同时也随时随地都在接受各种评价。因为在我们的学习、工作和生活中，任何人或组织都面临着各种选择，即做出决定和决策，而在做出决定和决策之前，需要对被选择的对象进行了解和认识，还要根据自己的价值观念和内心准则对被选择对象进行判断和审视，这就是一个评价过程。我们随时随地都在进行着各种决策和选择，因此也随时随地都在进行着各种评价。

图书馆作为一个完整的系统，一方面需要自我认识，因而需要进行自我评价，为图书馆管理和决策服务；另一方面图书馆作为社会系统的一个重要组成部分，需要得到社会认可，主管部门和公众需要了解图书馆，图书馆也要接受外部评价，如主管部门评价、读者评价和第三方评价（如媒体和研究机构）等。

1.1　图书馆评价概述

“评价”原指评论货物的价格。《宋史·戚同文传》曰：“市物不评价，市人知而不欺。”以后“评价”一词广泛用作衡量人、事和物的价值。今天“评价”一词已被广泛地用于社会生活的各方面。把评价引入图书馆管理，并对其进行理论研究，始于20世纪30年代。出于对高等教育评价的需要，我国从20世纪80年代开始对高校图书馆展开评价工作。[1]公共图书馆评价随之得到广泛关注。图书馆从诞生之日起就产生了评价和评估问题，图书馆评价随着图书馆形态和图书馆要素的变化而不断变化，目前图书馆评价正从传统图书馆评价向现代图书馆评价，再向虚拟图书馆、网络图书馆和数字图书馆评价转变。

1.1.1 图书馆评价的内涵

1. 图书馆

图书馆是一个生长着的有机体，图书馆也是一个发展中的概念。随着社会、经济、科技、文化等的发展，图书馆的结构、性质、任务、功能、职能和形态等正在不断地发生变化。古今中外有关图书馆的文献，一般是从两个方面来给图书馆下定义[2]：一是从实体出发定义图书馆，将图书馆看成是某种实物，如“藏书之所”“社会装置”“容器、场所”“设施”“地方”等；一是从观念出发定义图书馆，“图书馆”已经只是表达某个概念的符号或代码，如“机关”“部门”“机构”（如教育机构、文化机构、公共服务机构等）、“系统”（如交流系统、学习系统、文献系统、信息系统等）、“中心”（如文献中心、信息中心、知识中心、交流中心、学习中心等）、“社会组织”等。

无论图书馆的形态如何变化，图书馆都是一个由多要素构成的动态变化系统和有机整体。关于图书馆的构成要素，不同的时代有着不同的说法[3-5]：有陶述武先生的“三要素说”（书籍、馆员和读者）；有杜定友先生的“三要素说”（书、人和法）、“四要素说”（书、人、法和设备）；有刘国钧先生的“四要素说”（图书、人员、方法和设备）、“五要素说”（读者、图书、领导和干部、工作方法、建筑和设备）；有黄宗忠先生的“六要素说”（藏书、馆员、读者、建筑和设备、技术方法、管理）。可见人们对图书馆的构成要素和结构的认识也是随着时代的发展而变化。构成图书馆的因素很多，具体来说主要包括图书馆的人（工作人员和读者）、图书馆的财（经费）、图书馆的物（信息资源、馆舍建筑和技术设备）、图书馆的服务（读者服务、参考服务、借阅服务、读者培训等）和图书馆的管理（包括法律、法规、政策、制度、绩效、理念、文化等）。随着“数字图书馆”“网络图书馆”“虚拟图书馆”的提出，图书馆的结构已经发生了巨大变化，建筑和藏书等要素正在逐渐被淡化，而数字资源、网站等新要素正在兴起。

2. 评价

评价即评定价值的高低，也指评定的价值，即评价主体根据一定的评价标准对评价客体做出有无价值及价值大小判断的观念活动。评价有时是指某人对某人或某事的认同程度，如有时我们说，“你对这件事怎么评价?”；也可指某人或某事的社会影响和反响，如我们也常说，“大家对某某评价不错”，“大家对这事评价很好”。一般而言，评价就是按照确定的目标，在对被评对象进行系统分析的基础上，测定被评对象的有关属性并将其转变为主观效用的过程，即明确价值的过程。所以，评价工作包括两个基本点：①在评价目标的指导下，对被评对象进行系统分析，确定评价指标体系及相应的权重体系；②对被评价对象的有关属性进行测定，并将其转化为评价者的主观效用。因此，评价是管理和决策的基础。[6-7]

“评价”也常称“评估”，即评议估计。评价和评估两个概念的内涵和外延十分相近，经常被当作同义概念使用。在评价实践和研究中，“评价”与“评估”两个词也常常混用。但两者仍有一些细微差别。一般来说，在理论研究（如哲学）特别是方法论研究中常常使用“评价”一词，如评价指标、评价标准、评价公式、综合评价等；而“评估”一词常与实务（如经济领域、技术工程领域）相结合，如技术评估、项目评估、资产评估、价值评估等。[8-9]

“评价”或“评估”也称为“价值评估”或“价值评价”，一般有两层含义。一是经济学领域的价值评估，如资产评估、企业价值评估等。价值评估是指买卖双方对标的（股权或资产）购入或出售做出的价值判断，投资者通过一定的方法计算目标企业的价值，从而为交易是否可行提供价格基础。[10]一是哲学领域的价值评价，如价值认识、价值判断等。价值评价是指一定关系中的主体（评价者）用一定的评价标准对客体（评价对象）有无价值以及价值大小等做出肯定或否定判断的一种认识活动，与一般认知过程不同，它要运用一定的尺度、标准即价值标准去衡量价值有无与大小，因而价值评价的科学性取决于价值标准的科学性。[11]

评价或评估应用于组织、机构、系统通常称为“绩效评价”或“绩效评估”，是指对经营者业绩或组织经营效益，运用特定指标，对照统一的标准，采取规定的方法，对事物做出价值判断的一种认识活动。绩效评价或绩效评估的对象主要是个人和组织，图书馆的绩效评价或绩效评估显然属于组织范畴。图书馆绩效是指图书馆的业绩或效益。国际标准化组织颁布的国际标准 ISO 11620，即《信息和文献工作——图书馆绩效指标》（1998）指出：图书馆绩效是指图书馆提供服务的效能以及拨款和资源利用在提供服务中的效率，也就是效能和效率的有机契合。效能评价是指对所设定之目标完成程度的测评，即一项活动最大限度地达到设定的结果，便是有效能的。效率评价是指在既定目标实现中对资源使用情况的测评，即在一项活动中最小限度地使用资源或在使用相同资源的情况下能做出更多成绩，即被视为有效率。[12]

3. 图书馆评价

“图书馆评价”也称“图书馆评估”。图书馆评价从本质上说是一个价值判断过程，是指评价者以图书馆整体或其某一方面作为评价对象，依据特定的评价标准和评价方法做出客观评判的过程。[13]图书馆评价依据的标准是图书馆的发展目标、战略定位或特定要求，采用的评价方法包括定性评价和定量评价，得到的评价结果是判断达标与否或确定优劣、好坏，做出评价的目的是根据评价结果判断、调节和控制图书馆的发展目标和实施过程，使图书馆的发展过程向目标逼近。[14]因此，图书馆评价的实质就是测量、判断图书馆目标的实现程度。

图书馆评价涉及两个层面：一是图书馆综合评价，把图书馆看作一个整体，对其运行绩效进行评价，也叫“图书馆绩效评估”；二是图书馆要素评价，把图书馆看成是一个由多个要素构成并相互作用的系统，对图书馆的各个要素单独进行评价，如图书馆管理评价、图书馆人员评价、图书馆资源评价、图书馆经费评价、图书馆服务评价等，也叫“单项评价”。

在图书馆界，图书馆评价也称为“图书馆绩效评估”，是指对图书馆服务或设备的效能、效率、利用及适应程度的测评程序。具体来说，图书馆绩效评估是指图书馆借助外部强制性压力进行的绩效评估工作，以引领、指导、推动、协调图书馆或图书馆事业的发展目标，对照统一的衡量标准或指标，采用定性和定量方法，对图书馆投入的资金和资源，对图书馆管理者和从业人员在一定时间范围内经营图书馆所取得的业绩，对图书馆在一定时间内提供的各项服务中所获得的效益进行评价和测评，通过对特定范围内各个图书馆各项资源的投入和产出效益进行横向比较，使图书馆管理者从中寻找差距，改进读者服务工作，提高管理水平，力争使图书馆的经营和服务达到低耗、优质、高效，实现可持续发展。[15]

国内外图书馆界对图书馆绩效评价理解不一，但从不同的角度反映了图书馆评价的内容和实质。国外学者冯·豪斯（Van House，1987）认为，图书馆绩效评价就是“对照预先制定的标准和目标，系统评价有效性（质量）的过程”；麦肯兹（Mackenzie，1990）认为，图书馆绩效评价是对图书馆在特定时间内实现其目标的程度的系统评价，是对图书馆工作的“好坏程度”的总体评价；威尔逊和皮特曼（Wilson & Pitlman，2001）认为，绩效评价是对一项活动、计划或服务的合理性、效益和效率的评价。1996年，国际图书馆协会和机构联合会（IFLA，简称“国际图联”）认为，绩效是一个图书馆实现其目标尤其是满足用户需求的程度。绩效评价就是图书馆正在做的绩效与其使命以及想要达到的目标之间的比较。我国学者李淑敏（1995）认为，绩效评估从价值观念来看，实质是价值判断；从管理科学的角度来看，本质是目标管理；钱佳平、刘兹恒（2008）认为，图书馆绩效评估是对图书馆各项资源投入和产出效益进行的比较，与信息咨询、文献传递等图书馆各项服务的用户满意度指标相比，投资回报率更贴近图书馆绩效评估的本质。张红霞（2009）以国际标准化组织颁布的国际标准《信息和文献——图书馆绩效指标》和《图书馆绩效指标补充本》为基础提出，绩效评估就是评估图书馆所提供的服务和开展的其他活动的质量和效果，并评估图书馆为开展这些服务和活动所配置资源的效率[16]。根据国际标准化组织的定义，图书馆绩效是图书馆提供服务的效能和提供服务过程中资源配置及利用的效率。图书馆绩效评估是依照统一的指标，采用相应的方法，对图书馆投入的资金和资源，对图书馆管理者和员工在一定时间内经营图书馆所取得的成就和开展各项服务与配置资源的效率进行评价和测评。简单地说，图书馆绩效评估就是图书馆各项资源的投入（Inputs）和产出（Outputs）效率的比较。图书馆投入包括资金、人员、馆藏、空间、设备等；图书馆产出包括图书馆访问次数、馆藏流通量、参考咨询数量、电子资源下载量等。

1.1.2 图书馆评价的要素

图书馆评价活动是一个系统，是由多个要素构成的集合体，各个要素之间相互联系和相互作用，形成一个整体。具体来说，图书馆评价系统是一个由评价主体、评价客体和评价中介等多个相互联系、相互作用的要素构成的有机系统。其中评价主体是指实施评价的各类组织、机构和人员，是图书馆评价活动的组织者、参与者和管理者，包括图书馆主管部门、图书馆事业系统、图书馆自身、读者、公众、媒体和第三方机构等。评价客体是指评价对象，包括图书馆整体和图书馆要素。评价中介是指评价主体完成对评价客体的有效评价所必须具备的方法、手段、技术、工具、信息、程序等基本条件，包括评价方法、评价技术、评价工具、评价程序、评价模型或评价模式、评价信息、评价指标和评价法规制度等。评价标准是评价主体对评价对象价值衡量的尺度，即评价主体用以衡量评价对象的价值对于评价主体价值需要的满足程度的尺度。评价信息是指来自评价主体和评价客体方面的各类信息，以及评价活动过程本身积累的基本信息。评价法规制度包括与之相关的法律、法规、条例、文件和制度等[17]（如图1－1所示）。

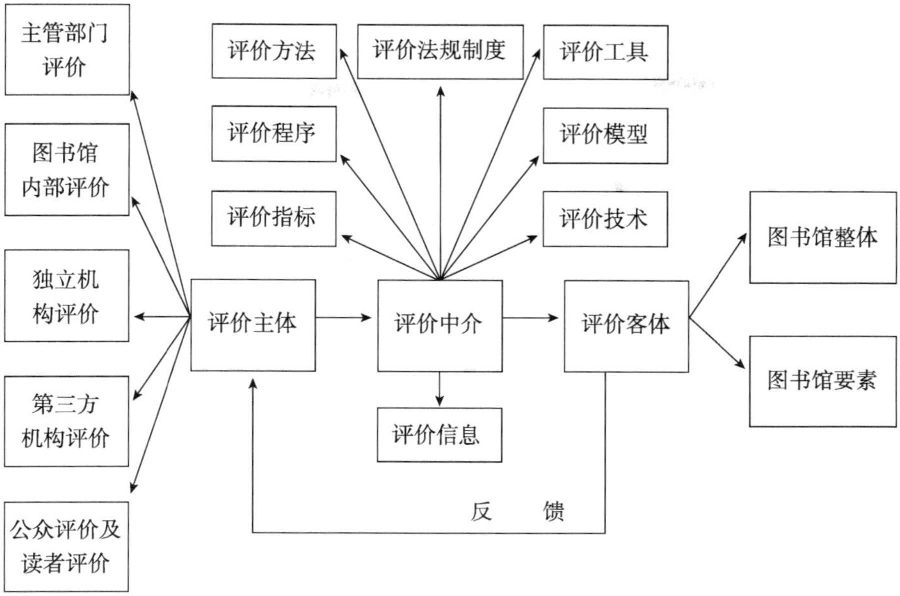

图 1－1　图书馆评价系统的要素及构成

1.1.3　图书馆评价的内容

从评价主体来看，图书馆评价可分为图书馆外部评价和图书馆内部评价。当我们把整个图书馆事业看成是一个完整系统时，图书馆外部评价是指由图书馆事业系统之外的相关群体组织实施的评价，这些相关群体包括图书馆主管部门（如图书馆行政主管部门、图书馆业务指导部门）、读者、公众、媒体、第三方机构（如图书馆评价中的专家群体、图书馆评价研究群体、社会调查机构等）；而图书馆内部评价是指由各类图书馆组织（如图书馆学会、协会、上级图书馆）实施的评价。当我们把某个特定的图书馆看成是一个完整的系统时，评价主体除了以上提到的外部相关群体之外，还包括图书馆学会、协会、上级图书馆及其他兄弟馆；而图书馆内部评价则指为图书馆管理和决策需要而实施的各类评价活动，主要是对图书馆各类要素的评价和图书馆各业务部门的评价（如图 1－2 所示）[17]。

从评价对象来看，图书馆评价可分为综合评价和单项评价。图书馆综合评价是指把图书馆看成是一个整体或系统进行综合、系统评价，如图书馆评级、图书馆排名、图书馆评估、数字图书馆评价等。图书馆单项评价是对图书馆单个构成要素的评价，如图书馆馆藏评价、图书馆电子资源评价、图书馆设备评价、图书馆服务评价、图书馆管理评价等。从评价目的来看，图书馆评价可分为达标评价和水平评价。图书馆达标评价是指评价主体根据一定的评价标准判断、审查、检验某个图书馆在一定时间内是否达到预先制定的建设要求和发展目标，是将评价对象与评价标准进行比较，评价结果是达标或不达标、合格或不合格。图书馆水平评价是对图书馆目前所处的发展状态和水平进行判断，是将评价对象之间相互进行比较或以某个特定的图书馆为标杆进行的比较，评价结果是优劣、好坏。

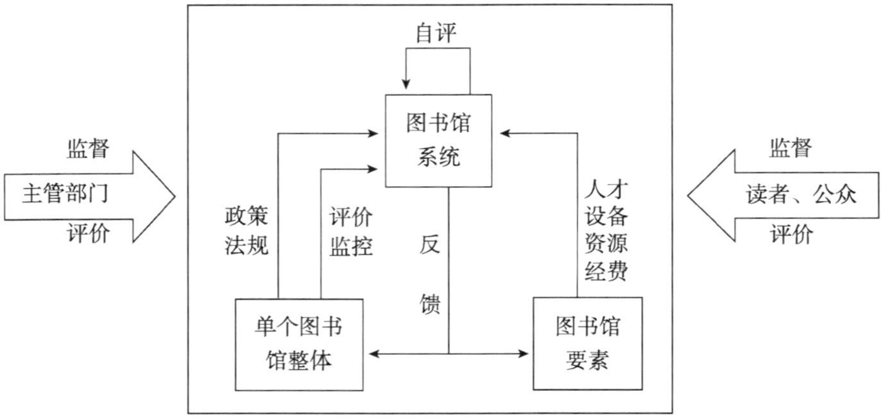

图1-2 图书馆评价系统

1.1.4 图书馆评价的功能与作用

评价具有判断、认定、选择、预测、鉴定、诊断、导向、促进、反馈、沟通、激励、监督、规范、参谋、学习、制衡、交易、检讨、宣传、管理和决策等多种功能。[18]但总体来说，判断、选择、导向、激励和监督是评价的最基本功能。图书馆评价的功能也不例外，这些评价功能引导图书馆向规范化、制度化、科学化和高效化建设方向发展。

图书馆评价的作用和意义在于通过评价促进图书馆建设规范化、推动图书馆可持续发展、提升图书馆管理与决策水平，根本目的是为了从整体上促进图书馆和图书馆事业的健康、可持续发展，促进图书馆业务工作规范化、标准化和科学化，加强图书馆之间的沟通、交流和学习，改进和完善图书馆读者服务工作，提升图书馆的社会地位。可以说，图书馆评价是规范图书馆业务工作、提升读者服务工作质量的有效手段，是促进队伍建设、提升馆员素质的有效途径，是宣传自我、树立社会形象的最佳机会，是争取财政支持、改善图书馆环境的有效途径，是提高管理水平和社会地位的有效手段。

1.2　国内外图书馆评价实践与研究现状

1931年印度著名图书馆学家阮冈纳赞撰写了一本享誉世界的图书馆学名著——《图书馆学五定律》（The Five Laws of Library Science），在书中他提出了著名的“图书馆学五定律”，第一定律——书是为了用的；第二定律——每个读者有其书；第三定律——每本书有其读者；第四定律——节省读者的时间；第五定律——图书馆是一个成长着的有机体。“图书馆学五定律”被国际图书馆界誉为“对我们职业最简明的表述”。“图书馆学五定律”同时奠定了图书馆评价研究的理论基础，也是图书馆评价实践的最高标准。

1.2.1　国外图书馆评价实践与研究现状

国外早在20世纪初就出现了图书馆评价的萌芽，但系统的和有意识的图书馆评价，始于20世纪中叶以来的英美国家。总体来看，经过半个多世纪的发展，国外图书馆绩效评价经历了从理论研究到实际应用、从个人的学术观点到制定国际标准、从基于读者获得回报的图书馆价值研究发展到开发和应用新评价模型来考量图书馆整体效益、从简单的服务输出计量扩展到图书馆广泛的社会价值分析确认的转变过程。绩效评价已经在许多国家的各类型图书馆得到了广泛应用并且积累了丰富的研究和实践经验。

1.2.1.1　国外图书馆评价实践现状

国外图书馆评价的实践注重实用性，主要体现在通过图书馆绩效评价研究项目推动图书馆绩效评价实际应用，并在图书馆绩效评价应用中注重图书馆评价手册、标准和指南的制定，用以指导图书馆评价实践的实施。

1. 国外图书馆评价实践的产生与发展

20 世纪 60 年代后期至 70 年代初，美国图书馆界遇到了一些经营上的矛盾。图书馆的管理者为了尽可能多地争取经费，继续服务读者，便开始改变图书馆以往的评价办法，强调图书馆业务“效能”与“效率”的评鉴。为了顺应这种要求，美国公共图书馆界于 1970 年开始了“公共图书馆绩效评价”的专案研究。

20 世纪 80 年代以后，各国纷纷将图书馆绩效评价从理论研究转向实际应用，制定了许多关于图书馆绩效评价的标准和指南，以规范和指导图书馆绩效评价的实践；同时，以英美为主的国家和一些国际机构也相继开展了一系列图书馆绩效评价的研究项目和评价实践活动。这些国际标准的制定和研究项目的开展，为图书馆绩效评价体系的完善和发展提供了理论基础与实证经验，推动了图书馆绩效评价的标准化和国际化进程。

2. 国外重要的图书馆评价手册、标准和指南

1979 年，加拿大国家图书馆颁布了《联邦图书馆绩效评价手册（Performance Measurement in Federal Libraries：A Handbook）》，对图书馆绩效评价的内涵和实施步骤进行了描述，此后，加拿大图书馆绩效评价从理论研究开始进入了实践应用阶段。1982 年美国图书馆协会出版了《公共图书馆绩效评价（Output Measures for Public Libraries）》，提出了图书馆服务绩效评价的 12 种方法。1988 年，国际图书馆协会和机构联合会（IFLA）出版了《关于大学图书馆绩效评价的标准》，提出从目的、组织和行政管理、服务、馆藏、员工、设施、财政和预算、技术、保存、维护合作 10 个方面对大学图书馆绩效进行评价，目的是为了提供一种评价大学图书馆服务质量的方法，为提高大学图书馆服务质量提供指南，得到国际广泛认可，成为大学图书馆绩效评价的指导性文件。

1996 年，国际图联出版了《测度质量：学术图书馆绩效评价的国际指南》，从图书馆总体利用和设施、馆藏、目标质量、馆藏文献的可获得性、参考服务、远程利用、用户满意 7 个方面共 16 项绩效指标来探讨学术图书

馆的绩效评价，指导学术图书馆进行绩效评价的实践活动，这是一部图书馆绩效评价的国际性指导手册。

1998 年，国际标准化组织颁布了国际标准 ISO 11620，即《信息和文献——图书馆绩效指标（Information and Documentation：Library Performance Indicators)》，该标准对图书馆的绩效评价指标、结构体系、测评方法等都做了明确规定，强调从用户评价、公共服务和技术服务三个方面共 29 项指标对传统图书馆的运营活动及服务质量等多个方面进行定性与定量相结合的综合评价。

2003 年 7 月，国际标准化组织又颁布了 ISO 11620：1998/Amd1，即《图书馆绩效指标补充本 1》（补充本第 1 版，2003 年 7 月)，在第一版的基础上增加了改善服务和人力资源的有效性与利用两个方面及五个新指标。其中在改善服务方面暂时还没有指标，也没有涉及电子图书馆绩效的评价指标。

2003 年 11 月，ISO/TR 20983 国际标准，即《电子图书馆服务绩效指标》颁布，从公共服务和人力资源的有效性与利用两个方面共设置了 15 项指标，专门针对电子图书馆进行绩效评价。

2006 年 9 月，ISO 2789，即《国际图书馆统计》（第 4 版）颁布，其特定目的之一是遵照国际标准收集图书馆统计数据，以确保统计数据的一致性，统计内容涉及图书馆馆藏、服务和资料的使用、使用与设备、经费、图书馆工作人员、电子图书馆服务六个方面，事实上成为图书馆评价的定量指标。

2008 年 8 月，ISO 11620 国际标准第 2 版颁布，是一个用以评价复合图书馆资源和服务的国际标准体系，分为资源、借阅和设备、资源利用率、效率、潜力与发展 4 个大类 45 项指标。ISO 系列国际标准的颁布为世界各国图书馆绩效评价提供了一套完整的统计和评价工具，为图书馆绩效评价指标体系的确定提供了指导，从而推动了图书馆绩效评价在各国的顺利实施。

2001 年 4 月，英国文化部颁布了《全面高效的现代化公共图书馆——标准与评价》，包括图书馆整体的选址布局、经费投入、各个图书馆的开放时间、不同馆藏之间的比例等19项指标，并据此对英国所有公共图书馆开始了为期3年的评价达标工作。这些指标都是以服务所辐射的居民人均情况来计算，充分体现了图书馆“以人为本”的服务理念。围绕公共图书馆的核心活动和绩效评价等问题，英国文化部分别于2004年和2006年对标准进行了两次修订，并于2007年12月正式发布了《公共图书馆服务标准》修订版，将原来的19项指标删减到10项。2008年4月，英国文化部对《公共图书馆服务标准》进行了第三次的修订并于2008年6月公布。这一标准既可用于外部同行评价，也可作为图书馆自我评价的工具，是迄今为止英国公共图书馆服务标准的最新修订版。

3. 国外图书馆评价研究项目和评价实践

1990年美国大学及研究图书馆协会（ACRL）开展了“学术图书馆绩效评价项目（Performance Measure for Academic Libraries Project）”，该研究项目从使用者满意情况、藏书的提供与使用、图书馆及其设备的使用和信息服务等几个方面来评价学术图书馆的绩效，评价的重点从重视图书馆本身的条件向重视读者的满意程度转变。

1995—2000年，欧盟委员会“图书馆与信息管理研究中心(CERLM)”开展了“欧洲图书馆绩效评价与质量系统（EQLIPSE）”（1995年开始）和“图书馆绩效评价与质量管理体系（EQINOX）”（1998年开始）两个研究项目，开发了评价传统图书馆与电子图书馆的绩效指标和质量测评方法，加强和完善了ISO 11620评价指标体系，推进了图书馆绩效评价指标的国际通用化。

1999—2000年，美国博物馆和图书馆服务研究所资助完成了“开发网络环境下国家公共图书馆统计和绩效评价（Developing National Public Library Statistics and Performance Measures for the Networked Environment）”项目，经过两年的研究，制定了一套关于公共图书馆网络化资源和服务使用情况的统计和绩效指标，即《公共图书馆网络化服务统计和绩效评价手册》。

2000年，由佛罗里达州立大学的信息使用管理及政策研究所（Information Use Management and Policy Institute）承担，有ARL部分成员馆参与的 E-Metrics 项目启动，旨在研发建立一套关于电子信息资源及服务的统计和绩效评价指标，用来判断图书馆在电子资源投资上的有效性。这个研究项目的开展为电子资源评价及 ISO 系列国际标准的完善与发展提供了理论与实证基础。

2004 年，英国高校与国家图书馆协会（SCONUL）和美国研究图书馆协会（ARL）联合资助一项研究计划，帮助 SCONUL 成员图书馆评价其对用户的服务及维持这些服务的情况，并于 2009 年出版了《英国与爱尔兰图书馆绩效评价（Library Performance Measurement in the UK and Ireland)》一书，介绍了 SCONUL 成员馆的绩效评价案例。

2004—2009 年，日本国会图书馆（National Diet Library）以公开和连续的方式对国会图书馆的活动绩效进行了系列评价实践，该活动通过各种统计资料和时间表对每项服务进行抽样分析计算来测度工作量，并通过每年开展的用户调查来收集关于顾客满意度和需求的具体建议。

1.2.1.2　国外图书馆评价研究现状

国外图书馆评价研究大致可分为 5 个阶段，经历了从理论探索到实证研究，从学习借鉴社会学、心理学理论到引入管理学、经济学理论，从主观评价到以用户的期望、要求和满意度为出发点的客观评价，由传统图书馆评价转向数字图书馆、电子资源、网络资源的测评，不断进步、不断成熟和不断完善的过程。

（1）20 世纪 40—60 年代，强调从馆藏、人员、设备、费用等输入资源和构成要素对图书馆进行定量评价研究。1948 年布拉德福（Bradford）在调查研究科学期刊的基础上提出了“布拉德福定律”，为图书馆分级有效组织馆藏提供了依据和测试方法；1965 年克莱伯（Clapp）和乔丹(Jordan)提出利用定量方法评价图书馆馆藏；1968 年，摩斯（Morse）建议用数学模型评价图书馆资源输入的效用。

（2）20 世纪 70 年代，图书馆评价引入了对服务效果的评价，研究重点由输入资源和构成要素转向产出效益。1973 年，奥尔（Orr）在《评价图书馆服务的好坏：探讨定量评价的一般框架》一书中指出应明确“图书馆本身有多好”和“图书馆做得有多好”之间的区别，图书馆服务的好坏主要通过“质量”和“价值”反映出来。1974年比勒（Beeler）等出版了《评价图书馆服务质量：一本手册》，首次对图书馆服务质量评价进行了尝试性的描述，该手册提出了各种评价服务效率、确定社区需求的具体建议。1977年兰开斯特（Lancaster）出版了《图书馆服务的衡量与评价》一书，最早应用新观念和新方法对图书馆服务评价问题进行了系统研究，包括图书馆参考服务、馆际互借、馆藏发展以及技术服务等的评价。1982年，巴克兰德（Bucland）的《图书馆好坏的概念》一书丰富和发展了奥尔从“质量”和“价值”两个方面区分图书馆好坏的评价，揭示了图书馆服务的特性。

（3）20世纪80年代，注重通过开发指标来评价图书馆的服务质量和产出绩效。1982年，兹韦齐格（Zweizig）等从图书馆利用、资料使用、资料存取和参考服务4个方面，利用包括图书资料的流通量、图书馆到访人数、参考咨询服务次数、图书资料递送率等指标来测度公共图书馆的产出、评价图书馆服务的绩效，同时还建议可根据具体情况增加一些其他指标。1984年，坎特（Kantor）从资料的可获得性和馆际互借的及时性来客观评价图书馆的服务质量，以帮助管理者做出决策；1977年兰开斯特（F. W. Lancaster）在《图书馆服务的测度与评价》一书系统论述了目录利用的评价、参考服务的评价、文献检索与情报检索的评价、藏书评价、文献提供能力评价、技术服务评价、图书馆自动化系统的评价等内容，并认为任何类型的服务都可以分为三个级别：效果评价、费用—效果评价和费用—效益评价。1988年，兰开斯特（Lancaster）在《If You Want to Evaluate Your Library》一书中重点强调评价馆藏图书和期刊，同时也提出了可以考虑用户教育和参考咨询服务等方面的评价指标。

（4）20世纪90年代以后，重点强调服务品质和用户满意度评价研究。1990年莱恩（Line）在《图书馆好坏的概念：用户视觉和价值》一文中指出用户对图书馆服务质量的评价受到环境、机会和期望的影响，不同的人对图书馆会有不同的评价，在图书馆评价中应尽可能地吸收多方面和多人的意见，才能使评价结果趋于公正合理，为图书馆开展读者评价提供了理论依据。1990年冯·豪斯（Van House）等出版了《测度高校图书馆绩效：一种实用方法》一书，强调从产出视觉对图书馆服务质量和产品质量进行评价，提出了利用用户对图书馆总体满意程度、图书资料的可获得性和利用、图书馆的设施和利用、信息服务4大类、15个指标来评价图书馆的服务质量。1996年，Hernon等在《高校图书馆的服务质量》一文中特别强调对图书馆服务质量的评价，论述了效率、效能、成本效益等问题，提出了应以读者需求作为图书馆服务评价的最终归依；2006年，Brophy认为图书馆服务效果评价应侧重公共图书馆服务对使用者的影响，他分析了图书馆职能、服务质量、绩效评价原则及定性定量技术等问题，并对没有进行绩效评价而试图管理图书馆存在的危险提出了警告。

（5）21世纪，数字图书馆、电子资源、网络资源评价受到重视。国外关于电子资源评价的研究始于20世纪90年代末。1994年，Dickinson对各种类型电子资源的选择和评价问题进行了探讨。2000年，Gregory从馆藏建设政策、采购前的资源选择标准和流程、经费预算、电子资源的组织与访问、版权许可和长期保存等方面对电子资源管理的全过程进行了研究；2001年，Bertot等建立了一个用于捕获和描述顾客使用在线资源的绩效评价核心体系，对公共图书馆网络化服务的工作站使用、虚拟参考传输、在线数据库服务、通过互联网访问图书馆及与用户沟通次数等情况进行了统计和评价研究。2006年，Sandusky构建了包括用户、机构、存取、内容、服务、设计与开发6个部分在内的数字图书馆评价框架。2008年，Trnkoczy和Stankovski探讨了联邦数字图书馆服务绩效的提高问题，认为使用网络服务资源框架（WSRF）对联邦数字图书馆提高服务绩效有帮助。此外，还有一些学者借鉴其他学科的理论和方法来探讨图书馆的评价问题，如Karunaratne（1978）讨论了成本—收益分析在公共图书馆评价中的应用。Kilker（1998）等将科技社会结构理论应用于数字图书馆评价。Gedeon和Rubin（1999）讨论了社会心理学的归因理论在学术图书馆评价中的作用，认为识别质量管理和系统奖惩效率的结构与管理问题是图书馆评价的重要内容；Mabe（2006）用市场营销策略的观点来看待数字图书馆评价问题。

1.2.2 国内图书馆评价实践与研究现状

我国图书馆评价实践与研究起步较晚，在借鉴国外图书馆评价实践经验的基础上，开辟了一条理论研究与试点实践紧密结合的发展道路，即在图书馆评价实践和研究中，边研究边部署试点准备工作，再深入研究并正式开展评价实践。总体来看，我国的图书馆评价实践和理论研究大致经历了20世纪80年代的起步、90年代的发展和2000年以来的完善三个时期。

1.2.2.1 我国图书馆评价实践现状

我国的图书馆评价实践源于高校图书馆评估，继而扩散到公共图书馆，主要体现在高校图书馆评价和公共图书馆评价两个方面。

1. 我国高校图书馆评价实践

1985年《中共中央关于教育体制改革的决定》推动了我国高等教育评估的实践。受高等教育评估的影响，我国高校图书馆评估的实践活动很快开展起来。1986年，山东省率先开展了高校图书馆评估工作。

1987年，国家教育委员会制定《普通高等学校图书馆规程》，作为高等学校设置图书馆评估项目和指标的基本依据。此后，我国高校图书馆评估工作得到迅速发展，宁夏、青海、辽宁、浙江、陕西、福建、甘肃等省（区、市）先后依据《普通高等学校图书馆规程》并结合自身情况设置了一些高校图书馆评估项目和评估指标，广东、北京、上海也制定了各自地区的评估实施办法，到1989年，全国已有11个省（区、市）开展了高校图书馆评估工作。1989年3月，全国高校图书馆情报工作委员会在西安召开我国第一次全国范围的高校图书馆评估研讨会，就1986年以来高校图书馆评估研究与实践进行了交流总结，并对今后高校图书馆评估工作的进一步开展进行了研讨，形成了《全国高等学校图书馆评估研讨会纪要》《关于开展建立普通高等学校图书馆评估制度的意见（草案）》和《普通高等学校图书馆评估指标体系大纲（草案）》3个文件，这次会议标志着我国高校图书馆评估的理论和实践工作开始进入到有组织、有领导的发展阶段。

虽然 20 世纪 80 年代中后期的图书馆评估理论和实践还不成熟，指标体系设置也比较简单，并且以定量指标为主。但是，这一阶段的评估却为我国图书馆评估工作的进一步开展奠定了理论和实践基础。

1991 年，国家教委正式下发了《关于开展普通高等学校图书馆评估工作的意见》《普通高等学校图书馆评估指标体系大纲》和《关于指标体系的说明》，对高校图书馆评估从组织领导、评估原则、内容设计、指标体系、操作方法等方面进行了规范说明。江西、吉林、黑龙江、广西、安徽、湖北、河南、山西、天津等省（区、市）也相继开展了高校图书馆评估工作，至 1993 年，全国已有 20 多个省级图书馆和煤炭部、商业部、邮电部、财政部、化工部 5 个部委所属的高校图书馆进行了评估。

20 世纪 90 年代，我国部分省市高校图书馆开展了对办馆条件、读者服务、文献采集、自动化建设等方面的单项评估。1995—2000 年，开展范围最广、影响最大的是关于自动化建设的单项评估。这些单项评估涉及面窄、投入少，评估工作相对细致、深入，是高校图书馆评估工作制度化行之有效的途径。

2002 年 2 月，教育部颁发了《普通高等学校图书馆规程（修订）》。为有效落实该规程的精神，强化其实际可操作性，2003 年，教育部高校图工委发布了《普通高校图书馆评估指标（征求意见稿）》及关于评估办法的说明，用以规范和指导高校图书馆的指标体系设置和评估活动的开展，这次的征求意见稿将读者评价活动作为一项重要的评价内容纳入了二级评价指标。由此，高校图书馆的评估工作逐步走上了正常化、制度化和规范化的轨道。

2006 年，教育部公布了《普通高等学校图书馆评估指标（修改稿）》，同时，还将图书馆的等级标准列入了普通高等学校本科教学评估指标体系。这一举措开创了图书馆建设与发展的新局面，有效保障了图书馆评估期间的基本建设经费，使图书馆的文献资源特别是纸质图书得到了大量增加，软硬件设备得以全面更新。但是，相当多的普通高校为达标，大量突击购书，片面追求馆藏数量而忽略质量，致使一些低价低质图书流入图书馆，一定程度上扰乱了图书馆的正常工作规范，降低了馆藏资源建设的质量，这与高校本科教学评估“以评促建”的原则相矛盾。同时，在本科教学评估中所设立的一些指标，并不能全面反映和体现图书馆的工作内容和工作状况，因而也无法有效评估图书馆“管理手段先进，使用效果好”的观测点要求。

我国高校图书馆评估工作从个别院校试点到部分省市的初步评估，再到全国范围的全面评估和部分省市的单项评估，最后发展到加入全国统一的普通高等学校本科教学水平评估指标体系，经过20多年的评价实践和理论探索，我国高校图书馆评价取得了可喜的成绩，在高校图书馆建设和发展中发挥了重要作用，高校图书馆的资源建设、管理水平和服务质量等都得到了很大程度的改善和提高。但是，目前我国高校图书馆评价中还存在着一系列问题，如图书馆评价制度不完善，评价主体结构不合理，评价指标体系设计缺乏科学性和适用性，评价程序不够规范，评价过程公开度不够，评价方式比较单一等，导致图书馆评价结论的可信度不高，使图书馆评价工作流于形式，急需改进和完善。

2. 我国公共图书馆评价实践

受高校图书馆评价工作的影响，我国公共图书馆评价实践也随之发展起来。

1993年1月，文化部召开了“全国公共图书馆工作会议”，就公共图书馆评估工作进行讨论部署，并在部分省级公共图书馆进行试点评估。

1994年，文化部下发了《关于在县以上公共图书馆进行评估定级工作的通知》，同时成立了评估工作小组，对全国除西藏外的30个省、自治区及直辖市全面开展了第一次公共图书馆评估工作。1998年，根据文化部要求，在总结第一次评估经验的基础上，全国县以上公共图书馆进行了第二次评估定级活动。这两次全国性的公共图书馆评估实践，对我国公共图书馆事业的发展产生了积极的推动作用并带来了新的发展契机，两次评估定级工作使我国公共图书馆的基础设施、业务建设和服务水平等各项工作都取得突飞猛进的发展。

2001年国家图书馆参照国际标准，研究制定了《国家图书馆绩效评估指标体系》。该体系在立足于我国图书馆现状特点的基础上，从资源、基础业务工作、业务研究、管理和读者服务 5 个方面构建了具有很强实用性和可操作性的图书馆绩效评价指标体系，这是目前我国最具代表性和权威性的绩效评价指标体系，它对指导和规范我国各类型图书馆构建绩效评价指标体系、开展绩效评价实践活动，都具有非常重要的现实意义和参考价值。

2002 年文化部修订了《公共图书馆评估标准》，包括《省级图书馆评估标准》《地（市）级图书馆评估标准》和《县级图书馆评估标准》。该标准从办馆条件、基础业务建设、读者服务工作、业务研究等方面，为指导公共图书馆建立评估指标体系提供了比较系统、全面的理论依据。

2003 年，中国图书馆学会对《公共图书馆评估标准》进行了调整和修改，增加了一些读者服务方面的指标，首次将读者满意度纳入考察范围，强调了对服务效益的评价。

2004 年文化部委托中国图书馆学会对全国 2000 多个县级以上公共图书馆进行大规模的第三次评估定级工作，此次的评估标准依据 2003 年《公共图书馆评估标准》的修订，强化了对读者满意度和服务效益的评估。

2009 年文化部社会文化司负责组织实施对全国省、地、县级公共图书馆（包括少儿图书馆）开展第四次评估定级工作，这次的评估还是以定性分析为主，评估目标同样停留在投入规模的评估阶段。

经过 4 次大规模、全方位的对各级公共图书馆的定期考查、检验和测评，一定程度上摸清了我国公共图书馆事业的发展状况，及时发现了公共图书馆发展中存在的问题，为加强公共图书馆的有效管理、规范公共图书馆工作积累了丰富的实践经验，也为公共图书馆发展创造了前所未有的机遇。随着评估工作的持续开展，我国公共图书馆在办馆理念、资源建设、软硬件设备、服务质量等各个方面都有了逐步改善和提高。同样，由于我国公共图书馆评估体系存在一定缺陷，评估主体比较单一，评估指标缺乏科学性和系统性，评估方法侧重定性评估，评估程序不够规范和完整等，从而导致评估结果缺乏科学性、准确性和真实性，致使公共图书馆评估工作在充分调动全国各级公共图书馆的积极性、合理配置资源、有效提升服务水平和服务质量等方面均未能发挥应有的作用。

1.2.2.2 我国图书馆评价研究现状

我国图书馆评价研究起步较晚，始于20世纪80年代中后期，随后得到较快发展，大致可分为三个发展时期：20世纪80年代的起步阶段，20世纪90年的发展阶段和21世纪以来的完善阶段。

（1）我国图书馆评价研究的起步阶段。20世纪80年代中后期，随着政治、经济、科技等领域改革开放的进行，我国图书馆界初步开展图书馆评价实践尝试和理论探索。伴随高校图书馆评价实践的进行，图书馆评价理论研究受到关注。一些学者的研究成果，如郑钢的《建立大学图书馆评估指标体系》、姜志奎的《高校图书馆评价标准的结构分析》、董建华的《图书馆评价的文化特性及其认识意义》、邓广宇的《图书馆评价的意义、方法、内容和标准》等，对高校图书馆评估实践进行了总结，并初步探讨了图书馆评价的概念、内容、思想原则、意义、指标体系、评价方法、过程和组织管理等基本问题，但这一时期的图书馆评价研究尚未形成系统的评价理论和体系。

（2）我国图书馆评价研究的发展阶段。20世纪90年代，随着改革开放的深入，我国图书馆评价研究在内容和角度上出现多元化发展趋势，表现为三个方面的特征。一是国内图书馆评价实践的概括和总结。这一时期的研究成果除继续对我国高校图书馆评估的实践进行总结外，公共图书馆评估实践总结和探讨成为热点。二是图书馆评价研究逐步系统和深入。研究者们就图书馆评价理论、指标体系、方法、模型等问题进行了广泛深入的探讨，内容涉及藏书评价、读者服务和满意度评价、图书馆效益评价等许多方面，并且开始尝试从管理学和数理统计学等学科角度引入层次分析法、模糊数学、统计分析等多种评价方法，如郑一仙的《我国公共图书馆评估刍议》、黄海鹰的《读者服务满意系统的形成与管理》、万桂珍的《谈高校馆藏评价》、郑全太的《图书馆评价中各因素权重确定的一种方法》、初景利的《用户满意论》、薛育祁的《模糊数学在图书馆评价中的应用》、孙培艳的《关于对图书馆绩效进行统计分析工作的探索》，刘超球从人事管理学的角度，对绩效评价的目的、意义和实行绩效评价管理的措施等进行了论述等。三是对国外图书馆评价实践和研究的引入，如曾月未介绍了IFLA绩效评价的基本框架和实践中图书馆服务绩效测定可能涉及的指标，杨琼对国际图联公共图书馆绩效评价手册中的内容进行了阐述等。

（3）我国图书馆评价研究的完善阶段。进入21世纪以来，图书馆评价成为研究热点，特别是数字图书馆、电子资源、网络资源评价、绩效评价等受到高度关注。研究内容主要集中在5个方面。一是图书馆评价理论研究，内容涉及图书馆评价实践经验的概括和总结、图书馆绩效评价理论研究、国外图书馆评价的系统介绍、图书馆评价制度建设等基本理论问题，但理论研究仍显薄弱，尚未形成系统完善的理论体系和研究框架，如姜晓（2003）总结了我国图书馆绩效评价的发展历程以及各国图书馆评价实践和应用研究成果，李海英、蒋永福（2010）分析了我国现行公共图书馆评估制度存在的弊端，并提出了相应的改进建议。二是图书馆评价指标体系构建研究，受国际标准ISO 11620等的影响。2000年6月，我国文献标准委员会着手起草与ISO 11620相对应的国家标准。专家学者们也参照国际标准和国外先进经验研究构建适合我国图书馆评价的指标体系，如赵晓虹（2002）探讨了《国家图书馆绩效评估体系》中文献采选评估指标的设计，龚蛟腾（2003）采用馆藏文献保障率、馆藏文献读者利用度、图书馆服务效率等指标对高校图书馆进行评价，索传军（2006）从技术设施、使用、成本、服务及用户满意度5个方面12个指标来评价数字馆藏的服务绩效。但由于图书馆服务质量具有模糊性，难以概念化和具体化，加上受到理论基础薄弱和数据可获得性差等因素的影响，不少学者因其所处的地位和评价的目标不同而选取的图书馆评价指标都不尽相同，缺乏规范和科学的依据，各评价指标体系差异较大，目前还没有一个指标体系得到图书馆界的充分认可和广泛推行。三是评价方法和模型研究，研究者们将各学科领域的方法引入图书馆评价开展研究，取得了一定成绩，如标杆分析法、模糊数学、层次分析法、统计分析法、平衡计分卡分析模型等。四是图书馆评价实证和应用研究。随着图书馆评价理论研究和实践开展的深入，不少学者通过借鉴国内外图书馆评价中的成功经验，引入其他学科领域的理论和方法，对图书馆评价进行了实证分析和综合应用研究，如曹志梅（2007）开展了图书馆动态模糊评价与实证分析，李建霞（2008）利用数据包络分析（DEA）方法对图书馆绩效进行了综合测算与分析，盘美英（2008）运用模糊聚类分析法对长沙市8所高校图书馆的绩效进行了实证研究。五是数字图书馆、电子资源、网络资源及其服务评价研究，如索传军（2007）的《数字馆藏评价与绩效分析》、徐革（2008）的《大学图书馆电子资源绩效评价研究》、王居平（2008）的《数字图书馆评价的理论与方法》、吴建华（2011）的《数字图书馆评价方法》等。[16,19]

1.2.3 简要述评

国内的图书馆评价研究从总结我国图书馆评估实践与介绍国外的相关研究成果开始，逐步过渡到研究内容和研究视角的多元化、多角度，最后发展到引入管理学、经济学等相关学科领域的研究方法，开展关于图书馆评价的实证研究，经历了一个不断深化并逐渐与国际接轨的发展历程。经过二十多年的努力，国内众多学者全面系统地研究探索了图书馆评价的理论基础、指标体系、方法模型和实践方案，并取得了丰富的研究成果。随着图书馆评价研究的逐渐深入和评价理论的不断发展，国内图书馆评价体系逐渐完善、评价方法更加成熟。但是，这些研究主要是针对图书馆评价的定性分析，定量的实证研究较少；指标体系的系统性和通用性较差，指标选取偏重投入资源和定量指标，对产出成效和定性指标重视不够；研究方法缺乏科学性论证和适用性测评。与国外研究相比，在系统的评价理论体系框架和评价方法模型方面，国内研究都存在着较大的差距，研究水平和质量还处在一个模仿和重复国外相关研究的较低层次上，尚未形成普遍认同的研究范式与方法体系，指标构建、研究方法和结论建议缺乏科学性、严谨性、实用性和可操作性，亟待实现各种指标体系的统一和研究方法的优化整合与创新。

1.3 图书馆评价的基本理念

图书馆评价是一个系统工程，需要遵循一定的原则和理念，在科学思想的指导下有效进行。图书馆评价需要的基本理念为[20-21]：

（1）图书馆评价是一个过程，因此要注意形成性评价。任何工作活动都是一个连续不断的过程，是一个由低级向高级发展变化的过程，是一个由低水平状态向高水平状态迈进的过程，也是一个不断地由量变到质变的过程。评价活动本身也是一个活动过程，是一个有目的、有计划、有组织的活动过程，是一个进行价值判断的过程。尽管评价总是要对结果进行评判，但科学的评价更应注重形成性评价，即注重对同一个事物的过程评价。形成性评价有助于评价者了解图书馆工作原有的基础及职工原有的水平和状况，及时不断地评价各个环节的工作状态及符合目标要求的程度，发现问题及时解决。这绝不是单纯的检查，而是为了及时反馈信息对过程进行控制，使各项工作顺利进行。

（2）图书馆评价要动态与静态相结合。任何管理状态都包括动态和静态管理。图书馆评价中，尤其对图书馆管理工作的评价，不仅要注重管理过程的动态评价，也要注重管理制度的静态评价。动态评价就是对图书馆管理中计划、实施、检查和总结等管理环节的评价；静态评价就是对公共图书馆管理机构及管理制度等内容的评价。一个组织，只有完善的规章制度，而无严密的管理过程，是不会取得好的管理效率的；只有计划、实施、检查和总结的管理过程，而无严格的规章制度的约束，管理的目标同样不能实现。因此，对图书馆工作的评价应使两方面有机地结合起来。

（3）图书馆评价要强调自我评价，但更要注重他人评价，尤其是读者的评价。图书馆员通过对照图书馆的目标要求，对自己完成的某项工作任务以及完成工作时的方式、方法进行评价，是公共图书馆评价中常用的方法。这种自我评价可以充分调动职工的工作积极性，增强职工的社会责任感，有利于实现管理中的自我控制。现代评价中人们越来越多地关注他人评价，在公共图书馆的评价中就是要重视来自读者本身的评价。重视读者对图书馆工作的评价，就是让评价者站在社会立场上，借助社会力量来考察和评定图书馆活动的价值，判明图书馆活动对社会的贡献、作用及其程度。这种评价方式有助于了解图书馆作为一个社会组织对社会提供的服务是否得到社会的认可，是否满足了社会需要。

（4）图书馆评价要定量与定性评价相结合。定性评价是以评价者主观判断为基础，以非数量化的状态评语、程度副词或等级分数为尺度，对图书馆工作进行评价。定性评价因其所包含信息量大、简便易行等特点，在现代评价技术中仍有相当重要的地位。定量评价是指在评价过程中采用数学方法对公共图书馆各项工作进行评价。公共图书馆作为社会公共事业的组成部分，对它的评价不可能只用某一种方式，而且有些方面的定量评价既不现实，也不可能。所以在评价中应当把定量评价与定性评价结合起来，注重评价的实效性和现实性。

（5）图书馆评价要与指导和导向相结合。评价不是目的，而是一种管理手段；通过评价活动的实施，指导图书馆的具体工作和引导图书馆健康发展才是评价工作的最终目的。因此，图书馆评价中必须把评价与指导和引导有机结合起来。图书馆评价中缺少了指导就会使评价工作成为无源之水、无本之木，往往使工作陷于被动，使评价工作成为单纯的检查和监督，从而增加职工与管理者的对立情绪，不利于职工工作积极性的调动。科学的指导和引导却可以有效地减少工作中的差错，有利于提高工作质量和管理效率，发挥图书馆评价的功能。

1.4 国内外图书馆评价的发展趋势

从国内外图书馆评价实践和理论研究近百年的发展历程和演变过程来看，图书馆评价实践和理论研究明显呈现出以下发展趋势。

（1）评价主体的多元化和评价对象的综合化。从评价主体来看，国内外图书馆评价主体开始由早期的图书馆主管部门向评价主体多元化方向发展，不仅有来自图书馆外部的评价，如图书馆主管部门的评价、媒体的评价、公众的评价、读者的评价，还有来自图书馆内部的评价，如由单个图书馆组织实施服务于图书馆管理与决策的内部评价、由图书馆系统组织实施的促进图书馆事业发展的内部评价、由图书馆学会或协会组织实施的内部评价等。评价主体多元化是图书馆评价走向成熟的标志之一。从评价对象来看，国内外图书馆评价开始由早期的单项评价向综合评价方向发展，单项评价从注重资源评价向注重服务评价转变。图书馆由人（工作人员和读者）、财（经费）、物（馆舍和设备）、信息（纸质信息和数字信息）资源、服务（参考服务、阅览服务、流通服务、馆际互借、培训服务等）和制度（法律法规和政策制度）等要素构成，图书馆评价可以是对图书馆单个构成要素的评价，如馆员评价、读者评价、经费评价、服务评价、馆藏评价、电子资源评价、管理评价等，也可以是把图书馆看成是一个整体或系统进行综合评价。综合评价已成为一种发展趋势和方向，特别是随着图书馆发展形态的变化，图书馆综合评价也由传统图书馆评价向电子图书馆、数字图书馆、虚拟图书馆、网络图书馆、复合图书馆评价转变。而在单项评价中，从传统资源评价向电子资源评价转变、从注重资源评价向注重服务评价转变已成为基本趋势。单项评价是综合评价的基础，在单项评价的基础上开展综合评价，将单项评价与综合评价有机结合是图书馆评价的通行做法。

（2）评价方法由定性评价向定量评价以及定性与定量评价相结合的方向发展。图书馆在评价过程中越来越注重采用定性和定量相结合的评价方法，既关注定量评价，又关注定性评价，朝综合化方向发展，有利于保证评价结论的客观和准确。同时，还注意不断将绩效评估、系统评价、综合评价中科学、先进的方法引入图书馆领域，如标杆分析法、平衡记分卡法、模糊综合评价法等。早期的图书馆评价以定性评价、主观评价和专家评价为主，通过专家考察后对图书馆各项要素打分或对图书馆整体发展现状打分，给出评价结果，主观性较强，容易产生偏差，评价结论的可信度不高。随着评价方法的发展和图书馆评价数据的可获得性增强，定量评价受到重视，由于图书馆的诸多要素难以概念化和定量化，定性和定量评价的有机结合是图书馆评价的发展趋势。图书馆评价是一项应用性很强的研究领域，它强调理论与实践相结合、定性分析与定量分析有机结合的综合评价。2009 年，吴慰慈曾指出：实证研究应当是图书馆学研究的基本维度和思路，要坚持采用定性与定量相结合、以定性为主要的综合描述的方法。为了更加全面、科学、客观地评价图书馆的绩效，在评价指标的构建上，不仅要注重对用户服务的评价，同时要从图书馆的整体环境、信息获取、资源利用等方面进行全面考察，突出图书馆的文化特性和教育职能，还要加强图书馆绩效评价信息的收集、鉴别、加工和利用，科学地确立图书馆各项资源的投入与产出关系，构建一个较为公认的、可操作的图书馆绩效评价指标体系。在评价方法的选择上，既要注重定量测评，又要有定性分析，要科学选择和综合集成各种评价方法的优点。此外，要拓展图书馆评价的视野，从基于投入产出视角，加入时间和空间因素，并尽量扩大时间和空间样本容量，采用多时期和多区域模型，从综合技术效率变动的角度动态集成研究图书馆的绩效评价，考察影响图书馆绩效的决定因素，量化其内在联系。

（3）评价活动的规范化和制度化。早期的图书馆评价活动是一种零散的、非正式的评价活动，难以对图书馆或图书馆事业的发展产生根本性影响。随着图书馆评价活动的深入开展和图书馆管理科学化的需要以及公众对图书馆服务的期望，图书馆评价活动的规范化和制度化已成为基本趋势。这主要是因为：各国都意识到了图书馆评价的重要作用，纷纷在图书馆法或相关法律法规中规定了图书馆评价的内容，与此同时，国内外诸多与图书馆评价相关的政策、文件、规范、标准、手册、指南等也相继出台，并以此为依据开展了一系列图书馆评价活动，推动了图书馆评价向客观化、科学化、规范化、制度化和常规化方向迈进，如加拿大的《联邦图书馆绩效评价手册》，美国的《公共图书馆绩效评价》，英国的《公共图书馆服务标准》，国际图联（IFLA）的《关于大学图书馆绩效评价的标准》和《测度质量：学术图书馆绩效评价的国际指南》，国际标准化组织的国际标准 ISO 11620（即《信息和文献——图书馆绩效指标》）、“ISO 11620：1998/Amdl”（即《图书馆绩效指标补充本》）和 ISO 2789（即《国际图书馆统计》第 4 版），我国的《普通高等学校图书馆评估指标（修改稿）》《国家图书馆绩效评估指标体系》和《公共图书馆评估标准》等。随着一系列图书馆评价标准的出台，图书馆评价在指标、周期、时间和程序上已有明确规定，图书馆评价也由短期、一次性评价开始向长期、连续性评价转变，这标志着图书馆评价开始向制度化、规范化和长期化方向发展。

（4）评价指标的科学化和精细化。图书馆评价标准和评价指标始终是图书馆评价实践和研究的重点。随着图书馆评价实践和理论研究的发展，图书馆评价指标体系日趋完善，评价指标体系日益科学化和精细化，可操作性增强。图书馆评价指标随着图书馆构成要素的扩展和变化不断增加，评价指标体系的层次逐渐增多，各指标的相对权重也随着图书馆形态的变化而不断调整。例如，过去反映图书馆资源丰富程度的指标较多、权重较大，而现在反映图书馆服务质量的指标较多、权重较大；过去衡量图书馆传统资源的指标较多、权重较大，而现在测度图书馆数字资源的指标较多、权重较大；过去评价图书馆服务提供的指标较多、权重较大，而现在评价满足读者服务需求的指标较多、权重较大；过去注重图书馆的规模和数量，现在注重图书馆的质量和效率。

（5）图书馆评价的国际化和社会化。随着图书馆界国际交流和社会交流的加强，图书馆评价国际化和社会化是必然趋势。从图书馆评价的国际化来看，一方面，世界各国先进的、丰富的图书馆评价实践经验、评价标准规范和评价理论研究为我国图书馆评价实践和理论研究提供了有益的借鉴和参考；另一方面，世界经济科技一体化和全球化已逐步深入，中国与世界接轨，将我国图书馆评价纳入世界图书馆评价行列，利用国际标准来衡量我国图书馆和图书馆事业发展水平，是促进我国图书馆事业快速、健康发展的重要途径。从图书馆评价的社会化看，当今的图书馆和图书馆事业发展处于一个复杂多变的社会环境中，无法脱离社会环境而独处。一方面，图书馆参与政治、科技、经济、文化、教育等社会活动的程度日益加深，贡献日益加大，作用日益显著；另一方面，随着公众民主意识、权利意识的增强和知识、文化、学习需求的增长，公众和社会对图书馆的期望日益上升，图书馆评价受到社会普遍关注，图书馆绩效评价、图书馆服务质量评价和用户满意度评价成为图书馆评价的核心内容。

（6）理论与实际结合、实证与应用结合、多学科交叉融合。理论与实际结合、实证与应用结合、多学科交叉融合是图书馆评价实践与研究的基本趋势。从图书馆评价实践中总结经验，并概括上升为理论，用于指导图书馆评价实践，理论与实践有机结合，是推动图书馆评价实践和理论研究健康发展的动力，也是世界各国图书馆评价实践和理论研究的基本模式。

理论研究成果能否有效应用于实际，需要通过调查研究和实证分析来验证。国内外图书馆评价研究中定量、实证和应用研究逐步增多，体现出图书馆评价理论研究日益成熟。将其他学科领域的理论和方法引入图书馆评价研究，丰富图书馆评价的理论和方法，是当前图书馆评价研究的一大趋势。如国内外许多学者将绩效评价、标杆分析法、模糊数学、层次分析法、统计分析法、平衡计分卡分析模型等理论和方法引入图书馆评价实践和研究，有效弥补了图书馆评价理论和方法研究的不足。

（7）服务质量评价和读者满意度测评成为图书馆评价的重点。随着图书馆评价的发展，图书馆评价的重点开始由注重投入、产出的绩效评价转向关注质量和效益的成效评估，进一步强调了服务的质量和读者满意度。图书馆评价越来越关注读者的感受，图书馆评价的焦点更多地放在图书馆服务质量评价上。

参考文献：

[1]张彬.论图书馆评价的功能[J].成都大学学报(社科版),1993(4):28-29.

[2]文庭孝,邱均平,侯经川.图书馆定义断想[J].图书馆学研究,2003(4):11-13.

[3]黄宗忠.图书馆学导论[J].武汉:《湖北高校图书馆》杂志社,1985:230-231.

[4]倪波,荀昌荣.理论图书馆学教程[M].天津:南开大学出版社,1981:148-149.

[5]钱力平.图书馆概念辨析[J].四川图书馆学报,1997(1):14-17.

[6]邱均平,文庭孝.评价学:理论、方法、实践[M].北京:科学出版社,2010:16.

[7]张于心,智明光.综合评价指标体系和评价方法[J].北方交通大学学报,1995(3):393-400.

[8]侯定丕,王战军.非线性评估的理论探索与应用[M].合肥:中国科学技术大学出版社,2000:2.

[9]陈敬全. 科研评价方法与实证研究[D]. 武汉:武汉大学,2004.

[10]“价值评估”的解释. CNKI知识元数据库[EB/OL]. [2015-01-11]. http://define.cnki.net/WebForms/WebDefines.aspx.

[11]“价值评价”的解释. CNKI知识元数据库[EB/OL]. [2015-01-11]. http://define.cnki.net/WebForms/WebDefines.aspx.

[12]方小苏. 图书馆绩效评估[M]. 杭州:浙江大学出版社,2008:3-4.

[13]曹志梅. 图书馆动态模糊评价与实证分析[M]. 北京:北京图书馆出版社,2007:39.

[14]张彬. 论图书馆评价的功能[J]. 成都大学学报(社科版),1993(4):28-29.

[15]方小苏. 图书馆绩效评估[M]. 杭州:浙江大学出版社,2008:4.

[16]李建霞. 图书馆绩效评价研究综述[J]. 图书情报知识,2011(5):42-52.

[17]邱均平,文庭孝. 评价学:理论、方法、实践[M]. 北京:科学出版社,2010:16-17.

[18]邱均平,文庭孝. 评价学:理论、方法、实践[M]. 北京:科学出版社,2010:34-37.

[19]何琳,彭小平. 我国图书馆绩效评价研究综述[J]. 图书馆学研究,2010(8):17-22.

[20]初景利. 西方图书馆评价理论评介[J]. 中国图书馆学报,1999(3):53-60.

[21]王琳. 对公共图书馆评价工作的思考[J]. 图书馆理论与实践,2002(6):32-34.

第2章　国内外图书馆评价研究的文献计量分析

自图书馆诞生以来就有对图书馆的认识和评价问题，图书馆实践伴随图书馆的产生而产生，发展而发展。图书馆评价研究起步较晚，近代以来才受到重视。而将绩效评价理论与方法引入图书馆评价研究则源于20世纪90年代。1993年，美国第103届国会颁布《政府绩效与结果法案》，图书馆绩效评估逐渐受到图书馆界和学术界的关注，并逐渐升温。

通过对国内外图书馆评价研究论文进行计量分析，可以大致了解国内外图书馆评价研究现状、演变过程、重点研究领域、研究前沿和热点。

文献计量分析一般分三个步骤完成：

（1）数据检索和下载：包括制订检索计划、执行检索策略、按要求导出检索结果；

（2）文献计量特征选取和文献计量工具选择；

（3）数据处理和结果分析。

2.1　数据来源

2.1.1　国外图书馆评价研究数据

本书所使用的国外图书馆评价研究文献计量数据来源于WoS数据库，以“library evaluat* or library assess*”为标题检索字段，时间跨度为“所有年份”，检索范围为“WoS核心集”，检索后得到相关研究论文1023篇，检索时间为2014年11月2日（如图2－1和图2－2所示）。然后对数据进行查重等规范化处理，转换成文献计量软件所需格式。以下有关国外图书馆评价研究的文献计量分析将根据以上数据进行。

图 2－1　国外图书馆评价研究检索界面

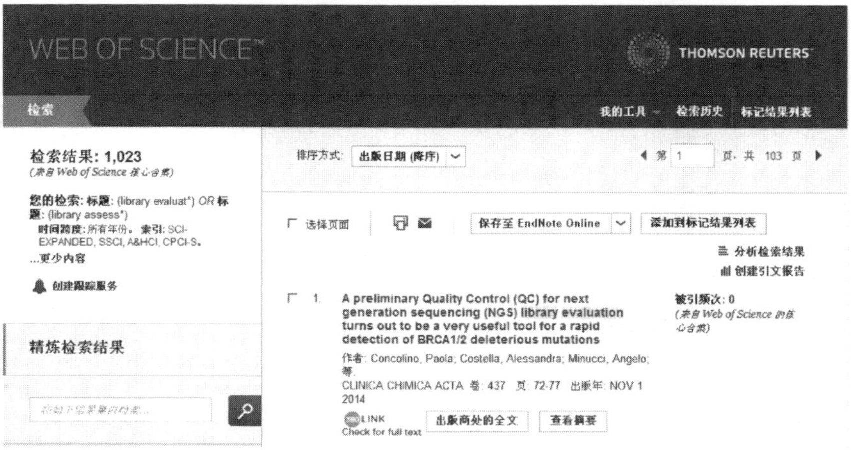

图 2－2　国外图书馆评价研究检索结果

2.1.2 国内图书馆评价研究数据

本书所使用的国内图书馆评价研究数据来源于 CNKI 中国学术期刊网络出版总库，以“图书馆评价或含图书馆评估”为篇名检索字段，在期刊中进行模糊检索，得到 1979—2014 年有关“图书馆评价”和“图书馆评估”相关研究论文 3363 篇，检索时间为 2014 年 11 月 2 日（如图 2 – 3 和图 2 – 4 所示）。然后对数据进行查重等规范化处理，转换成文献计量软件所需格式。以下有关国内图书馆评价研究的文献计量分析将根据以上数据进行。

图 2 – 3　国内图书馆评价研究检索界面

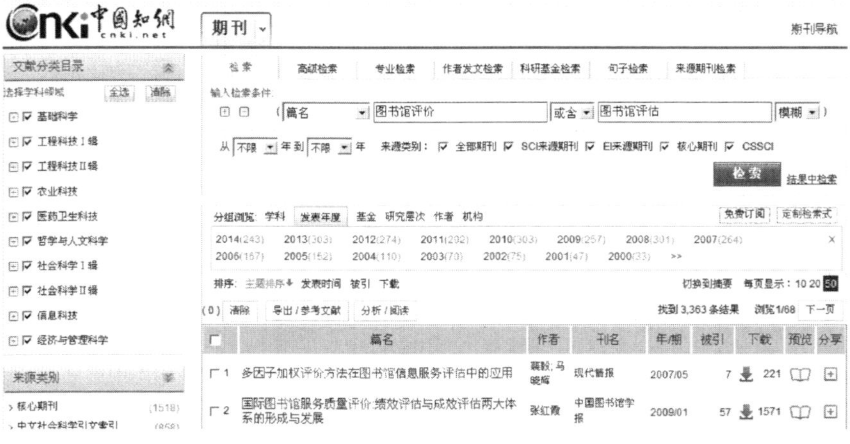

图 2 – 4　国内图书馆评价研究检索结果

2.2 研究方法

2.2.1 文献计量分析法

文献计量分析法也就是通常所说的文献统计分析法，早期称为“书目统计分析法”，现称为“文献计量学方法”，是指以文献体系和文献计量特征为研究对象，采用数学、统计学等的计量方法，研究文献情报的分布结构、数量关系、变化规律和定量管理，并进而探讨科学技术的某些结构、特征和规律的方法。文献计量分析包括文献计量特征选择和统计以及文献计量特征数量分布与变化规律的描述或解释。文献计量分析的主要统计特征有出版物（如图书、期刊、报纸、专利等文献物理载体）、科学术语（如主题词、关键词）、著者、引证文献和被引证文献（引文分析）、读者、文献利用情况（如文献的阅读数、借阅数等）。

2.2.2 引文分析法

引文分析法是文献计量学方法中的独特方法。引文分析法是对图书、期刊、论文、著者、机构等对象的引用和被引用现象进行分析，以揭示其数量特征和内在规律的一种信息计量研究方法。引文分析分为引文数量分析、引文链分析和引文网络分析三个层次，主要涉及引文年代分析、引文量分析（引文量分布、引文篇数分布）、集中与离散规律分析、引文类型分析、引文语种分析、引文国别分析等内容。

2.3 分析工具

2.3.1 文献计量分析软件和工具

本书在国内外图书馆评价研究文献计量分析数据处理过程中主要使用的是文献题录信息统计分析工具 SATI（Statistical Analysis Toolkit for Informetrics，SATI）。该软件旨在通过对期刊全文数据库题录信息的处理，利用一般计量分析、共现分析、聚类分析、多维尺度分析、社会网络分析等数据分析方法，为挖掘和呈现出美妙的可视化数据结果提供数据支持。该软件通过免费、共享软件功能及开源、增进代码实现，旨在为学术研究提供期刊文献数据统计与分析的辅助工具。SATI 软件可从 WOS、CNKI、CSSCI、万方、维普等全文数据库下载导入题录信息，提供格式转换后进行统计分析，并可为 UCINET、Pajek、SPSS 等软件生成可视化结果提供所需的 Excel 格式或 txt 文本格式矩阵，其运行界面如图 2－5 所示。SATI 软件的设计思路如图 2－6 所示。

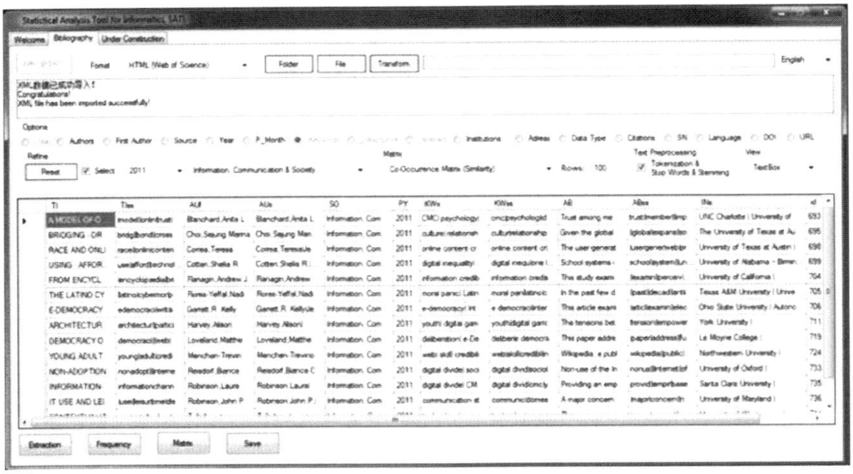

图 2－5　SATI 软件的运行界面

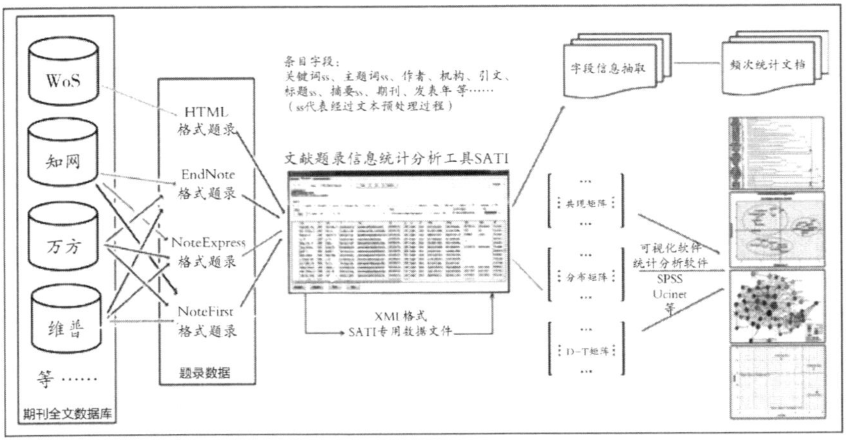

图 2－6　SATI 软件的设计思路

2.3.2　数据库的文献统计分析功能

随着计算机技术和数据库技术的发展与完善，许多数据库都提供文献统计分析功能。WoS、CNKI、CSSCI、万方、维普等国内外大型数据库都带有文献统计分析功能，能够提供关键词、作者、机构、期刊、论文、引文、学科领域、地区等文献计量特征的数量统计及其结构分布结果，为文献计量分析和科学研究提供了极大的便利。例如，WoS 提供检索结果分析和引文分析功能，如图 2－7 和图 2－8 所示。其中检索结果分析包括文献类型、研究方向、出版年、机构、著者、来源出版物、基金资助、语种等。CNKI 提供分组浏览、排序和文献统计三大功能，分组浏览可从学科、发表年度、基金、研究层次、作者、机构等方面提供统计结果；排序可从主题、发表时间、被引、下载 4 个方面对检索结果进行排序，其中被引频次和下载量是评价论文影响的重要指标；文献统计提供文献来源类别、来源期刊和关键词统计结果（如图 2－9 和图 2－10 所示）。

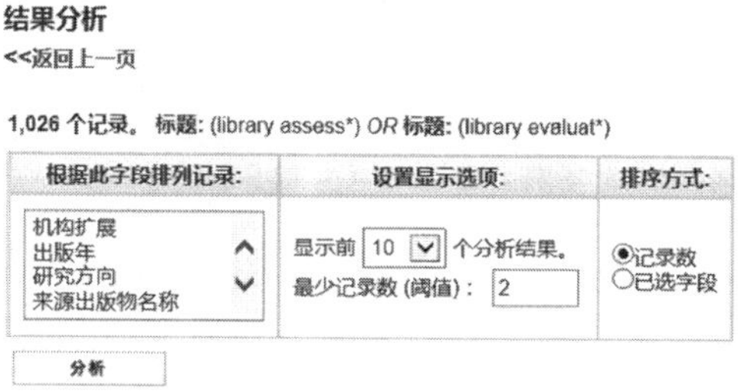

图 2－7　WoS 的检索结果分析

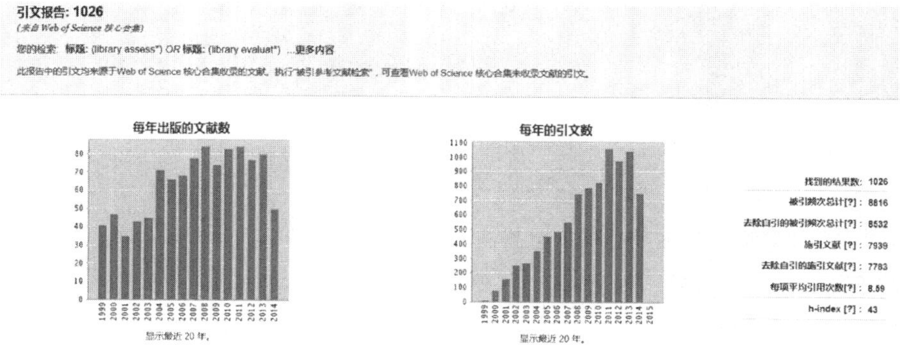

图 2－8　WoS 的引文分析

图 2－9　CNKI 的检索结果分析

图 2－10　CNKI 的文献统计分析

2.4　国外图书馆评价研究文献计量分析

在 Web of Science 中将“图书馆评价”检索结果标记、下载导出保存为文本格式，然后将数据导入 SATI 软件，通过格式转换后得到所需文献计量数据，可以抽取原始数据中包含的相关字段信息进行统计分析。

2.4.1　论文分布分析

利用 SATI 软件抽取“Year”字段，统计后得到 1999 年以来国外图书馆评价研究相关论文分布数据（1999 年以前没有数据，可能是因为数据库没有收录），见表 2－1。将表 2－1 中的数据导入 Excel 得到国外图书馆评价研究相关论文年代分布趋势图，如图 2－11 所示。由表 2－1 和图 2－11 可知：①国外图书馆评价研究论文数量大致呈逐年上升趋势，虽然论文数量增长幅度不大且在 2001 年、2005 年、2009 年、2012 年略有下降，但总体呈平稳上升态势，还有较大的拓展空间。②国外图书馆评价研究各年论文数总量不大，表明图书馆评价研究尚未成为图书馆学研究领域中的热点和前沿，学术界对图书馆评价关注不够。③随着公众对图书馆绩效的关注和图书馆管理科学化的需要日益明显，图书馆评价研究必将成为图书馆学研究中的重要领域。

表 2－1　国外图书馆评价研究相关论文年度分布

年份	1999	2000	2001	2002	2003	2004	2005	2006	2007	2008	2009	2010	2011	2012	2013
发文量（篇）	42	49	36	45	45	77	66	72	78	89	77	85	86	81	89

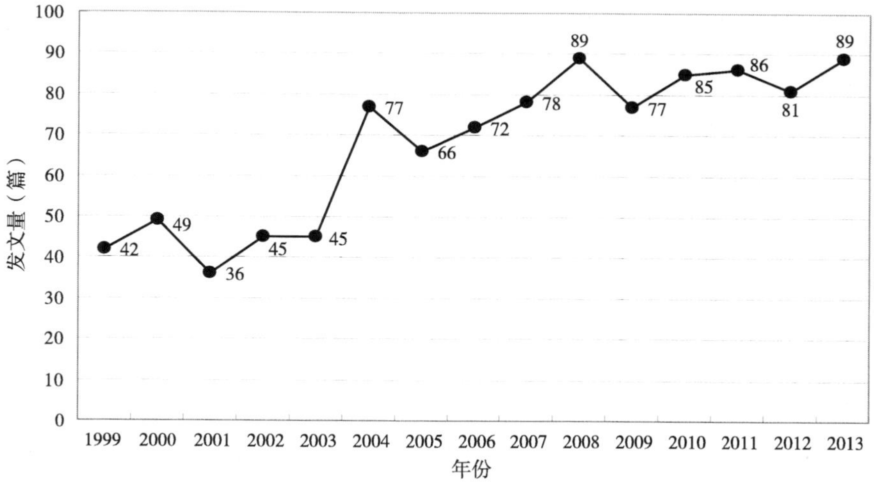

图 2－11　国外图书馆评价研究相关论文年度分布趋势

2.4.2　发文作者分析

利用 SATI 软件分别抽取“author”和“fauthor”（第一作者）字段，统计后得到国外图书馆评价研究作者及其发表论文的分布数据，发表论文 3 篇以上的作者及发文量见表 2－2 和表 2－3。由统计结果可知，国外从事图书馆评价研究的作者共有 3432 位，篇均作者 3.35 人，作者之间合作度较高，第一作者有968位。总体来看，从事和参与图书馆评价研究的作者群体比较庞大。在全部作者人数的统计中，仅发表1篇论文的作者有3212位，占全部作者人数的93.6%；发表2篇论文及以上的作者有220位，占全部作者人数的6.4%；发表3篇论文及以上的作者有57位，占全部作者人数的1.7%。在第一作者的统计中，仅发表1篇论文的第一作者有907位，占全部第一作者人数的93.7%；发表2篇论文及以上的第一作者61位，占全部第一作者人数的6.3%；发表3篇论文及以上的第一作者仅20人，占全部第一作者人数的2.1%。从以上统计数据来看，国外图书馆评价研究的作者群体中不仅高产作者人数比较少，而且发文量也较少，没有形成明显的、有影响力的核心作者群体。这个现象一方面说明，图书馆评价是一个复杂的系统工程，图书馆评价研究是一个复杂的、综合性课题和难题，同时它的实践性和操作性较强，不容易出研究成果；另一方面也说明，国外对图书馆评价研究重视程度不够。新时期国外图书馆评价研究要想取得突破性进展，有赖于评价理论和评价方法研究上的创新与突破，需要更多的研究者加入。

表2-2　发文量在3篇以上的作者（统计全部作者）

作者姓名	发文量（篇）	作者姓名	发文量（篇）
Noh, Younghee	6	Herman, M.	4
Waldmann, H.	6	Fox, Edward A.	4
Laender, Alberto H. F.	5	Khoo, Michael	4
Tsakonas, Giannis	5	Stewart, Christopher	4
Shiri, Ali	5	Ruecker, Stan	4
Papatheodorou, Christos	5	Bawden, D.	4
Goncalves, Marcos Andre	4	Kim, Yong-Chul	3
Rochman, D.	4	Wang, Shenghui	3
Oakleaf, Megan	4	Fuhr, Norbert	3
Oh, Sanghee	4	Johnson, J.	3

续表

作者姓名	发文量（篇）	作者姓名	发文量（篇）
Koning, A. J.	3	Nicholson, S.	3
Islam, S. M. A.	3	Oberacher, Herbert	3
Herrera – Viedma, E.	3	Pezzuto, John M.	3
Jones, C.	3	Sun, Dianqing	3
Muller, O.	3	Mughabghab, S. F.	3
Isfandyari – Moghaddam, Alireza	3	Nahashon, S. N.	3
Delgado, Antonio	3	Cabrerizo, F. J.	3
Bolognesi, Maria Laura	3	Khan, M. J. H.	3
Oblozinsky, P.	3	[Anonymous]	3
Murphy, Sarah Anne	3	Lopez – Gijon, J.	3
Kolbe, Edwin	3	Pritychenko, B.	3
Sarker, M. M.	3	Wang, JH	3
Zainab, A. N.	3	Kriewel, Sascha	3
Isaac, Antoine	3	Cook, C.	3
Tyus, J., II	3	Calvert, Philip	3
Chrzastowski, Tina E.	3	Wipf, P.	3
Klas, Claus – Peter	3	Schlobach, Stefan	3
Ausloos, P.	3	Kelley, G.	3
Vasiliev, Alexander	3		

表 2 – 3　发文量在 3 篇以上的作者（仅统计第一作者）

作者姓名	发文量（篇）	作者姓名	发文量（篇）
Bawden, D.	4	Nicholson, S.	3
Stewart, Christopher	4	Rochman, D.	3
Noh, Younghee	4	Wipf, P.	3
Khoo, Michael	4	Kolbe, Edwin	3
Oakleaf, Megan	3	Murphy, Sarah Anne	3

续表

作者姓名	发文量（篇）	作者姓名	发文量（篇）
Isaac, Antoine	3	Shiri, Ali	3
Cabrerizo, F. J.	3	Calvert, Philip	3
Tsakonas, Giannis	3	Klas, Claus - Peter	3
Oh, Sanghee	3	Sun, Dianqing	3
[Anonymous]	3	Nahashon, S. N.	3

2.4.3 发文机构分析

利用 SATI 软件抽取“institutions”字段，统计后得到 1999 年以来国外图书馆评价高产研究机构及论文分布数据，见表 2－4。国外共有 1049 个研究机构发表了图书馆评价研究论文 1023 篇，其中仅发表 1 篇相关论文的研究机构有 708 个，占全部研究机构总数的 67.5%，发表 2 篇及以上相关论文的机构有 341 个，占全部研究机构总数的 32.5%，发表 5 篇及以上相关论文的研究机构 66 个，占全部研究机构总数的 6.3%，发表 8 篇及以上相关论文的高产研究机构 24 个，占全部研究机构总数的 2.3%。国外在图书馆评价研究中，研究机构之间合作、共同发表论文的现象比较常见。在发文量最多的 24 个研究机构中，大学有 20 所，研究类机构有 4 个，可见高校是图书馆评价研究的核心群体。由作者数量多而机构数量少的事实可以发现，国外在图书馆评价研究中，机构内部研究者之间的合作现象比较频繁。

表 2－4 国外图书馆评价高产研究机构及论文分布

机构名称	发文量（篇）	机构名称	发文量（篇）
Scripps Res Inst	19	Ohio State Univ	12
Univ Illinois	17	Univ Sheffield	12
Univ Alberta	14	Natl Lib Med	10
Univ Texas	13	Max Planck Inst Mol Physiol	10

续表

机构名称	发文量（篇）	机构名称	发文量（篇）
Univ Calif San Francisco	9	Cent Drug Res Inst	8
Victoria Univ Wellington	9	Univ Granada	8
City Univ London	9	Islamic Azad Univ	8
Univ Barcelona	9	Indiana Univ	8
Univ Florida	9	Univ Tennessee	8
Univ Pittsburgh	9	Univ Wisconsin	8
Florida State Univ	9	Harvard Univ	8
Syracuse Univ	9	Vanderbilt Univ	8

2.4.4　发文期刊分析

利用 SATI 软件抽取"source"字段，统计后得到 1999 年以来国外图书馆评价研究高载文量期刊及论文分布数据，见表 2－5。国外图书馆评价相关研究论文 1023 篇发表在 476 种来源期刊上，总体比较分散，且大量图书馆评价相关研究论文广泛分散在众多非相关来源期刊上。仅发表 1 篇相关研究论文的来源期刊有 335 种，占全部期刊总数的 70.4%，发表 2 篇相关研究论文及以上的来源期刊有 141 种，占全部期刊总数的 29.6%，发表 10 篇相关研究论文及以上的来源期刊仅 22 种，占全部期刊总数的 4.6%。载文量最多的来源期刊是《JOURNAL OF ACADEMIC LIBRARIANSHIP》（即《学术图书馆员杂志》），共发表图书馆评价相关研究论文 58 篇，年均载文 4 篇左右。在全部 22 种高载文量来源期刊中，化学类期刊就有 3 种，这是一种很奇怪的现象。

表 2－5　国外图书馆评价高载文量期刊分布

期刊名称	载文量（篇）
JOURNAL OF ACADEMIC LIBRARIANSHIP	58
ABSTRACTS OF PAPERS OF THE AMERICAN CHEMICAL SOCIETY	33
COLLEGE & RESEARCH LIBRARIES	28

续表

期刊名称	载文量（篇）
JOURNAL OF THE MEDICAL LIBRARY ASSOCIATION	25
ELECTRONIC LIBRARY	22
PORTAL – LIBRARIES AND THE ACADEMY	21
BIOORGANIC & MEDICINAL CHEMISTRY	19
LIBRARY & INFORMATION SCIENCE RESEARCH	16
JOURNAL OF COMBINATORIAL CHEMISTRY	16
REFERENCE & USER SERVICES QUARTERLY	15
JOURNAL OF THE AMERICAN SOCIETY FOR INFORMATION SCIENCE AND TECHNOLOGY	15
JOURNAL OF LIBRARIANSHIP AND INFORMATION SCIENCE	15
BIOORGANIC & MEDICINAL CHEMISTRY LETTERS	14
LIBRARY TRENDS	14
LIBRARY COLLECTIONS ACQUISITIONS & TECHNICAL SERVICES	14
RESEARCH AND ADVANCED TECHNOLOGY FOR DIGITAL LIBRARIES	13
PROGRAM – ELECTRONIC LIBRARY AND INFORMATION SYSTEMS	12
AUSTRALIAN LIBRARY JOURNAL	12
PROCEEDINGS	12
LIBRARY QUARTERLY	11
JOURNAL OF DOCUMENTATION	11
LIBRI	10

2.4.5 关键词分析

利用 SATI 软件抽取“keywords”字段，统计后得到 1999 年以来国外图书馆评价研究高频关键词分布数据，见表 2－6。1023 篇图书馆评价相关研究论文中共有关键词 1716 个，篇均关键词不到 2 个，这很不正常，有可能很多论文没有列出关键词。在这些关键词中，仅出现 1 次的关键词有 1494 个，占全部关键词总数的 87.1%，出现 2 次的关键词有 222 个，仅占

12.9%，出现 5 次以上的关键词仅有 28 个，仅占 1.6%。可见，图书馆评价研究中，高频关键词数量少且不集中。更为奇怪的是，在图书馆评价研究的高频关键词中，非相关词汇有 6 个。高频关键词大致可分为三类：一类是与评价有关的词汇，如 evaluation、assessment、performance evaluation、quality assessment；一类是与各类型图书馆有关的词汇，如 digital libraries 或 digital library、academic libraries、university libraries、public libraries；一类是与图书馆要素相关的词汇，如 information retrieval、Internet、library services、World-Wide Web、user studies、quality、service quality。digital libraries或 digital library（数字图书馆）出现频次最多，共有 56 次，可见数字图书馆评价最受关注。此外，academic libraries（学术图书馆）、university libraries（大学图书馆）和 public libraries（公共图书馆）评价也很受重视。information retrieval（信息检索）、Internet（互联网）和 World-Wide Web（万维网）、library services（图书馆服务）、user studies（用户研究）、service quality（服务质量）等图书馆构成要素的评价也成为重点。

表 2－6　国外图书馆评价高频关键词分布

关键词	频次	关键词	频次
evaluation	40	Internet	7
digital libraries	38	cDNA library	6
libraries	32	library services	6
library	24	phage display	6
academic libraries	16	World-Wide Web	6
assessment	14	user studies	6
digital library	13	quality	6
university libraries	12	natural products	5
combinatorial chemistry	9	high-throughput screening	5
screening	8	service quality	5
public libraries	8	usability	5
information retrieval	8	Nigeria	5
performance evaluation	7	quality assessment	5

2.5 国内图书馆评价研究文献计量分析

在 CNKI 中将“图书馆评价”检索结果标记、下载导出保存为文本格式，然后将数据导入 SATI 软件，通过格式转换后得到所需文献计量数据，可以抽取原始数据中包含的相关字段信息进行统计分析。

2.5.1 论文分布分析

利用 SATI 软件抽取“Year”字段，统计后得到 1979 年以来国内图书馆评价研究相关论文分布数据（其中 2014 年数据不全），见表 2－7。为了便于与国外图书馆评价研究状况相比较，从表中选取 1999—2013 年国内图书馆评价研究发文量数据导入 Excel 得到趋势分布图，如图 2－12 所示。由表 2－7 和图 2－12 可知：①我国 20 世纪 70 年代末才有相关论文发表，开始系统研究图书馆评价问题。②国内图书馆评价研究从 1979 年以来呈稳定上升趋势，到 2010 年达到峰值，然后逐渐回落，2013 年又出现上升趋势，2008 年以后总体表现出平稳发展态势。③1987 年、2004 年和 2007 年是我国图书馆评价研究的重要转折点，研究论文数量呈突变式增长，这可能与我国同时期实施高等学校图书馆评估及相关文件的颁布有关。④国内图书馆评价研究发文量 2004 年以后出现量的飞跃，与国外同期相比，研究论文数量远远多于国外，说明我国图书馆界和学术界更注重图书馆评价理论研究。

表 2－7 国内图书馆评价研究论文年度分布

年份	发文量（篇）	年份	发文量（篇）	年份	发文量（篇）	年份	发文量（篇）
2014	220	2009	321	2004	122	1999	52
2013	320	2008	321	2003	81	1998	41
2012	300	2007	289	2002	86	1997	23
2011	315	2006	180	2001	48	1996	32
2010	330	2005	165	2000	37	1995	41

续表

年份	发文量（篇）	年份	发文量（篇）	年份	发文量（篇）	年份	发文量（篇）
1994	49	1990	25	1986	9	1982	4
1993	30	1989	27	1985	6	1981	1
1992	49	1988	22	1984	3	1979	1
1991	24	1987	32	1983	2		

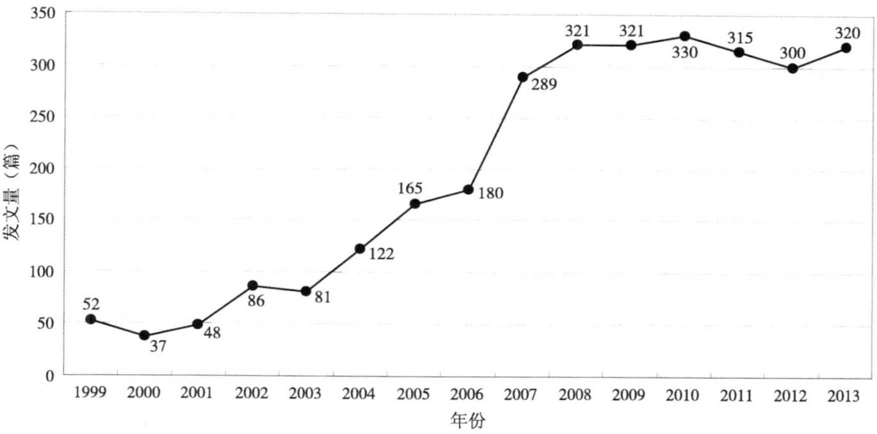

图 2－12　国内图书馆评价研究论文年度分布趋势

2.5.2　发文作者分析

利用 SATI 软件分别抽取“author”和“fauthor”（第一作者）字段，统计后得到我国图书馆评价研究作者及其发表论文的分布数据，发表论文 5 篇以上的作者及发文量见表 2－8 和表 2－9。由统计结果可知，我国从事图书馆评价研究的作者共有 3946 人，篇均作者 1.17 人，研究群体规模略大于国外，作者之间合作度较国外低。从全部作者的统计结果来看，发表 1 篇相关论文的作者有 3081 人，占全部作者人数的 78.1%；发表 2 篇相关论文及以上的作者 865 人，占全部作者人数的 21.9%；发表 3 篇相关论文及以上的作者 284 人，占全部作者人数的 7.2%；发表 5 篇相关论文及以上的作者 39 人，占全部作者人数的 0.99%，核心作者群体基本形成，且具有一定的规模和影响，发表相关论文最多的是张文德，共发表论文 12

篇。从第一作者的统计结果来看，共有第一作者2789人，仅发表1篇相关论文的第一作者有2292位，占全部第一作者人数的82.2%；发表2篇相关论文及以上的第一作者有497位，占全部第一作者人数的17.8%；发表3篇相关论文及以上的第一作者有148人，占全部第一作者人数的5.3%；发表5篇相关论文及以上的作者有22人，占全部第一作者人数的0.79%。比较表2－8和表2－9可以发现，多位出现次数较多的作者都未以第一作者的身份发表5篇以上相关论文，如张文德、刘慧、王圣元等。从以上统计结果来看：①我国图书馆评价研究群体规模比较庞大，核心作者群体基本形成且具有一定的影响。②国内图书馆评价研究作者合作度较低，篇均作者较少，这与图书馆评价研究这个复杂课题不相匹配。

表2－8　发文量在5篇以上的高产作者（统计全部作者）

作者	发文量（篇）	作者	发文量（篇）
张文德	12	杨海玲	6
刘慧	8	张敏	6
刘晓波	8	徐军华	6
施国洪	8	贾东琴	5
陆康	7	秦小燕	5
乔欢	7	余胜	5
郑全太	7	刘毅	5
刘颖	7	梁孟华	5
王圣元	7	邱明辉	5
吴伟民	7	蒋永福	5
王萍	6	赵良英	5
王居平	6	马晓亭	5
吴正荆	6	席晓南	5
张玉兰	6	刘磊	5
熊伟	6	陈卓坤	5

续表

作者	发文量（篇）	作者	发文量（篇）
高建山	5	刘芳	5
李静	5	黄晓斌	5
郑春厚	5	周礼智	5
杨彦春	5	贾东琴	5
周文超	5	秦小燕	5
唐虹	5		

表 2－9　发文量在 5 篇以上的高产作者（仅统计第一作者）

作者	发文量（篇）	作者	发文量（篇）
刘晓波	8	周礼智	5
吴伟民	7	席晓南	5
乔欢	7	唐虹	5
刘颖	7	陈卓坤	5
施国洪	7	张敏	5
郑全太	6	秦小燕	5
王居平	6	吴正荆	5
陆康	6	刘磊	5
杨海玲	6	杨彦春	5
徐军华	6	梁孟华	5
王萍	6	余胜	5

2.5.3　发文机构分析

利用 SATI 软件抽取"institutions"字段，统计后得到我国图书馆评价高产研究机构及论文分布数据，见表 2－10。我国共有 2571 个研究机构发表了图书馆评价研究论文 3363 篇，其中仅发表 1 篇相关论文的研究机构有 2168 个，占全部研究机构总数的 84.3%；发表 2 篇及以上相关论文的机构有 403 个，占全部研究机构总数的 15.7%；发表 5 篇及以上相关论文的研究机构有42个，占全部研究机构总数的1.6%；发表6篇及以上相关论文的高产研究机构有24个，占全部研究机构总数的0.93%。在我国图书馆评价研究中，研究机构之间合作共同发表论文的现象比较少。在发文量最多的24个研究机构中，大学图书馆有19所，公共图书馆有3所，教学研究类机构有2个，可见大学图书馆是图书馆评价研究的核心机构，大学图书馆评价也是图书馆评价研究的重点。我国图书馆评价的作者数量与机构数量相差不多，说明机构发表论文的数量规模都不大且机构内外合作度都不高。国外图书馆评价研究核心机构发文量高于我国，说明我国图书馆评价研究核心机构不突出，影响程度不够大。

表2-10　我国图书馆评价研究高产机构及论文分布

机构名称	发文量（篇）	机构名称	发文量（篇）
河南工业大学图书馆	15	海南大学图书馆	6
武汉大学信息管理学院	12	郑州轻工业学院图书馆	6
湛江师范学院图书馆	10	上海师范大学图书馆	6
兰州商学院信息工程学院	8	安徽大学图书馆	6
重庆教育学院图书馆	7	南京晓庄学院	6
深圳图书馆	7	南京图书馆	6
三峡大学图书馆	7	燕山大学图书馆	6
复旦大学图书馆	7	保定学院图书馆	6
广东药学院图书馆	7	北京大学信息管理系	6
第三军医大学图书馆	7	山东大学图书馆	6
河北建筑工程学院图书馆	6	天津财经大学图书馆	6
国家图书馆	6	黑龙江科技学院图书馆	6

2.5.4　发文期刊分析

利用SATI软件抽取“source”字段，统计后得到我国图书馆评价研究高载文量期刊及论文分布数据，如表2-11所示。我国图书馆评价相关研究论文 3363 篇发表在 606 种来源期刊上，总体比较分散，且大量图书馆评价相关研究论文广泛分散在众多非相关来源期刊上。仅发表 1 篇相关研究论文的来源期刊有 393 种，占全部期刊总数的 64.9%；发表 2 篇相关研究论文及以上的来源期刊有 213 种，占全部期刊总数的 35.1%；发表 10 篇相关研究论文及以上的来源期刊仅有 51 种，占全部期刊总数的 8.4%。载文量最多的来源期刊是《科技情报开发与经济》，共发表图书馆评价研究相关论文 187 篇。在全部 51 种高载文量来源期刊中，非图书情报类期刊有 5 种。与国外图书馆评价研究核心期刊相比，我国图书馆评价研究核心期刊整体载文量较高且较为集中，这一方面说明我国图书情报类学术期刊年发量较大，另一方面说明我国图书馆评价研究核心期刊效应比较明显，载文量超过 100 篇的核心期刊有 6 种。

表 2-11　我国图书馆评价研究高载文量期刊分布

期刊名称	载文量（篇）	期刊名称	载文量（篇）
科技情报开发与经济	187	情报科学	66
现代情报	130	图书馆杂志	60
图书情报工作	126	图书馆	55
农业图书情报学刊	120	河南图书馆学刊	51
图书馆学研究	114	大学图书情报学刊	50
图书馆学刊	111	高校图书馆工作	45
图书馆建设	99	内蒙古科技与经济	45
图书馆工作与研究	90	情报理论与实践	43
图书馆论坛	87	图书馆界	40
图书馆理论与实践	87	晋图学刊	39
大学图书馆学报	85	河北科技图苑	36
情报探索	81	中国图书馆学报	36
情报杂志	79	新世纪图书馆	32
中小学图书情报世界	68	四川图书馆学报	32

续表

期刊名称	载文量（篇）	期刊名称	载文量（篇）
图书情报知识	31	山东图书馆季刊	16
现代图书情报技术	31	江苏图书馆学报	15
图书与情报	30	医学信息学杂志	15
中华医学图书情报杂志	27	黑龙江图书馆	14
情报资料工作	26	图书馆研究与工作	14
国家图书馆学刊	25	内蒙古图书馆工作	13
江西图书馆学刊	23	价值工程	12
兰台世界	23	甘肃科技	12
贵图学刊	22	浙江高校图书情报工作	12
科技信息	21	科技文献信息管理	12
当代图书馆	18	黑龙江史志	11
图书情报论坛	17		

2.5.5 关键词分析

利用 SATI 软件抽取“keywords”字段，统计后得到我国图书馆评价研究高频关键词分布数据，见表 2－12。3363 篇图书馆评价研究相关论文中共有关键词 5192 个，篇均关键词也不到 2 个，这也很不正常，有可能很多论文没有列出关键词。在这些关键词中，仅出现 1 次的关键词有 3595 个，占全部关键词总数的 69.2%；出现 2 次及以上的关键词有 1597 个，仅占 30.8%；出现 20 次以上的关键词有 99 个，占 1.9%。可见，在我国的图书馆评价研究中，高频关键词数量较国外多且集中，基本上都是与图书馆评价相关的词汇。这些关键词大致可分为四类：一类是与评价有关的词汇，如评估/评价、指标体系、评价指标、绩效评估/评价、层次分析法、评价模型、模糊综合评价、综合评价、评价方法、评估标准、水平定级等；二类是与各类型图书馆有关的词汇，如高校图书馆、数字图书馆、公共图书馆、省级图书馆、县级图书馆、中小学图书馆等；三类是与图书馆要素相关的词汇，如服务质量、图书馆服务、图书馆管理、信息资源、图书采购、网站、用户满意度、开馆时间、馆藏、学科馆员、图书馆自动化、电子资源、资源建设等；四类是与国外图书馆评价相关的词汇，如 LibQUAL+™、SERVQUAL、LibQUAL+。高校图书馆、公共图书馆、数字图书馆、评价指标、绩效评价/评估、评价指标、读者服务等出现频次最多，都在 100 次以上。可见以上领域是我国图书馆评价研究中最受关注的热点研究方向。此外，电子资源、图书馆服务、文献资源建设、读者满意度等图书馆构成要素也是我国图书馆评价研究中的重点领域。

表 2-12　我国图书馆评价研究高频关键词分布

关键词	频次	关键词	频次	关键词	频次
图书馆	772	办馆水平	81	本科教学评估	46
高校图书馆	701	文献资源建设	80	评价标准	46
图书馆评估	322	质量评价	74	评估标准	45
公共图书馆	265	评估指标	73	图书馆评价	44
评估	254	图书馆工作	73	评价模型	44
评价	231	图书馆事业	73	评估指标体系	41
数字图书馆	216	信息服务	71	数字资源	40
指标体系	212	评价方法	67	用户满意度	40
层次分析法	133	综合评价	62	大学图书馆	40
评价指标	129	定级工作	62	高职院校	38
绩效评价	128	读者满意度	61	评估定级	37
绩效评估	124	图书馆服务	59	开馆时间	36
服务质量	118	电子资源	58	馆藏评价	36
办馆条件	110	服务质量评价	57	模糊综合评价	35
评价体系	104	评价指标体系	49	中学图书馆	33
读者服务	103	图书馆管理	48	平衡计分卡	33
教学评估	92	图书馆学	47	图书馆自动化	31
图书馆建设	85	高校评估	46	馆舍面积	31

续表

关键词	频次	关键词	频次	关键词	频次
情报职能	31	建设	27	院校图书馆	22
藏书建设	31	县图书馆	26	SERVQUAL	22
购书经费	31	高等学校	26	网络环境	22
高校	30	信息资源	26	学科馆员	21
图书馆服务质量	30	图书采购	25	工作评估	21
图书馆网站	30	LibQUAL+TM	25	对策	21
服务评价	29	高等学校图书馆	23	文献资源	21
县级图书馆	29	服务水平	23	水平评估	21
图书资料	29	权重	23	LibQUAL+	20
藏书体系	28	评估方法	23	效率评价	20
情报服务	27	服务工作	22	公共图书馆事业	20
评估体系	27	服务	22	本科教学	20
评估组	27	县级馆	22	管理	20
指标	27	教育评估	22	省公共图书馆	20
网站评价	27	教学水平评估	22	资源建设	20

2.5.6 高影响力文献分析

CNKI 数据库带有检索结果排序功能，对“图书馆评价”检索结果分别利用“被引”和“下载”进行排序得到表 2－13 和 2－14。“被引”和“下载”是评价论文影响力的重要指标，两者应具有一致性。

由表 2－13 可知：①从被引频次来看，在我国图书馆评价研究论文中，被引 50 次及以上的论文有 19 篇，被引 100 次以上的论文有 5 篇，被引频次最多的是谭详金于 2001 年在《中国图书馆学报》上发表的《图书馆服务评价标准初探》一文，被引高达 125 次。②从被引论文的内容来看，这些高被引用率论文的内容主要涉及图书馆服务、绩效评估、国外图书馆评价、评价指标、数字图书馆（包括馆藏、网站、数据库）等方面。其中与国外图书馆服务质量评估标准 LibQUAL+™ 和 SERVQUAL 有关的论文就有 5 篇，被引 100 次以上的 5 篇论文中有 3 篇与此有关，可见借鉴国外图书馆评价标准受到我国图书馆评价研究界的高度关注。③从被引论文的载文期刊来看，这些高被引用率论文主要发表在中国图书馆学报（5 篇）、大学图书馆学报（8 篇）、图书情报工作（2 篇）、现代图书情报技术（2 篇）等图书情报类核心期刊上。④从被引论文的发表时间来看，大部分论文都发表于 2006 年以前，只有 1 篇论文发表于 2009 年之后，2 篇论文发表于 2000 年以前，这一方面说明被引频次与时间高度相关，另一方面说明我国图书馆评价研究中具有高影响力的论文正在减少。

由表 2－14 可知：①从被下载量来看，被下载 800 次以上的论文有 24 篇，被下载 1000 次以上的论文有 10 篇，被下载次数最多的是陆萍 2005 年在《现代情报》上发表的《在高校图书馆评估中运用层次分析法确定指标的权重》一文，令人感觉比较意外。这是一篇将层次分析法用于确定高校图书馆评估指标权重的论文，属于评价方法类文章。无论是从研究内容，还是从来源期刊来看，这一篇都不应该成为下载次数最多的论文。②从被下载论文的发表时间来看，大多数论文都发表于 2006 年之后，只有 4 篇论文发表于 2005 年和 1 篇发表于 2004 年，下载次数较多的论文都是在近期内发表的。③从被下载论文的来源期刊来看，来源期刊比较分散，中国图书馆学报（5 篇）和大学图书馆学报（7 篇）载文相对最多。④从高被引和高下载复合率来看，高被引用率论文与高被下载率论文一致性程度不高，只有 8 篇论文重合，重合率不到 50%。这也是一个较为奇怪的现象。作者在引用文献时，主要考虑论文的影响力和内容的新颖性，而这两个指标相悖。影响力大（被引频次高）的论文一般发表的时间较长，内容较新的论文一般发表时间较短。因此，在利用这两个指标评价论文影响力时需要认真考虑，恰到好处地确定两者的尺度。

表 2-13　我国图书馆评价研究高被引用率论文（被引用 50 次及以上）

篇名	作者	刊名	年/期	被引
图书馆服务评价标准初探	谭祥金	中国图书馆学报	2001/01	125
LibQUAL+TM——图书馆服务质量评价方法新进展	常唯	大学图书馆学报	2003/04	111
网络环境下图书馆服务质量评价方法探析——清华大学图书馆读者满意度调查工作的实践与思考	吴冬曼，赵熊，解春伟，林彤，黄晓铃	大学图书馆学报	2006/01	105
SERVQUAL 与图书馆服务质量评估：十年研究述评	于良芝，谷松，赵峥	大学图书馆学报	2005/01	102
应用 SERVQUAL 评价图书馆服务质量	初景利	大学图书馆学报	1998/05	100
基于 LibQUAL+TM 的广东高校图书馆服务质量评价	唐琼，张玫，曾颖，陈一梅，徐涌	大学图书馆学报	2006/02	92
图书馆服务质量评价实现探讨	金更达	大学图书馆学报	2002/03	88
数字时代图书馆的发展方向及评估标准	周欣平	图书情报工作	2001/04	84
数字图书馆馆藏评价	盛小平	图书情报工作	2003/05	82
我国高校图书馆 Web 网站建设评价	马海群，蒋新颖	大学图书馆学报	2001/02	77
关于图书馆绩效评估的研究与实践	余胜	中国图书馆学报	2006/04	65
高校图书馆商业数据库评价指标体系研究	张李义	中国图书馆学报	2004/01	65

续表

篇名	作者	刊名	年/期	被引
国际图书馆服务质量评价：绩效评估与成效评估两大体系的形成与发展	张红霞	中国图书馆学报	2009/01	61
西方图书馆评价理论评介	初景利	中国图书馆学报	1999/03	61
图书馆绩效评估方法评析	姜晓	大学图书馆学报	2004/01	58
数字图书馆发展的新阶段——关于Google、欧洲数字图书馆筹建的评价与对策	黄宗忠	图书情报知识	2005/05	56
图书馆网站评价指标浅析	伍晓星	现代图书情报技术	2004/04	54
基于 LibQUAL+™ 的图书馆服务质量评估方法研究和实践分析	董丽，吴冬曼，周虹，林彤，黄晓玲，解春伟，赵熊	现代图书情报技术	2006/03	51
SERVQUAL 模型在图书馆服务质量评价上的应用	张健兰，吴向丹	图书馆学研究	2003/05	51

表 2－14　我国图书馆评价研究高下载量论文（被下载 800 次以上）

篇名	作者	期刊	年/期	下载
在高校图书馆评估中运用层次分析法确定指标的权重	陆萍	现代情报	2005/05	2291
网络环境下图书馆服务质量评价方法探析——清华大学图书馆读者满意度调查工作的实践与思考	吴冬曼，赵熊，解春伟，林彤，黄晓铃	大学图书馆学报	2006/01	1800
国际图书馆服务质量评价：绩效评估与成效评估两大体系的形成与发展	张红霞	中国图书馆学报	2009/01	1601

续表

篇名	作者	期刊	年/期	下载
图书馆服务质量评价研究回顾与展望	施国洪，王治敏	中国图书馆学报	2009/05	1372
SERVQUAL 与图书馆服务质量评估：十年研究述评	于良芝，谷松，赵峥	大学图书馆学报	2005/01	1308
用结构方程模型构建图书馆读者满意度评价指标体系	武海东	情报科学	2011/02	1080
基于 DEA 方法的高校图书馆学科馆员服务绩效评价研究——基于西南大学图书馆学科馆员的实证分析	闫现洋，余小萍	情报理论与实践	2011/02	1061
数字图书馆发展的新阶段——关于Google、欧洲数字图书馆筹建的评价与对策	黄宗忠	图书情报知识	2005/05	1055
国外学术图书馆服务能力评价体系研究	王琼，吴娱，吴英梅	大学图书馆学报	2009/02	1022
国外数字图书馆评价研究现状分析	李贺，沈旺，国佳	中国图书馆学报	2010/06	1000
1999—2008 年我国图书馆评估研究述评——对图书馆评估研究论文的计量分析	金胜勇，贾东琴	中国图书馆学报	2010/01	999
图书馆绩效评估方法评析	姜晓	大学图书馆学报	2004/01	961
基于层次分析法的数字图书馆信息服务质量评价研究	朱红涛，刘永	情报科学	2007/05	951
高校数字图书馆评价指标体系研究	安娜	现代情报	2007/05	899
公共图书馆服务的意义建构与认识盲点——对公共图书馆评估总结材料的话语分析	于良芝	中国图书馆学报	2009/04	896

续表

篇名	作者	期刊	年/期	下载
基于 LibQUAL+TM的广东高校图书馆服务质量评价	唐琼，张玫，曾颖，陈一梅，徐涌	大学图书馆学报	2006/02	895
基于用户满意度的图书馆电子资源质量评价模型研究	唐琼，张新鹤	图书馆杂志	2007/07	881
本地化读者调查问卷的定量评价研究——北京大学图书馆案例研究	李晓东，卢振波	大学图书馆学报	2007/06	868
国外数字图书馆评价实践综述	张玲，孙坦，黄国彬	图书情报工作	2006/12	860
国外数字图书馆可用性评价研究综述	马翠嫦	现代图书情报技术	2007/02	858
LibQUAL+TM——图书馆服务质量评价方法新进展	常唯	大学图书馆学报	2003/04	858
我国“211”高校图书馆网站评价	南开大学中国图书馆网站评价研究组：柯平，刘霞，魏闻潇，高爽，王东阳，陆秀萍，张幸	国家图书馆学刊	2009/03	835
基于 SERVQUAL 模型的图书馆服务质量评价实证研究	张健兰，吴向丹	图书馆理论与实践	2005/03	806
我国图书馆服务质量评价的进展与分析	张卫群	现代情报	2007/08	803

第3章　国内外图书馆评价研究可视化分析

本书以UCINET可视化软件为工具，以WoS和CSSCI数据库检索平台为数据来源，利用知识图谱可视化展示国内外图书馆评价研究现状和进展。

3.1　数据来源

3.1.1　国外数据来源

UCINET可以处理多种格式的数据，因此，国外图书馆评价研究数据选择WoS数据库为数据来源。具体检索表达式为："标题 = （library* evaluat* or library* assess* or library* astimat* or library* apprais*）；时间跨度 = 所有年份；数据库 = SCI - Expanded，SSCI，CCR - Expanded，IC"，检索时间为"2014年11月5日"，共检索到1137篇论文，如图3-1所示。本书对国外图书馆评价的可视化分析以检索到的1137条数据为基础。

3.1.2　国内数据来源

由于CNKI不提供参考文献数据，国内图书馆评价研究数据选择CSSCI数据库为数据来源。CSSCI数据库检索表达式为："数据选择：来源文献检索；检索式 = （篇名 = 图书馆 and 篇名 = 评）；时间跨度为1998—2013"，检索时间为2014年11月7日，非精确检索得到1308篇论文，如图3-2所示。

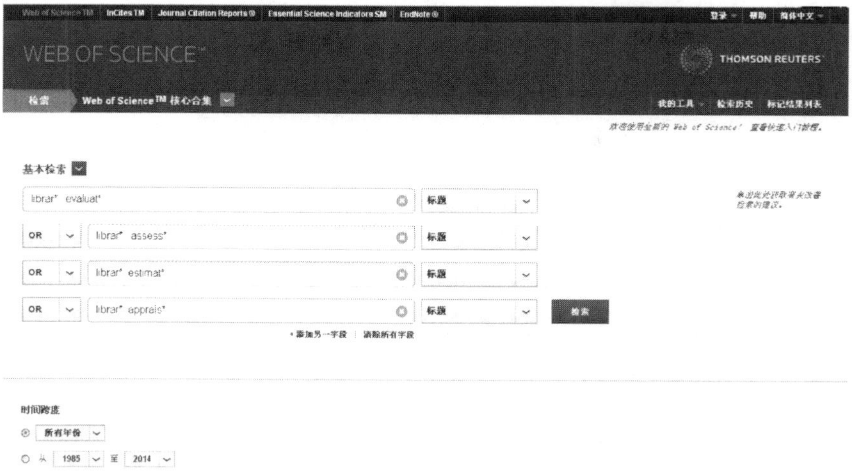

图 3－1　国外图书馆评价 WoS 数据库检索界面

图 3－2　国内图书馆评价 CNKI 检索界面

3.2 研究方法

3.2.1 引文分析法

一篇文献的被引频次可以在一定程度上反映该文献的影响度，而影响度的大小又在一定程度上反映了该文献质量和水平的高低。目前引文分析大致有3种基本类型：①从引文数量上进行研究，主要用于评价期刊、论文、机构、作者及地区的科研水平；②从引文间的网状关系或链状关系进行研究，主要用于揭示学科的发展与联系，并展望未来前景等；③从引文反映出的主题相关性方面进行研究，主要用于揭示科学的结构和进行文献检索等[1]。

2001年加菲尔德和他的同事们推出了HistCite软件。该软件与SCI数据库结合使用，可以自动地对搜索出的某一学科的被引文献按照被引频次的高低进行排序，并且按照这种引用关系和年份顺序生成关于这一学科的引文编年图。HistCite还可以把所查到的文献按照期刊名称、著者、年份分别进行排序。加菲尔德等人应用这一软件已经先后对有关数字图书馆、情报科学、信息计量学、共焦显微镜、实验胚胎学、基因组测序等专题研究以及某一时期有关某一专题研究的杂志的发文情况进行了引文分析，分别生成了引文编年图[2]。

3.2.2 可视化分析和科学知识图谱

引文分析研究始于20世纪50年代初，由加菲尔德创建，奠定了今天引文分析的基础。1955年，加菲尔德在SCIENCE上发表了一篇论文，认为传统的基于学科的检索和摘要服务难以满足研究的需要，提出将引文索引作为一种新的文献检索与分类工具。基于引文数据的可视化图谱的开创性研究也是由加菲尔德等人完成的[3]。1964年美国的尤金·加菲尔德（Eugene Garfield）创立引文数据库SCI（Science Citation Index，科学引文索引），为学者们利用引文分析法分析学科领域知识结构提供了强有力的工具。SCI不仅为引文分析奠定了数据平台，而且使得规范化、高质量的引文分析成为可能。20世纪60年代早期，加菲尔德等人开始了基于引文数据的先锋性研究——在《应用引文数据撰写科学历史》（The Use of Citation Data in Writing the History of Science）中绘制了DNA研究领域的历史发展图谱；之后不久，普赖斯用相同的数据在他的一系列经典著作——《巴比伦以来的科学》《小科学，大科学》和《科学文献的网络》中，进行了知识图谱绘制的开创性工作[4]，为引文分析开辟了广阔的发展空间。在众多文献计量学家的共同努力下，科学知识图谱发展日益成熟，相继衍生出包括共词分析、共引分析、共现分析、非相关文献分析、社会网络分析等一系列可视化分析方法的科学方法体系，成为一种揭示科学结构、研究科学史的发展规律、评价科研绩效、预测研究领域热点等的有效工具。例如，美国Drexel大学的Howard分析了情报科学1972—1995年的作者共引情况，用图表揭示了对情报科学影响比较大的机构和单位、学科发展结构以及作者关系情况的变化等；1999年Chen利用三维虚拟技术开发一套把作者共引关系表示出来的图表，并分析了大型的引文网络结构[5]；加拿大多伦多大学的Yuan An提出了研究计算机文献的相互联系的结构方法，通过数字图书馆检索到有关文献的引用情况，然后应用图表可视化的算法来展示它们之间的关系，并研究其中的一些规律；美国Drexel大学的Chen Chaomei利用可视化技术分析得出了有关文献的共引情况图，为揭示其有关的规律提供依据，被称为“科学知识图谱”；Steven Noel根据文献的引文耦合提出了有关的可视化方法[6]；Small利用引文方法分别绘制了社会科学的结构图和反映生物医学专业胶原研究在5年期间内进展的系列结构图[7]。西班牙的Felix Moya-Anegon通过搜集西班牙在2000年被SCI和SSCI以及A&HCI收录的文献，并根据发表这些文献的期刊在ISI－JCR中所属的类别，对应到根据西班牙的分类法的25个大类中去，将大类的同被引分析转化为期刊类别的同被引分析，从而得到西班牙大科学结构分析的可视化图像[8]。Chen Chaomei把引文分析可视化应用于专利引文分析中，以组织工程学方面的专利为分析范围，通过分析这些专利对科技文献（除专利文献以外）的引用情况，利用PFNET绘制成可视化图，形象地表示出了在专利中多次被引用的论文及它们之间的关系，从而为追踪由科学到技术的转化提供了一条途径[9]。德国著名科学计量学家赫尔德若·克里奇默(Hildrun Kretschmer)关于科学合作的三维空间模型研究，大大地推动了科学知识图谱的发展[10]。

3.2.3 共现分析

共现分析包括词共现分析（也称为“共词分析”）、作者共现分析（也称为“作者合著分析”）、机构共现分析（也称为“机构合作分析”）和国家/地区共现分析等。共现分析属于内容分析和社会网络分析的一种。其中共词分析是共现分析的核心内容，而作者共现、机构共现和国家/地区共现分析是社会网络分析的重要内容。共词分析主要是对一组词两两统计它们在同一篇文献中出现的次数，以此为基础对这些词进行聚类分析，生成共词文献簇，进而分析这些词所代表的学科和主题的结构变化[11]。利用共词分析法及其相关的可视化方法可以进行深入的主题分析，系统、全面、直观地了解学科结构和发展状况，并进行学科发展预测。

Monarch曾对共词分析进行过研究，他指出共词分析技术就是通过对相关文献的代表性术语之间的连接强度的分析，得到某一学科领域研究发展的方式和趋势。共词分析的一个主要途径是确定这些代表性术语之间的概念图谱或知识网络结构，通过一系列类似图谱就可以相当详细地描述某一学科领域的主题[12]。目前共词分析的主要可视化方法包括包容图(Inclusion Map)、临近图（Proximity Map)、战略坐标图（Strategic Diagram）等[13]。

3.2.4 共引分析

共引分析也称为“共被引分析”。共被引是指两篇（或多篇）论文同时被后来的一篇或多篇论文所引证，则称这两篇论文（被引证论文）具有“共被引”关系[14]。换言之，如果两篇文献具有“共被引”关系，则意味着这两篇文献有相似的学科背景。如果将共被引分析的对象延伸至与文献相关的各种特征对象，如文献、期刊、著者、学科，就形成相应的文献共被引分析、期刊共被引分析、著者共被引分析和学科共被引分析。

共被引分析的技术手段已经比较成熟，在国外共被引分析多用于作者共引分析和期刊共引分析。例如，美国 Drexel 大学的 Howard 以 SPSS 为工具，采用聚类分析、多维定标（Multidimensional Scaling）和因子分析（Factor Analysis）的方法描述了情报科学 1972—1995 年的作者同被引情况，用图表揭示了对情报科学影响比较大的机构和单位、学科发展结构以及作者关系情况的变化等。1999 年 Chen Chaomei 把路径寻找网络尺度分析（Pathfinder Network Scaling，PFNET）技术引入著者共被引分析，并生成了超文本的共被引图[15]。

3.2.5　社会网络分析

社会网络分析源于 20 世纪 50 年代，它最初用于心理学研究，后被应用于社会学、人类学、经济学、生命科学、科学学等众多领域。社会网络分析是一种分析方法，它将被分析对象视为社会行动者和他们之间的关系的集合。也就是说，一个社会网络是由多个点（社会行动者）和各点之间的连线（行动者之间的关系）组成的集合。社会网络中，每个行动者都与其他行动者有或多或少的关系。社会网络分析正是基于这种关系，建立各种数学分析模型，然后利用计算机技术将行动者及其关系的结构以图形的方式展示出来[16]。将其应用于文献计量学研究，可以通过社会网络分析中的核心—边缘、结构对等、中心性、中介性、凝聚子群等概念，利用社会网络分析工具 Netdraw、Pajek、UCINET 等找寻出具有重要地位的文献作者及其所属机构和国家。

3.3　分析工具

本书对国内外图书馆评价的可视化分析主要利用 SATI 3.2 和 UCINET 6.2 生成知识图谱可视化展示国内外图书馆评价研究现状。

3.3.1　文献题录统计软件 SATI

文献题录信息统计分析工具 SATI（Statistical Analysis Toolkit for Informetrics，SATI），该软件旨在通过对期刊全文数据库题录信息的处理，利用一般计量分析、共现分析、聚类分析、多维尺度分析、社会网络分析等数据分析方法，为挖掘和呈现出美妙的可视化数据结果提供数据支持。该软件通过免费、共享软件功能及开源、增进代码实现，旨在为学术研究提供期刊文献数据统计与分析的辅助工具。SATI 软件可从 WoS、CNKI、CSSCI、万方、维普等全文数据库下载导入题录信息，提供格式转换后进行统计分析，并可为 UCINET、Pajek、SPSS 等软件生成可视化结果提供所需的 Excel 格式或 txt 文本格式矩阵，其运行界面如图 3－3 所示。

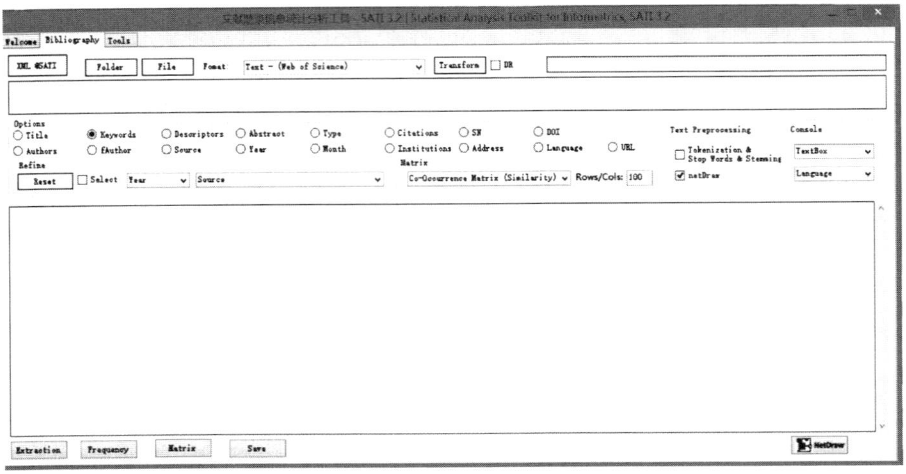

图 3－3　SATI 3.2 软件运行界面

3.3.2　社会网络分析软件 UCINET

UCINET 是一种功能强大的、综合型的社会网络分析软件，也是目前最流行的、最容易上手、最适合新手的社会网络分析软件。它最初由加州大学尔湾分校（University of California at Irvine）的 Linton Freeman 编写，后来主要由美国波士顿大学的 Steve Borgatti 和英国威斯敏斯特大学（Westminster University）的 Martin Everett 维护更新。它以社会网络分析原理为基础，包括大量的网络分析指标（如中心度、二方关系凝聚力测度、位置分析算法、派系的探查等），还包括一般的统计和多元统计分析工具，如多维量表、对应分析、因子分析、聚类分析、多元回归等。UCINET 软件中内含了一维与二维数据可视化分析的 NetDraw 软件，还有正在发展应用的三维数据可视化分析软件 Mage 等，UCINET 同时还集成了 Pajek 和用于大型网络分析的 Free 应用软件程序等，可以生成各种关系图谱可视化展示科学研究领域中的社会网络关系，如合著网络、引文网络、关键词网络等。UCINET 6 发布了四百多个版本，最新版本为 UCINET v6. 550（即进行了 550 次修订的 UCINET 6 版本）。UCINET 也是一款免费软件，可在 http：//www. analytictech. com/downloaduc6. htm 网站免费下载安装使用，如图 3－4 所示。

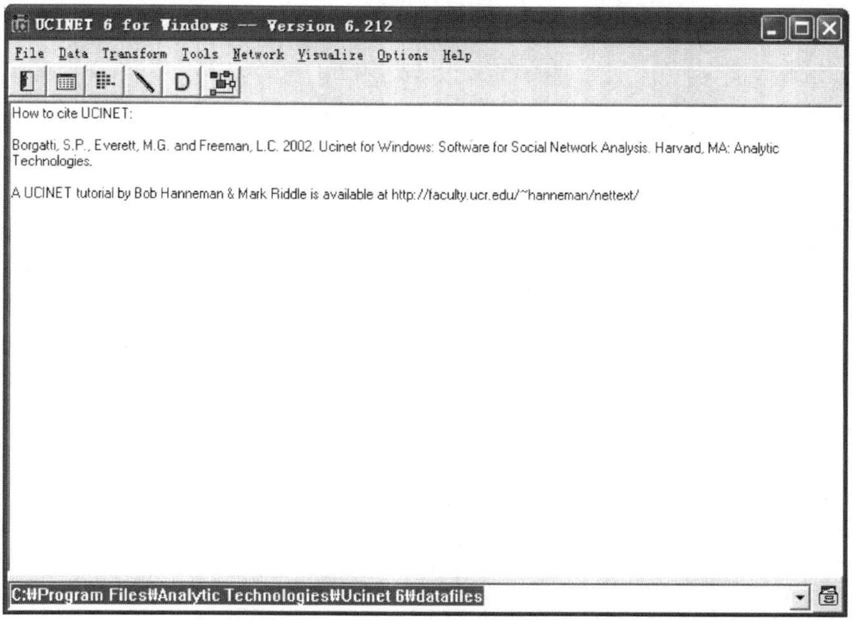

图 3－4　UCINET 6. 2 软件运行界面

3. 4　国内外图书馆评价研究可视化分析

分别将在 WoS 和 CSSCI 数据库中下载的数据导入 SATI 软件并转换数据格式，抽取相应字段后统计排序并生成 Excel 格式的共现矩阵表，然后将共现矩阵导入 UCINET 软件，生成 . ##d 和 . ##h 文件，在 UCINET 自带的 NetDraw 绘图软件中打开 . ##h 文件即可生成需要的可视化图谱。图中节点大小代表频次，出现频次越高节点越大；连线粗细代表节点间关联强度（即共现频次或共现强度，也称为“中介中心性”），连线越粗表示两个节点关联越强；节点位置，即节点中心度，代表节点影响，处于核心位置的节点是该学科领域的前沿、核心和热点。

3.4.1 作者合著网络分析

在 SATI 中分别对转换后的国内外图书馆评价研究数据抽取作者字段，统计排序后生成 Excel 格式的 100 × 100 作者共现矩阵表，将 Excel 格式的作者共现矩阵表导入 UCINET 生成 . ##d 和 . ##h 文件，并在 NetDraw 中打开. ##h文件，国内外图书馆评价研究作者合著网络可视化图就生成了。去掉独立节点，对节点、连线和标签分别进行调整后得到图 3 –5 和图 3 –6。

由图 3 –5 可知，国外图书馆评价研究领域形成 10 个合作研究群体，其中 5 人以上的合作研究群体有 3 个，3 人合作研究群体有 3 个，2 人合作研究群体有 4 个。最大的合作研究群体有 6 人，相互之间形成了密切的合作关系，作者 D. Rochman 处于网络核心，D. Rochman、M. Herman、P. Oblozinsky 和 S. F. Mughabghab 4 位作者之间的合作关系更为密切。排在第二位的合作研究群体有 5 人，5 位作者之间相互形成了密切的合作关系，其中 Sascha Kriewel、Claus-Peter Klas 和 Norbert Fuhr 三位作者以及 Christost Papatheodorou 和 Giannis Tsakonas 之间合作更密切。另一个 5 人合作研究群体合作强度较低，其中 Edward Fox、Alberto H. F. Laender 和 Marcos Andre Goncalve 三位作者具有相互合作关系，Edward Fox 和 Younghee Noh 通过 Sanghee Oh 形成合作关系。3 个 3 人合作研究群体合作强度都比较高。4 个 2 人合作研究群体中，Edwin Kolbe 和 Alexander Vasiliev 两位作者之间合作最密切。

由图 3 –6 可知，国内图书馆评价研究形成 16 个合作研究群体，其中 4 人合作研究群体有 1 个，3 人合作研究群体有 4 个，其他都是 2 人合作研究群体。4 人合作研究群体关系比较松散，4 人以郑建明和陆宝益为中介形成合作链。在 3 个 3 人合作研究群体中，汪徽志、袁顺波和曹强之间相互合作最为密切。徐引篪、孟广均和霍国庆 3 人之间以及张玲、孙坦和黄国彬 3 人之间相互合作强度不高。朱明和唐承秀以柯平为中介形成 3 人合作关系。11 个 2 人合作研究群体之间相互合作强度都不高。

从图 3 –5 和图 3 –6 中可以发现：①整体来看，国外在图书馆评价研究中合作研究群体中人数比国内要多，群体内部合作强度要大于国内；②国内合作群体虽多，但群体内人数都比较少，且相互之间合作强度不高。

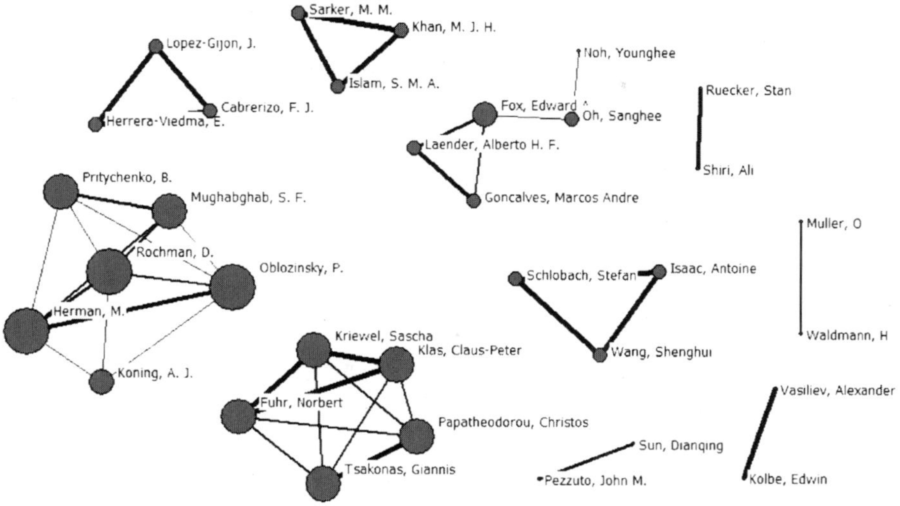

图 3－5　国外图书馆评价研究作者共现网络

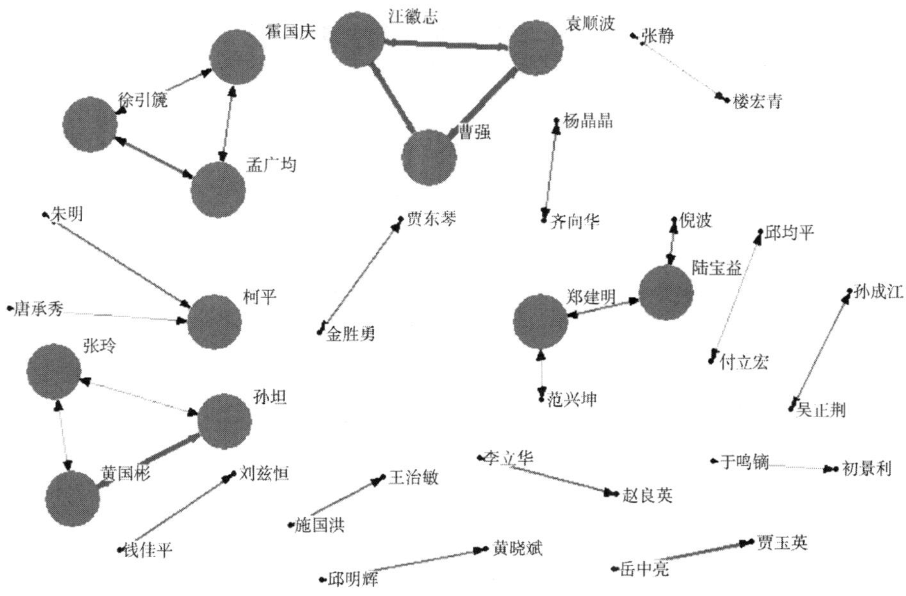

图 3－6　我国图书馆评价研究作者共现网络

3.4.2 机构合作网络分析

在 SATI 中分别对转换后的国外图书馆评价研究数据抽取“institution”（机构）字段，统计排序后生成 Excel 格式的 100 * 100 机构共现矩阵表，将 Excel 格式的机构共现矩阵表导入 UCINET 生成 . ##d 和 . ##h 文件，并在 NetDraw 中打开. ##h文件，国外图书馆评价研究机构合作网络可视化图就生成了。去掉独立节点，对节点、连线和标签分别进行调整后得到图 3 –7。

由图 3 –7 可知，国外图书馆评价研究机构之间形成了 17 个合作网络，机构之间的合作关系都比较松散，合作强度都不大。最大的机构合作群体有 6 个研究机构，由 4 个机构组成的合作网络有 3 个，由 3 个机构组成的合作网络有 5 个且只有 1 个合作网络是相互合作关系，其他的合作网络都由 2 个机构组成，合作强度都不大。在最大的机构合作网络中，Univ Arizona、Univ Maryland 和 Univ Pittsburgh 三所大学之间形成相互合作关系，Univ Pittsburgh 和 Univ Minnesota 以 NCI 为中介形成合作链，Univ Missouri 和 Univ Arizona 形成合作关系。比较图 3 –5 和图 3 –7 可知，国外在图书馆评价研究中以机构之间的合作为主。而我国图书馆评价研究机构之间没有合作关系，表明国内作者之间的合作都是机构内部的合作关系，以师生团队之间合作居多。

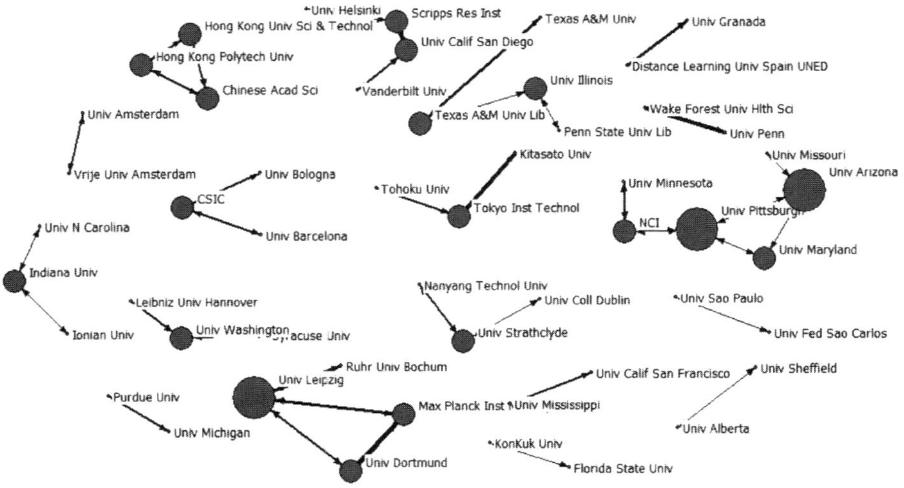

图 3 –7　国外图书馆评价研究机构合作网络

3.4.3　关键词共现网络分析

在SATI中分别对转换后的国外图书馆评价研究数据抽取“keywords”（关键词）字段，统计排序后生成Excel格式的100 * 100关键词共现矩阵表，将Excel格式的关键词共现矩阵表导入UCINET生成.##d和.##h文件，并在NetDraw中打开.##h文件，国内外图书馆评价研究关键词共现网络可视化图就生成了。去掉独立节点，对节点、连线和标签分别进行调整后得到图3－8和图3－9。

由图3－8可知，在国外图书馆评价研究关键词共现网络中，“图书馆”（libraries和library）、“学术图书馆”（academic library）和“评价”（evaluation）等关键词出现频次最多，“数字图书馆”（digital library）、“公共图书馆”（public library）、“大学图书馆”（university library）、“服务质量”（service quality）、“参考服务”（reference services）、“馆藏”（collection or collections）、“万维网”（World Wide Web）、“绩效”（performance or effectiveness）等关键词出现频次次之。这些关键词处于网络的核心位置，说明这些关键词代表了国外图书馆评价研究中的热点和前沿领域。

由图3－9可知，在我国图书馆评价研究关键词共现网络中，“图书馆”“数字图书馆”“高校图书馆”“公共图书馆”出现频次最多，“图书馆管理”“评价指标”“评价体系”“指标体系”“评价指标体系”“图书馆评估”“图书馆评价”“图书馆服务”“绩效评价”“综合评价”“评价方法”“评价模型”“层次分析法”“服务质量评价”“读者满意度”“用户满意度”“电子资源”“信息服务”“服务质量”“质量评价”等关键词出现频次次之。这些关键词处于网络的核心位置，说明这些关键词代表了我国图书馆评价研究中的热点和前沿领域。

将图3－8和图3－9中的关键词分别聚类后形成图3－10、图3－11和图3－12、图3－13。由图3－10和图3－11可以发现，国外图书馆评价（library evaluation）研究是图书馆学（library science）和情报学（information science）的重要研究领域。国外图书馆评价研究图谱形成了4个核心领域：①以各类图书馆为评价对象的研究，包括大学图书馆、学术图书馆、

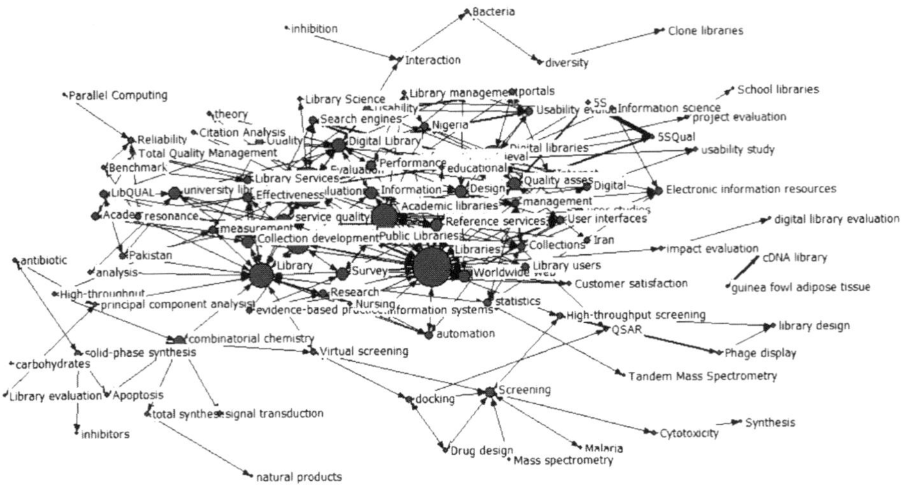

图 3－8 国外图书馆评价研究关键词共现网络

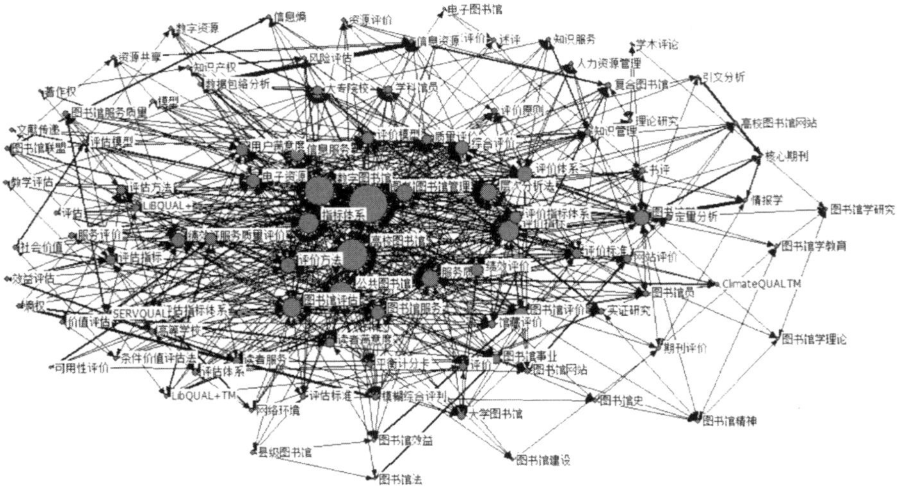

图 3－9 我国图书馆评价研究关键词共现网络

公共图书馆、数字图书馆、学校图书馆等。②以图书馆要素为评价对象的研究，包括用户界面、馆藏建设、图书馆项目、图书馆设计、图书馆管理、服务、信息系统、参考服务、服务、服务质量、图书馆自动化、万维网、读者、用户、信息检索等。③以图书馆评价方法和评价标准为对象的研究，包括绩效评价、测评、测度、满意度、评价标准、影响评价、调查、引文分析等。④还有一个与图书馆评价不相关的研究领域，与生物、

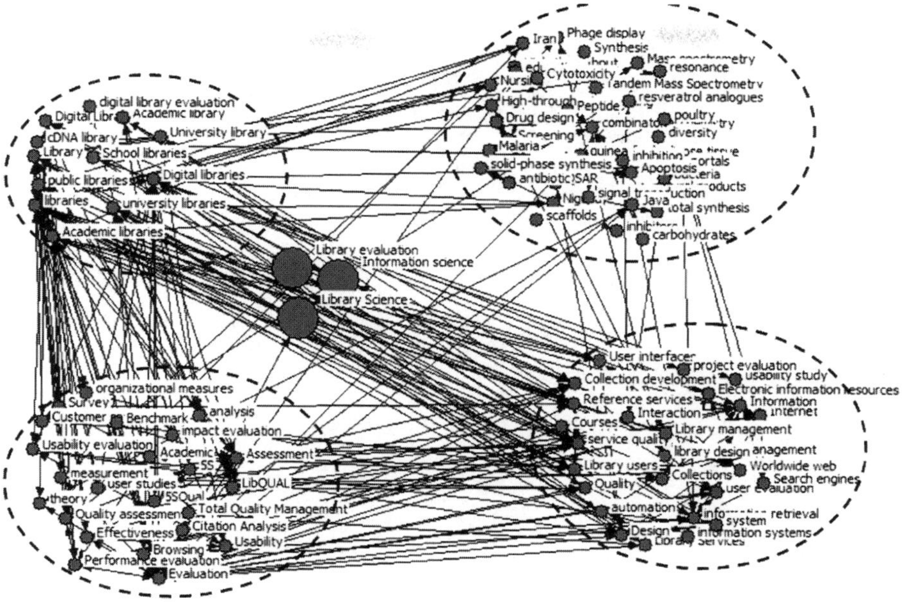

图 3－10　国外图书馆评价研究关键词聚类图

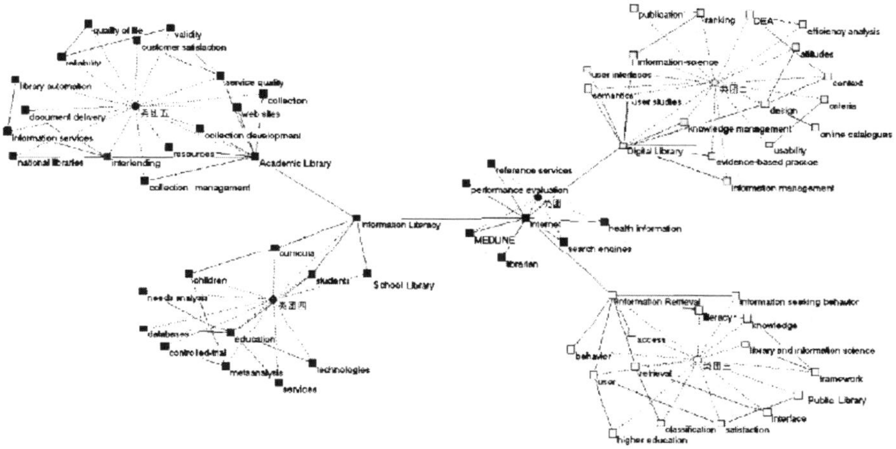

图 3－11　国外图书馆评价研究关键词聚类图

化学等学科领域高度相关，可能是因为在英文中，生物和化学等学科领域也用“library”一词来表示基因库、病毒库等。由图 3 – 12 和图 3 – 13 可以发现，我国的图书馆评价研究明显分为三个领域：①以各类图书馆为评价对象的研究，包括大学图书馆（院校图书馆、高等学校图书馆、高校图书馆）、公共图书馆（省级图书馆、县级图书馆）、数字图书馆、图书馆事业等。②以图书馆要素为评价对象的研究，包括数字资源、馆藏、办馆条件、服务工作、电子资源、开馆时间、购书经费、图书馆自动化、网络环境、读者服务、网站、情报服务、信息服务、学科馆员等。③与评价和评估有关的研究，包括评价方法和评价指标等，如层次分析法、模型综合评价、绩效评价、用户满意度、效率评价、评价指标、评价标准、国外评价、评价标准等。

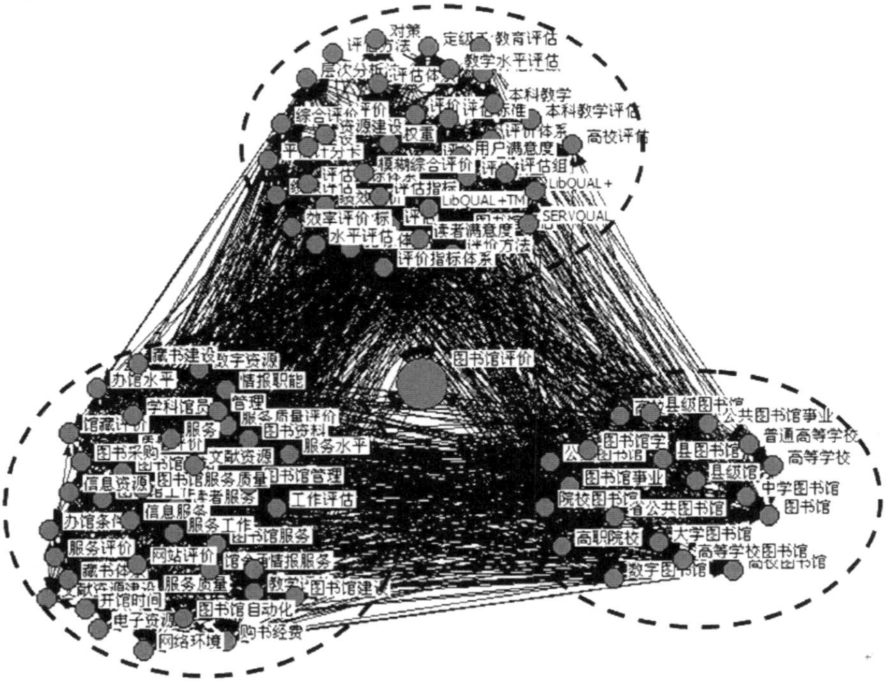

图 3 – 12　我国图书馆评价研究关键词聚类图

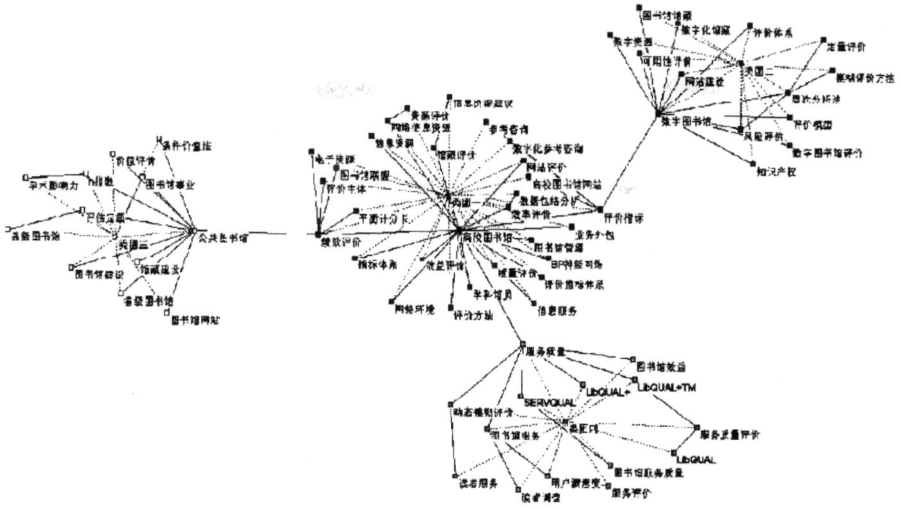

图 3－13　我国图书馆评价研究关键词聚类图

3.4.4　文献共被引网络分析

在 SATI 中分别对转换后的国内外图书馆评价研究数据抽取引文字段，统计排序后分别得表 3－1 和表 3－2，生成 Excel 格式的 100 * 100 文献共被引矩阵表，将 Excel 格式的文献共被引矩阵表导入 UCINET 生成 . ##d 和 . ##h文件，并在 NetDraw 中打开 . ##h 文件，国内外图书馆评价研究文献共被引网络图就生成了。去掉独立节点，对节点、连线和标签分别进行调整后得到图 3－14 和图 3－15。

表 3－1　国外图书馆评价研究高被引用率文献

作者	来源期刊名称	发表年份	被引频次
Saracevic T.	LIBR TRENDS, V49, P350	2000	13
Lipinski C. A.	ADV DRUG DELIVER REV, V23, P3	1997	9
PARASURAMAN A.	J RETAILING, V64, P12	1988	9
Chadwick M. B.	NUCL DATA SHEETS, V107, P2931	2006	9
Fuhr Norbert	International Journal on Digital Libraries, V8	2007	7

续表

作者	来源期刊名称	发表年份	被引频次
PARASURAMAN A.	J MARKETING, V49, P41	1985	7
Xie HI	LIBR INFORM SCI RES, V28, P433	2006	7
Xie HI	INFORM PROCESS MANAG, V44, P1346	2008	7
Jeng J	LIBRI, V55, P96	2005	6
George C. A.	CHANDOS INF PROF SER, P1	2008	6
Hernon P.	ASSESSING SERVICE QU	1998	6
Carter E. W.	J ACAD LIBR, V28, P36	2002	6
Lakos A.	PORTAL – LIBR ACAD, V4, P345	2004	6
Goncalves M. A.	INFORM PROCESS MANAG, V43, P1416	2007	6
Nitecki D. A.	J ACAD LIBR, V22, P181	1996	6

表 3-2 我国图书馆评价研究高被引用率文献

作者	论文题目	来源期刊或出版社名称	发表年份	被引频次
谭祥金	图书馆服务评价标准初探	中国图书馆学报	2001（1）	14
余胜	关于图书馆绩效评估的研究与实践	中国图书馆学报	2006（4）	10
肖希明	网络环境下的馆藏评价标准	中国图书馆学报	2002（5）	9
张红霞	图书馆质量评估体系与国际标准	国家图书馆出版社		9
于良芝	图书馆学导论	科学出版社	2003	9
肖珑	电子资源评价指标体系的建立初探	大学图书馆学报	2002（3）	8

续表

作者	论文题目	来源期刊或出版社名称	发表年份	被引频次
张红霞	国际图书馆服务质量评价：绩效评估与成效评估两大体系的形成与发展	中国图书馆学报	2009（1）	8
初景利	应用 SERVQUAL 评价图书馆服务质量	大学图书馆学报	1998（5）	8
常唯	LibQUAL+TM——图书馆服务质量评价方法新进展	大学图书馆学报	2003（4）	8
王莲芬	层次分析法引论	中国人民大学出版社	1990	8
吴慰慈	图书馆学概论	书目文献出版社	1985	7
周欣平	数字时代图书馆的发展方向及评估标准	图书情报工作	2001（4）	7
金更达	图书馆服务质量评价实现探讨	大学图书馆学报	2002（3）	7
黄宗忠	图书馆学导论	武汉大学出版社	1988	7
吴冬曼	网络环境下图书馆服务质量评价方法探析——清华大学图书馆读者满意度调查工作的实践与思考	大学图书馆学报	2006（1）	7
索传军	数字馆藏评价与绩效分析	北京图书馆出版社		6
于良芝	SERVQUAL 与图书馆服务质量评估：十年研究述评	大学图书馆学报	2005（1）	6
殷沈琴	条件价值评估法在公共图书馆价值评估中的应用	图书馆杂志	2007（3）	6
金更达	图书馆服务质量评价实现探讨	大学图书馆学报	2002（3）	6

由表3－1可知，在国外图书馆评价研究中，论文被引频次都不多，被引频次最多的是2000年T. Saracevic在《LIBR TRENDS》（图书馆趋势）上发表的一篇论文，被引频次在6次以上的文献只有15篇，作者Xie HI分别于2006年和2008年发表的2篇论文都被引用了7次。高被引用率文献中没有图书，被引论文中发表时间最早的是1988年发表的，最晚的是2008年发表的。由图3－14可知，国外图书馆评价研究中被引频次较多的文献因共被引关系形成4个文献网络，这些文献的被引频次都不高，共被引强度也不高，分别形成了图3－10中三个研究领域的知识基础。由表3－2可知，我国图书馆评价研究中，只有19篇文献被引6次以上，被引频次也都不多。被引频次最多的是谭祥金于2001在《中国图书馆学报》上发表的《图书馆服务评价标准初探》一文。张红霞、于良芝和金更达3位作者各有2篇被引6次以上。高被引用率文献中有图书6部、论文13篇，其中3本图书都是图书馆学基础理论著作。由图3－15可知，我国图书馆评价研究中被引频次较多的文献因共被引关系也形成4个文献网络，这些文献被引频次都不多，共被引强度也不高，分别形成了图3－12中三个研究领域的知识基础。

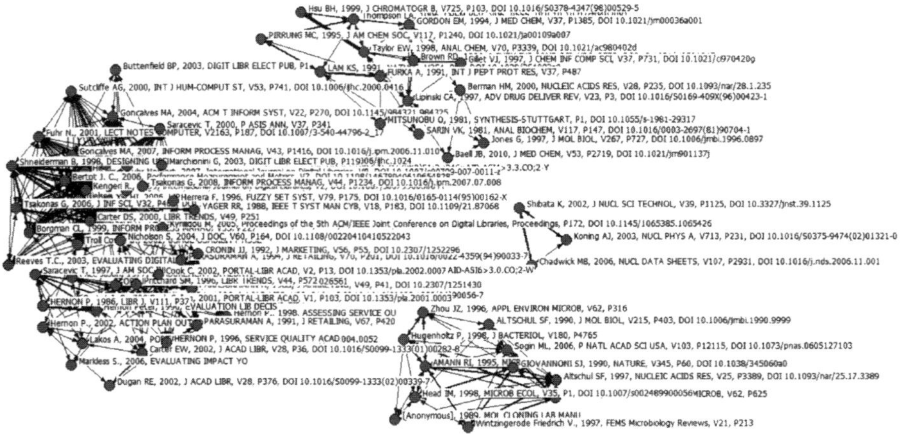

图3－14　国外图书馆评价研究文献共被引网络图

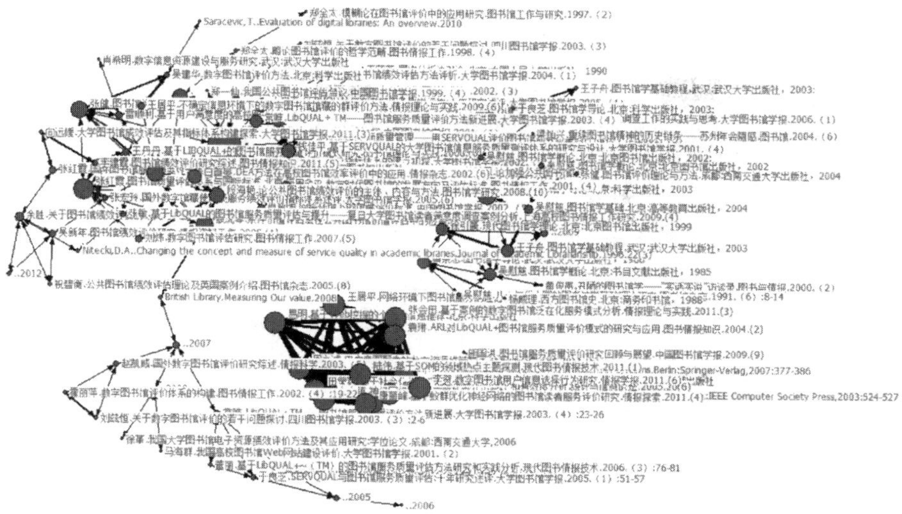

图3-15　我国图书馆评价研究文献共被引网络图

参考文献：

[1]邱均平.信息计量学[M].武汉:武汉大学出版社,2007:315-427.

[2]Garfield E. Index of HistCite Analyses[OE/BL].[2014-11-05]. http://garfield. library. upenn. edu/histcomp.

[3]邱均平,文庭孝.评价学:理论、方法、实践[M].北京:科学出版社,2010:175-176.

[4]陈悦,刘则渊.悄然兴起的科学知识图谱[J].科学学研究.2005(2):147-154.

[5]黄晓斌.计算机引文分析的新发展[J].情报学报,2006(3):354-362.

[6]尤金·加菲尔德.引文索引法的理论及应用[M].北京:北京图书馆出版社,2004:83.

[7]Small, H. G. A. Co-Citation Model of a Scientific Specialty: A Longitudinal Study of Collagen Research[J]. Social Studies of Science, 1977(7):139-166.

[8]Felix Moya-Anegon. A new technique for science journals based on bi-

connected graphs in Journal Citation Reports[J]. Journal of Documentations. 2004,60(4):371-427.

[9]Chen Chaomei. Tracing knowledge diffusion[J]. Scientometrics,2004, 59 (2):199-211.

[10]韩丽娜.数据可视化技术及其应用展望[J].煤矿现代化.2005(69):39-40.

[11]冯璐,冷伏海.共词分析方法理论进展[J].中国图书馆学报.2006(162):88-92.

[12]刘则渊,尹丽春.国际科学学主题共词网络的可视化研究[J].情报学报,2006(5):634-640.

[13]蒋颖.1995—2004年文献计量学研究的共词分析[J].情报学报,2006(4):504-512.

[14]李运景,侯汉清.引文分析可视化研究[J].情报学报,2007(2):301-308.

[15]Chen Chaomei. Visualizing semantic spaces and author co-citation networks in digital libraries[J]. Information Processing and Management, 1999(2):401-420.

[16]种艳秋,张晗,冷荣新,王敏.利用社会网络分析法和聚类法研究心血管疾病知识结构的比较[J].中华医学图书情报杂志,2007(6):77-80.

第4章　图书馆评价体系

欧美等西方发达国家图书馆界对图书馆评价非常重视，自20世纪70年代以来逐渐形成了一套完整的图书馆科学评价理论体系和实践评估体系。中国图书馆界于20世纪80年代开始研究和引进国外图书馆评价理论与方法，并积极开展了各种形式的图书馆评价实践。

4.1　图书馆绩效评价和成效评价体系

从图书馆评价的侧重点来看，国外图书馆界在长期的图书馆评价理论研究和实践探索中逐步形成了完善的图书馆绩效评价（即侧重图书馆服务投入、产出和效率的评价）和图书馆成效评价（即侧重图书馆服务在用户中影响和效果的评价）两大体系，值得我国图书馆界借鉴和参考。

国外有关图书馆评价的思想源于印度著名图书馆学家阮冈纳赞的“图书馆学五定律”。《图书馆学五定律》（The Five Laws of Library Science）是阮冈纳赞于1931年撰写的一本享誉世界的图书馆学名著。他在这一书中提出的“图书馆学五定律”被国际图书馆界誉为“我们职业最简明的表述”，也是对图书馆服务和发展质量的最好评价体系。

早在20世纪70年代，英美图书馆界的一些著名学者就开始从理论和实践两方面系统探索图书馆评价问题，如美国的兰开斯特（F. W. Lancaster）的《如果你想评价你的图书馆……》（If you Want to Evaluate Your Library……）、《图书馆服务的衡量与评价》（The Measurement and Evaluation of Library Services），被公认是图书馆评价的早期理论著作。从

20 世纪 80 年代起，欧美发达国家图书馆界就已经开始研究如何开发绩效指标来评估图书馆的工作，如 1982 年美国图书馆协会出版了《公共图书馆的绩效评估》（Output Measures for Public Libraries），1990 年美国大学和研究图书馆协会开展了“学术图书馆绩效测评项目”（Performance Measure for Academic Libraries Project），van House 等出版了《评价学术图书馆效益：实践步骤》（Measuring Academic Library Performance：Practical and Approach）和《公共图书馆产出效益：完整报告》（The Public Library Effectiveness：the Complete Report）等专著。受 1993 年美国总统克林顿签署《政府绩效与结果法案》（The Government Performance and Result Act，简称 GPRA）的影响，绩效评估被引入图书馆评价。至 20 世纪 90 年代中期，已有许多绩效指标体系被陆续发布出来，如 1990 年英国发布的《成功的关键：公共图书馆绩效指标——绩效测评和指标手册》、1995 年英格兰高等教育基金委员会发布的《有成效的学术图书馆：评价英联邦学术图书馆绩效的纲领——图书馆绩效指标的联合咨文报告》等。与此同时，图书馆绩效评价的重要标准和指导方针也被制定出来，如 IFLA 曾在 1988 年颁布大学图书馆效益的标准，1996 年颁布学术图书馆效益评价指导方针。[1-2]

20 世纪 80 年代后期至 90 年代初，欧美图书馆界开始引入全面质量管理的思想和方法体系，提出了 TQM（Total Quality Management，全面质量管理）、QC（Quality Control，质量控制）、BPR（Business Process Reengineering，企业业务流程重组）、CS（Customer Satisfaction，客户满意度）和 US（User Satisfaction，用户满意度）等概念与理论。以前，图书馆对质量的界定，完全从其自身的知识基础和运作经验出发，很少从其产品和服务的对象——用户的需要来考虑，而图书馆质量管理革命所带来的“质量第一”“以人为本，用户至上”等全新理念，使得图书馆认识到：图书馆存在的价值，不是为了在图书馆工作的员工，而是为了他们所服务的人——用户。因此，服务才是图书馆的本质属性，质量评估作为质量管理的有力工具，必须把焦点放在图书馆的服务质量上，而且质量评估应该从以自我感知来衡量转变到以用户感知来衡量，并要以事实为依据、用数据来说话。

1995年，欧盟委员会以英国中央兰开夏大学为基地建立了“图书馆与信息管理研究中心（简称CERLIM）”，开始进行“欧洲图书馆绩效评估与质量系统（Evaluation and Quality in Library Performance：System for Europe，简称EQLPSE）”的项目研究。项目组通过试验发现在图书馆这一公益性服务机构开展ISO 9001认证有诸多不适宜处，于是提出图书馆应根据自身特征，把绩效评估融入质量管理中，开发设计以用户为导向的指标体系。欧洲图书馆界长达十余年的质量评估——绩效指标国际标准开发热潮从此拉开了序幕。

在进行图书馆绩效评价理论和实践探索的同时，从1996年开始，以美国大学和研究图书馆协会为主，开始了图书馆成效评价的系统研究。因此，从1995年开始，在国际图书馆界实施全面质量管理的大背景下，原来投入与产出不分、效率与效果不分的图书馆服务质量评估，逐渐分化成为绩效评价与成效评价两个发展方向，并在其后的十多年里，各自形成了成熟的评价体系。

4.1.1　图书馆绩效评价体系

1. 图书馆绩效评价

图书馆绩效（Library Performance），是指图书馆提供服务的效果和提供服务过程中资源配置及利用的效率，即图书馆提供服务的资源配置（投入）与其提供服务的效果（产出）的关系（效率）。图书馆绩效评估（Library Performance Assessment/Evaluation，简称LPA），就是评估图书馆所提供的服务和开展的其他活动的质量和效果，并评估图书馆为开展这些服务和活动所配置资源的利用效率[1]。

2. 图书馆绩效评价体系

到20世纪90年代中期，尽管有不少国家的图书馆界开发了各自的图书馆绩效指标体系，但是它们之间在术语和定义、测量方法上都不统一，不具有可比性。而此时，全面质量管理的风潮正席卷着欧美国家的图书馆界。为了以评估促进图书馆服务质量的提升，图书馆绩效指标国际标准的开发工作得到了国际图书馆界的一致支持。

1995年成立的欧洲“图书馆与信息管理研究中心（CERLIM）”于1998年4月从英国中央兰开夏大学迁移到曼彻斯特大都市大学，进一步开展了“图书馆绩效评估与质量管理体系”（简称EQUINOX）的项目研究。这样，该研究中心经过从1995年年初到2000年年底共五年多的时间对EQUPSE和EQUINOX两个项目的研究、试验和积极宣传推广，开发了评估传统图书馆与电子图书馆绩效的指标和质量测评方法，它们在国际图联和联合国教科文组织的推动下，成为国际标准ISO 11620“图书馆绩效指标”和国际标准技术报告ISO/TR 20983“电子图书馆服务绩效指标”的雏形。之后，国际标准化组织以国际图书馆界的研究成果为基础，1998—2003年相继出版了有关图书馆绩效评估的系列国际标准，主要包括：

①ISO 11620：1998，即图书馆绩效指标（Library Performance Indicators）（第1版，1998年4月）。

②ISO 11620：1998/Amdl：2003，即图书馆绩效指标补充本：增订图书馆绩效指标（Library Performance Indicators Amendment J：Additional Performance Indicators for Libraries）（补充本第1版，2003年7月）。

③ISO/TR 20983：2003，即电子图书馆服务绩效指标（Performance Indicators for Electronic Library Services）（第1版，2003年11月）。

④ISO 2789：2006，即国际图书馆统计（International Library Statistics）（第4版，2006年9月）。

在这一整套绩效评估国际标准中，ISO 2789是与图书馆有关的数量统计工具，从馆藏规模和服务、用户数量和类型、图书馆人员、设备、馆舍等方面，对图书馆的投入（Input）进行统计和评估。而ISO 11620和ISO/TR 20983则共同构成了对图书馆的产出（Output）——图书馆工作进行评估的绩效指标体系。ISO 11620包括ISO 11620：1998和ISO 11620：1998/Amdl：2003，从图书馆公共服务、技术服务、服务的改善（暂未有指标）、图书馆服务的用户评价以及人力资源的有效性与利用这5个方面，共规范了 34 个指标，是对传统图书馆的服务和活动进行绩效测评的指标体系标准；ISO/TR 20983 则从电子图书馆公共服务、人力资源的有效性与利用这两个方面，共规范了 15 个指标，对电子图书馆的服务和活动进行绩效测评。它们共同的宗旨是：行使其作为工具的职能，评估图书馆所提供的服务和开展的其他活动的质量和效果，并评估图书馆为开展这些服务和活动所配置资源的效率，见表 4－1。

这一系列标准的相继出台，为基于事实与数据的图书馆质量管理提供了一整套的统计、评估工具。目前，国际图书馆界由国际图联统计与评估组牵头，正在研究和探讨整合 ISO 11620 和 ISO/TR 20983，使其成为一体的国际标准，来评估复合图书馆的服务质量和效率[1]。

表 4－1　国际两大图书馆绩效评价体系

<table>
<tr><th colspan="2" rowspan="2">被测评的图书馆服务、活动或其他方面</th><th colspan="2">两大绩效指标体系</th></tr>
<tr><th>ISO 11620
（34 个指标）</th><th>ISO/TR 20983
（15 个指标）</th></tr>
<tr><td colspan="2">用户评价</td><td>用户满意度</td><td></td></tr>
<tr><td rowspan="14">公共服务</td><td rowspan="4">总体</td><td>目标人群覆盖率</td><td rowspan="2">电子服务对服务人群的覆盖率</td></tr>
<tr><td>用户人均成本</td></tr>
<tr><td>人均到馆率</td><td>虚拟访问的比率</td></tr>
<tr><td>到馆平均成本</td><td></td></tr>
<tr><td rowspan="8">文献的提供</td><td>文献获取的有效性</td><td rowspan="2">电子馆藏建设的费用支出比率</td></tr>
<tr><td>需求文献获取的有效性</td></tr>
<tr><td>需求文献在馆藏中的百分比</td><td></td></tr>
<tr><td>需求文献获取的时效性</td><td></td></tr>
<tr><td>人均馆内利用率</td><td></td></tr>
<tr><td>文献利用率</td><td></td></tr>
<tr><td>未利用库存的百分比</td><td></td></tr>
<tr><td>上架准确率</td><td></td></tr>
<tr><td rowspan="2">文献检索</td><td>闭架文献索取的时间</td><td>登录被拒率</td></tr>
<tr><td>开架文献索取的时间</td><td>远程 OPAC 登录比率</td></tr>
</table>

续表

<table>
<tr><td colspan="2" rowspan="2">被测评的图书馆服务、活动或其他方面</td><td colspan="2">两大绩效指标体系</td></tr>
<tr><td>ISO 11620
（34 个指标）</td><td>ISO/TR 20983
（15 个指标）</td></tr>
<tr><td rowspan="17">公共服务</td><td rowspan="6">文献借阅</td><td>外借馆期待周转率</td><td>每次登录平均下载文献数</td></tr>
<tr><td>人均外借次数</td><td>每次数据库登录平均成本</td></tr>
<tr><td>人均外借文献册数</td><td>每次文献下载平均成本</td></tr>
<tr><td>平均外借成本</td><td></td></tr>
<tr><td>员工人均外借次数</td><td></td></tr>
<tr><td>库存借阅率</td><td></td></tr>
<tr><td>外部资源的文献传递</td><td>馆际互借速度</td><td></td></tr>
<tr><td>咨询和参考服务</td><td>正确回答满足率</td><td>通过电子方式递交的信息请求比率</td></tr>
<tr><td rowspan="2">信息查询</td><td>题名目录检索成功率</td><td></td></tr>
<tr><td>主题目录检索成功率</td><td></td></tr>
<tr><td>用户教育</td><td></td><td>人均用户参加电子服务培训课程的次数</td></tr>
<tr><td rowspan="4">设备</td><td>设备的有效性</td><td>人均工作站有效时间</td></tr>
<tr><td>设备的利用率</td><td>每个公共开放工作站的平均服务人数</td></tr>
<tr><td>座位占有率</td><td>工作站利用率</td></tr>
<tr><td>自动化系统的有效性</td><td></td></tr>
<tr><td rowspan="3">技术服务</td><td>文献采访</td><td>文献采访的时间</td><td></td></tr>
<tr><td>文献加工处理</td><td>文献加工处理的时间</td><td></td></tr>
<tr><td>编目</td><td>每种文献编目平均成本</td><td></td></tr>
<tr><td colspan="2">服务的改善</td><td></td><td></td></tr>
<tr><td colspan="2" rowspan="2">人力资源的有效性与利用</td><td>人均开展用户服务的员工</td><td>员工参加正式的 IT 和相关培训课程的平均时数</td></tr>
<tr><td>开展用户服务的员工数在总员工数中的比例</td><td>提供和发展电子服务的员工比率</td></tr>
</table>

4.1.2 图书馆成效评价体系

1. 图书馆成效评价

图书馆成效（Library Outcome），即图书馆对终端用户的影响，即图书馆对用户行为、态度、技能、知识或条件（状态/地位）的改变。图书馆成效评估（Library Outcome Assessment/Evaluation，简称 LOA），是以图书馆用户为中心来计划和评估图书馆项目或服务的一种方法，这些项目或服务用以满足特定用户需求并旨在使用户有所改变。也有人（以英国图书馆界为主）将图书馆成效评估称为“影响评估”（Impact Assessment）、“成效测评”（Outcome Measurement，简称 OM）、“基于成效的评价”（Outcome-based Evaluation，简称 OBE）或“基于结果的评价”（Results-based Evaluation，简称 RBE）。

2. 图书馆成效评价体系

1996 年以前，图书馆绩效与成效的概念没有清晰的界定，无论是“绩效评估”还是“成效评估”的提法，都是笼统而模糊的，并没有确切而清晰的定义。随着图书馆绩效评估的发展与标准化，图书馆成效评估才真正从投入与产出的混合评估中分离出来，其概念、原理和方法被单独进行了明确和研究，并日趋成熟，形成了一整套与绩效评估既相分立、又互为补充的成效评估理论与方法。国际图书馆界对成效评估的研究是以欧美图书馆界为先行的，首先是在学术图书馆界，然后逐步扩散到公共图书馆等各种类型的图书馆，它们的研究、开发过程基本相似，其中以美国学术图书馆界更为领先一步。

从 1996 年开始，美国大学和研究图书馆协会（简称 ACRL）学术图书馆成效评估任务组经过两年多的研究，于 1998 年 6 月发布了《学术图书馆成效评估报告》白皮书，厘清了投入、产出和成效的概念，明确了学术图书馆成效评估的定义和原则，认为：投入是指图书馆项目募集到的原始资源，包括资金、空间、馆藏、设备和人员，即所谓的财力、物力和人力；产出则是指所做工作的数量，如图书流通的册数、编目的种数、回答咨询问题的数量。产出评估对物力配置水平的决策、安排图书馆运行时间等是有价值的，但是它们无关乎影响用户成效的图书馆整体效率的那些关键因素。成效是图书馆用户通过接触图书馆的资源和项目而有所改变的情形。满意与不满意都是成效的一种。

简单的满足是一种易于做到的成效，但是，它不能产生更为实质性的成效，实质性的成效紧密关联着图书馆及其所服务机构的使命和任务。一个学术图书馆项目的重要成效包含对下列问题的回答：

①学生通过使用图书馆是否提升了其学术成绩？

②通过利用图书馆，学生是否提升了获得职业成功的机会？

③利用过图书馆的大学生是否更有可能在研究生学习中获得成功？

④图书馆的目录指南是否会为学生带来较高的信息素质水平？

⑤作为与图书馆员工合作的结果，教师是否更可能把利用图书馆作为他们整体课程教学的组成部分？

⑥利用过图书馆的学生是否更可能获得更为充实和满意的人生？

学术图书馆成效评估，就是对图书馆作为一个整体所开展的活动、提供的服务，以及它作为大学的一部分对学校整体目标所做贡献的质量和效果进行评价。成效评估是机构整体计划的策划、实施、评估和改进过程有效循环的一个组成部分。因此，成效评估必须一开始就有一个对图书馆所属上级机构组织的任务、目标、目的以及图书馆作为支持这些任务、目标实现的要素之定位的分析。评估应该包括所有这些要素：教学、研究、服务、管理过程，以及机构所追求的任何其他目的。图书馆服务所覆盖的范围应该包括：学生、教师、职员、校友，以及其他可能的外部用户。没有一套普遍适用的标准符合所有学术图书馆期望的成效，因为成效必须依据机构的特点和任务来确定。然而，评估过程却可以规范化。

ACRL 成效评估白皮书是国际图书馆界成效评估研究的里程碑，国际图书馆界有关成效评估的研究，都是以该报告作为蓝本来扩展和深化的。2004 年 6 月，美国把成效评估写入统一制定的《高等教育图书馆标准》（Standards for Libraries in Higher Education）中，这标志着成效评估的理论和方法体系经过长期的积累、沉淀，已臻成熟。英联邦大学和国家图书馆学会（SCONUL）于 2003 年开始了为期 3 年的“影响评估”启动计划，形成了他们所认同的影响/成效评估的核心思想，认为：对于图书馆服务，管理者需要从只考虑“提供什么服务和如何提供”的惯性思维中转变（这些只能导致基于传统绩效指标的过程评估），而把焦点转移到提供服务时“管理者试图要达到的是什么”，并将其表达为特定的服务目标，然后根据特定的服务目标来寻找带给用户的变化，并收集变化的证据。德国、法国等其他西方国家，也纷纷在更宽广的视野内探讨图书馆成效评估的方法，从知识、信息素质、学术或职业成功、社会容纳程度、个人福利等方面，来评价图书馆对个体技能、综合能力、态度、行为带来的改变。

目前，在欧美图书馆界，成效评估也已形成了完善的理论体系和规范化的实践程序与方法。尽管成效评估因为有许多定性的指标难以用具体的数据来表达，尚未形成统一的国际标准，但是对于成效评估中一些可以量化的指标，国际图书馆界正在尝试去量化和标准化。例如，国际图联统计和评估组已经成立了一个工作组，正在计划成效评估的标准化进程。

4.1.3　图书馆绩效评价与成效评价的关系

国际图书馆统计标准与绩效指标标准的颁布，推动了国际图书馆界对图书馆质量评估的标准化。ISO 2789 是与图书馆有关的数量统计工具，强调的只是投入，而国际标准 ISO 11620 和 ISO/TR 20983 的绩效指标，虽然能够从图书馆自身的角度出发，对图书馆的产出，即图书馆工作的大部分内容进行质量评估，但是这些指标并没有覆盖图书馆服务的所有方面，尤其是对图书馆深层次服务。例如，图书馆开展的教学和科研服务，目前还没有开发适用的指标来评估，更不能评估图书馆对个人或社会产生的影响。图书馆成效评估完全以用户为导向，它颠覆性地改变了图书馆与用户的关系，即把“用户在图书馆的生活中”变成了“图书馆在用户的生活中”，评估的是图书馆带给用户的影响和变化。例如，我们的项目或服务的结果让读者改变了什么？我们的项目如何影响用户的生活？图书馆通过跟踪其服务和项目对用户的影响来评估图书馆服务的质量和效果。

由此可见，图书馆绩效评估是关注图书馆投入与产出及效率的评估，而图书馆成效评估是关注图书馆服务影响与效果的评估，它们都是图书馆服务质量评估不可缺少的重要环节，使得图书馆服务质量评估能够全方位覆盖投入、产出和成效，从而形成一个从入到出、从量到质、从微观到宏观的图书馆服务质量整体评价体系，如图 4－1 所示[1]。

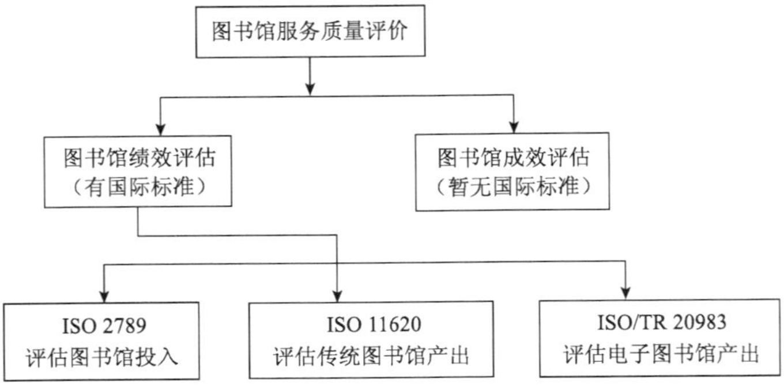

图 4－1　图书馆服务质量评价体系

4.2　以绩效评价和以用户满意度为目的的图书馆评价体系

从图书馆评价的目的来看，国外图书馆评价在发展过程中逐渐形成了两种各具特色的评价体系[3]：一种是以测度图书馆内部工作业绩和服务效能为目的的图书馆绩效评价体系；一种是以测度图书馆用户对图书馆服务满意程度为目的的服务质量用户评价体系，如美国大学和研究图书馆协会于2000 年推出的 LIBQUAL$^+$ 评价体系。1988 年国际图联（以下简称 IFLA）出版了《关于大学图书馆绩效测度的标准》，这是一部得到国际认可的指导性文件。1990 年，ACRL 制定了《学术图书馆绩效评价标准》，包括用户满意程度、藏书的提供与使用、机器设备的使用情况以及信息服务 4 大类 15 项标准。Ian Winkworth （2001） 在《Innovative United Kingdom Approaches to Measuring Service Quality》中认为，学术图书馆包括 5 个评价因素：与院系的联系程度、用户满意度、信息传递符合需求的程度、效率、经济因素。

4.2.1　以绩效评价为目的的图书馆评价体系

图书馆绩效评价体系以国际标准化组织颁布的 ISO 11620 和 ISO 2789 及相关评价体系为代表。

1. ISO 11620 与 ISO 2789 的图书馆绩效评价体系

为便于图书馆在管理过程中进行控制，便于图书馆员、基金组织和用户参考，便于有相同任务和目标的图书馆进行比较分析等，国际标准化组织（下简称 ISO）信息与文献技术委员会统计与业绩评估分委员会通过在图书馆范围内征集大量使用的业绩指标，并综合这个领域原有的研究成果，ISO/TC 46/SC8 于 1998 年制定并颁布了以 ISO 900422 为前提的《ISO 11620 信息与文献——图书馆绩效指标》，供各类图书馆进行绩效评估使用。

与以往的国际标准相比，它更强调图书馆自身的评估，提高了指标的可比性，加深了图书馆间的相互沟通与理解。该标准在“绩效指标使用”中做出以下说明：“作为图书馆计划制订和评价的手段，该绩效指标有两个目的：一是使运营过程易于控制，提供了图书馆工作人员与出资方和用户间参照商议的基础；二是可比较分析具有同样使命或目的的图书馆及情报服务的绩效。”

1998 年的最初版定义了 29 个绩效指标，2003 年的修订版中又增加了 5 个绩效指标。虽然当时有关项目已经在研究数字图书馆的内容，并做过范围测试，但初版中未包含这一类指标。2003 年该标准修订时仍然没有数字图书馆方面的绩效指标。据标准介绍，ISO 正在准备出版一份关于电子图书馆绩效指标的技术报告，这份报告中对指标术语的定义和对绩效指标的描述框架与 ISO 11620 的格式相同。ISO 11620 的指标分为 3 大类，见表4－2。

表 4-2 ISO 11620 的评价指标体系

用户知觉类	指标 1：用户满意度
用户服务类	指标 2：图书馆使用率
	指标 3：服务每位用户的平均成本
	指标 4：每位用户每年进馆次数
	指标 5：服务每次进馆用户的平均成本
	指标 6：图书馆资料可获得性
	指标 7：用户所需图书资料的可得性
	指标 8：用户所需图书资料占馆藏的比例
	指标 9：用户所需图书资料的延伸可得性
	指标 10：每人每年图书资料馆内使用量
	指标 11：馆藏利用率
	指标 12：闭架式馆藏查寻所需平均时间
	指标 13：开架式馆藏查寻所需平均时间
	指标 14：馆藏平均流通次数
	指标 15：每人每年图书资料借阅量
	指标 16：特定时间内每人平均图书资料借阅量
	指标 17：每次图书资料的流通的平均成本
	指标 18：每位馆员年平均流通处理量
	指标 19：馆际互借处理速度
	指标 20：咨询回答的正确率
	指标 21：书刊名检索的成功率
	指标 22：主题检索的成功率
	指标 23：设备的可使用性
	指标 24：设备利用率
	指标 25：阅览座位利用率
	指标 26：自动化系统的可使用性
技术服务类	指标 27：图书采购进馆的平均时间
	指标 28：图书数据处理的平均时间
	指标 29：每一笔书目编目的平均成本

ISO 11620 并不是将图书馆业务统计的数值直接作为评价指标，而是与其他数值进行组合，加以比率化而构成一个指标。每组绩效指标都由多个指标所构成，反映了绩效指标作为运营的手段，是从图书馆的运营及活动、服务等多角度对图书馆进行测定和评价。在评价过程中，有必要结合图书馆的具体状况，对指标进行选择。样本的收集时间并非按年度进行，可按需要设定必要的调查期限，仅就这一期间的样本进行调查，汇集资料算出几个相应的指标。该标准并不完全都是数量的评价，有关质量、定性方面的评价，需要由具有绩效评价及其他业务及服务方法的知识和经验的图书馆管理人员和馆员做出。在 1991 年第二版的基础上，2003 年修订了 ISO 2789（信息与文献——国际图书馆统计数据）标准。其特定目的之一是遵照国际标准收集图书馆统计数据，为 ISO 11620 提供指定的数据，因此专门增加了附录 A，为电子资源的使用定义了 8 个易获取的统计指标来描述电子资源及其服务，这些工作为 ISO 11620 电子图书馆绩效指标的发展提供了统计基础。ISO 2789 附录 A 的评价指标包括：任务数、下载文献的数量、下载记录的数量、虚拟访问次数、一次任务的检索时间、拒绝访问的任务数、检索次数、通过因特网访问的任务数等。这 8 个指标全能通过统计获取，从某种程度上讲，也许不能直接反映图书馆电子服务的服务绩效，它们是构成电子资源服务绩效评价指标必不可少的基本统计项目。由此可见，ISO 评价指标体系主要偏重于对资源服务的评价，用户满意度虽然在其中有所体现，但并未占据主要的地位。

2. IFLA 的学术图书馆绩效评价体系

参考 ISO 11620，突出学术图书馆的特点，IFLA 出台了学术图书馆绩效测量指南，适用于国际上各种类型学术图书馆的绩效测量，其中包括 17 个指标：信息服务渗透率、与需求相比的开放时间、专家购书单、馆藏使用、主题馆藏使用、没有使用的文献、检索款目、主题检索、采购速度、图书处理速度、可取获性、文献传递时间、馆际互借速度、咨询回答的正确率、远程服务率、用户满意度、远程服务的用户满意度等。

ISO 11620 标准和 IFLA 评价指标中的一些绩效指标对于学术图书馆来说是非常有用的。这些指标提供了一个判断服务价值的标准，学术图书馆能够从中找到相应指标并且测试它们的有效性。例如：①信息服务渗透率。IFLA 指标将信息服务渗透率定义为实际使用图书馆的用户与目标用户群的比例。对于一个图书馆而言，获得多样化服务的总使用量的数据较困难，但利用在线系统测量信息服务对每个用户群的覆盖范围相对容易，这里的用户群体主要包括教员、研究生、本科生。大部分学术图书馆，都可较容易地采用“信息服务渗透率”度量指标。②馆藏流通量。馆藏流通量在判断图书馆资源管理功能强弱方面是一个有用的指标。IFLA 指出，馆藏流通量应将一年内的借出量与内部使用量结合起来，但这对于那些不记录内部使用情况的图书馆是比较难以度量的。③用户满意度。用户满意度不易衡量，需要通过每个图书馆提供的不同服务来进一步探索它的适用性，但它对于判断用户期望满足与否来说是一个关键的指标。笔者建议将一般服务用户满意度的测量和具体服务领域用户满意度的测量结合起来，以利于决策和具体实施。

虽然全面掌握和使用这些绩效评价指标尚需一个过程，但图书馆接受绩效测量这一方向是必须坚持的，这主要是受目前以用户为中心的管理和服务模式的影响。因此，ARL 项目组曾召开研讨会，主要目的是让图书馆员熟悉用户调查研究过程的各个方面，从而能更有效地与用户进行交流沟通。在实施变革和制定新的发展方向时，许多学术图书馆都系统运用了由用户满意情况调查所得的结果。

3. EQUINOX 项目及图书馆电子服务绩效评价体系

EQUINOX 是欧洲委员会（European Commission）资助的欧洲图书馆服务绩效评价和质量管理系统项目，于 1998 年 11 月 27 日启动，目的是针对欧洲图书馆发展和利用新的网络及电子资源的现状，开发出一套网络数字化环境下图书馆可采用的服务绩效评估方法。项目包括两部分内容：一是设计一套用于普通复合图书馆电子服务绩效评价的指标体系；二是设计一个用于质量管理与绩效评价的软件工具，该系统利用有关实际绩效和操作的原始数据，计算出图书馆的绩效指标及预定目标的完成情况。评价指标的设计目的是为了加强和完善 ISO 11620 中传统图书馆服务的评价指标体系，在实现传统图书馆服务的绩效指标国际通用化的同时，也推进数字图书馆服务的绩效指标国际通用化。EQUINOX 项目中所论及的图书馆电子服务范围与 ISO 2789 附件 A 基本相同。EQUINOX 共有 14 项评价指标，根据指标内容，可将其分为 5 类，见表 4－3。从 EQUINOX 指标的构成中可以看出，对图书馆电子服务绩效的评价始终离不开系统运行过程中的各种投入（包括人力、投资、技术环境等）及运行结果的产出（电子资源的使用等）。

EQUINOX 与 ARL E-Metrics 项目指标体系的研究均是在 ISO 标准的框架下进行的，ISO 2789 也是它们遵守的标准之一。EQUINOX、ARL E-Metrics电子资源服务指标体系等相关研究为 ISO 2789 的完善提供了理论与实证基础，它们将共同推动电子资源服务评价的完善与发展。

表 4－3　EQUINOX 评价指标体系

与电子资源使用有关	1. 利用数字图书馆服务的用户数占使用图书馆用户总人数的比例
	2. 目标用户每人使用数字图书馆各项服务的次数
	3. 目标用户对数字图书馆各项远程联机服务的使用量
	4. 数字图书馆各项服务在每个检索过程中被点击与阅览的文献（记录）的数量
	7. 以数字化方式传送的信息咨询需求所占的比例
	10. 要利用数字图书馆服务但无法联机成功所占的比例
与成本有关	5. 数字图书馆各项用户服务的每个检索过程所需要的成本
	6. 数字图书馆服务的每个检索过程中每篇被点阅的文献（或记录）所需的成本
	11. 数字图书馆各项服务投资的费用
与技术基础设施有关	8. 图书馆内计算机终端的利用率
	9. 每位利用数字图书馆服务的用户可使用图书馆内计算机终端的时数
与人力资源有关	12. 参加数字图书馆服务利用的指导培训课的人数占图书馆用户总数的比例
	13. 担任数字图书馆服务的馆员数占图书馆全体馆员数的比例
用户满意度	14. 数字图书馆服务用户的满意度

4. ARL E-Metrics 项目及其电子资源服务评价体系

ARL 于 2000 年提出有必要建立一种评价指标体系来判断图书馆在电子资源上的投资对用户有多大用处、用户又是怎样使用这些电子资源的等问题。E-Metrics 项目由此开始。项目的研究任务由佛罗里达州立大学的信息使用管理及政策研究所（Information Use Management and Policy Institute）来承担，参与单位是 ARL 的部分成员馆。项目于 2000 年 5 月开始，2001 年 12 月完成；项目的成果包括：一份关于统计数据收集的规则、一套推荐使用的统计数据与评价指标、一份数据收集处理指南、一份指导性文件及一篇论述图书馆评价指标与机构效用之间潜在联系的论文报告。在项目进行的第二阶段有 12 家数据库商参加了指标的范围测试，并提供项目需要的指标统计数据。范围测试主要考虑了以下几个方面的内容：统计数据的可获取性、数据处理方法的有效性、收集指定的统计数据所花的时间与精力、收集特定统计数据的可行性等。ARL E-Metrics 评价指标体系的 20 个指标可分为 5 类，见表 4 - 4。该指标体系中的前 13 个基本上是较易获取的统计量，内容较全，既包括电子资源的数量、使用，又包括电子资源成本方面的统计数据，这样直接用此指标体系即可直接生成绩效评价指标，但关于使用的指标没有 ISO 2789 附录 A，这样对于一些电子资源服务绩效的评价会有困难。指标 17 至指标 20 可以被看成是绩效指标，但静态的资源量的百分比不能很好地反映电子资源的使用绩效。E-Metrics 项目关于成本的指标较多，但没有人力资源方面的指标。

目前，图书馆电子服务绩效指标方面的研究工作还处于起步阶段。一些研究图书馆将注意力放到了电子资源资金投入的测量上。例如，华盛顿大学 Timothy Jewell 目前的研究工作表明，图书馆在电子资源方面的资金投入将会越来越多。其他的一些研究侧重于一般的学术网络环境评估和大学信息服务评估，如 Charles McClure 和 Cynthia Lopata 的“学术网络环境评估”研究，以及 Peter Brothy 和 Peter W. Wynne 的《电子图书馆的管理信息系统和绩效测量：电子图书馆支持性研究》等。总之，这些研究都致力于开发度量电子资源和服务的绩效指标，许多指标还需要进一步完善。

表 4－4　E-Metrics 的评价指标体系

目标用户群可获取的电子资源量	1. 电子全文期刊的数量
	2. 电子参考资源的数量
	3. 电子书的数量
评价电子资源使用的指标	4. 电子参考咨询的数量
	5. 登录电子数据库的任务数
	6. 电子数据库的检索次数
	7. 电子数据库请求的检索条目数
	8. 访问图书馆网站及目录的虚拟访问数
网络资源及相关设施的成本指标	9. 电子全文期刊的成本
	10. 电子参考资源的成本
	11. 电子书的成本
	12. 书目、网络及集团的图书馆费用
	13. 书目、网络及集团的外部费用
描述图书馆数字化状况的指标	14. 图书馆电子资源的容量
	15. 图书馆电子资源的使用
	16. 电子资源结构及管理的成本
绩效指标	17. 参考咨询中电子参考咨询的百分比
	18. 所有图书馆访问中虚拟访问的百分比
	19. 电子书占全部图书的百分比
	20. 电子期刊占全部期刊的百分比

4.2.2　以用户满意度为目的的图书馆评价体系

以用户满意度为目的的图书馆服务质量用户评价体系以 SERVQUAL 和 LIBQUAL^{+}两大评价体系为代表，受到国际图书馆界广泛关注。

1. SERVQUAL 服务质量评价体系

SERVQUAL 是 20 世纪 80 年代末由美国市场营销专家帕拉苏拉曼（Parasuraman）等人提出的，认为顾客的感知服务质量高低决定了顾客服务质量的评估，而顾客的感知服务质量取决于服务过程中顾客的感受与顾客对服务的期望之间的差异程度。基于这种“期望—感受”差异理论，帕拉苏拉曼等人对评估服务质量做了进一步研究，设计了面向顾客的问卷式服务质量评估工具。该工具由22个陈述项构成，每个陈述项都从特定角度同时测量顾客对服务的期望值、实际感受值和最低期望值，实际感受值与期望值的差距称为服务质量值。并且通过因子分析确认，这22项陈述分别测量了5个层面的质量指标，即①有形性：即机构的设备、设施及工作人员的外在形象；②可靠性：即服务的准确性和可靠性；③响应性：即向顾客提供服务的快捷性；④保证性：即工作人员所拥有的知识、礼貌和激发信任的能力；⑤移情性：即对顾客的关爱和个性化服务。在对用户进行问卷调查时，用户被要求对服务质量予以评价，并对每一个问题给出三个值——期望值、实际感受值和最低期望值，评分标准按照从低到高划分为1—9九个等级，用户对每个方面根据自己的感受给出一个最接近的分数。

SERVQUAL的服务评价模型为：

$$SQ = \sum_{i=1}^{22}(P_i - E_i),$$

其中：SQ为SERVQUAL模型中顾客总的感知服务质量，P_i为顾客对第i个问题感受方面的分数，E_i为顾客对第i个问题期望方面的分数。此模型得到了许多专家的认可，被认为是适用于评价各类服务质量的典型方法。SERVQUAL的提出，很快受到英美图书馆界的关注，并被应用到图书馆服务质量的评价中。从20世纪90年代起，加拿大学者赫伯特（Herbert），美国学者尼蒂奇（Nitecki）、凡·戴克和卡佩曼（van Dyke & Kappelman）、科尔曼（Coleman）等，安达利比和西蒙兹（Andaleeb & Simonds）、库克（Cook）及同事，英国学者维希涅夫斯基和唐纳利（Wisniewski & I. Donnelly），澳大利亚学者卡弗利特（Carerlet）等都分别运用SERVQUAL对不同国家的大学图书馆或公共图书馆进行了服务质量评估，并就SERVQUAL在图书馆界的适用性问题开展了研究。

20世纪90年代末以后，我国学者曾对SERVQUAL的基本思想进行了介绍，研究发现，SERVQUAL的原理和框架基本适用于图书馆，但它的陈述项和质量方面均需一定程度的调整。1999年12月，ARL根据得克萨斯A&M大学图书馆6年来对SERVQUAL的研究和实践经验，共同发起了“LIBQUAL+研究计划”，该计划利用改进之后的SERVQUAL对不同大学与研究图书馆服务进行以用户调查为基础的大规模评价。

2. LIBQUAL+服务质量评价体系

近年来，国外针对图书馆服务品质的衡量，多以ARL在2000年提出的大学图书馆合作服务品质先导计划LIBQUAL+为发展主轴。LIBQUAL+TM计划首先肯定了SERVQUAL所设立的着眼于用户、基于用户需求的评价图书馆服务质量的主要技术指标，同时，对人们提出疑问最多的SERVQUAL决定质量的5个层面重新进行了论证与整合。通过实践调查和对用户的访谈，研究人员认为SERVQUAL模型的5个评价指标在应用到图书馆服务质量评价时，会出现重叠的现象；在2001年和2002年的LIBQUAL+TM服务质量评价调查中，经过认真反复的实践和总结，最终形成了LIBQUAL+TM服务质量评价体系的4个层面，共23个问题：①信息/资源的可获取层面，包括以下问题：期刊的完整性；文献传递与馆际互借及时；重视用户对交叉学科的信息需求；方便的开馆时间；完备的印本资源。②服务感受层面，包括以下问题：愿意帮助用户；工作人员始终彬彬有礼；可靠地解决用户提出的问题；给予用户个性化的关注；工作人员待人友善；工作人员具有解答用户咨询的知识；随时准备回答用户的问题；工作人员培养用户的信心；工作人员了解用户的需求。③图书馆环境层面，包括：有利于安静学习；适于独处；宜于思考、发挥创造力；舒适、有吸引力；启发思考。④用户个人控制层面，包括：设备使用户能够容易地获取所需信息；图书馆网站可以使用户自行查找信息；使信息便于存取供独立使用；图书馆馆藏能方便地利用。由此可见，LIBQUAL+TM划分的决定服务质量的4个层面，在SERVQUAL注重服务的基础上，强调图书馆这一特殊服务机构资源获取的重要性，力求更全面、更科学、更客观地评价图书馆服务的整体服务质量，并突出图书馆服务的宗旨和特色。参加首轮研究计划的12所图书馆，在ARL年会上就LIBQUAL+TM对图书馆服务质量的评价能力进行了多次论证，并给予了充分的肯定。在2001年第二轮研究计划中，有更多的（30所）

ARL 成员馆加入调查，LIBQUAL $^{+TM}$的科学性、可靠性再次得到完善。2003 年 LIBQUAL $^{+TM}$成为一种更为标准化的以用户感知为基础的图书馆服务质量评价模式，它不仅能客观科学地衡量现代图书馆的作用和价值，其评价结果还能在不同图书馆之间做横向比较，从而推进图书馆事业的发展[3]。

4.3 以客观因素和以主观因素为主的图书馆服务质量评价体系

目前国内外图书馆服务质量评价体系根据其评价对象的差异可大致分为两大类[4-8]：一类是从图书馆的资源、技术设备等客观因素出发评价图书馆的服务质量；另一类是从图书馆的用户和馆员等主观因素出发评价图书馆的服务质量。

4.3.1 以客观因素为主的图书馆服务质量评价体系

1. 理论研究

图书馆服务质量评价研究始于 20 世纪初，到 20 世纪中叶形成了有系统的图书馆服务质量评价研究体系。最初的图书馆服务质量评价研究基于图书馆服务数据——如强调从馆藏、人员、设备、费用等输入资源——进行定量的评价研究。1948 年，Bradford 为图书馆分级有效组织馆藏提供了依据和测试方法。此后，Clapphe & Jordan 则提出了如何运用定量的方法来评价馆藏。20 世纪 80 年代，各国开始通过建立指标体系来评价图书馆服务质量。Zweizig 等开始运用 4 个方面的数据来测评图书馆服务，分别是图书馆利用、资料使用、资料存取和参考服务。1988 年，Lancaster 强调应以馆藏来评价图书馆服务质量，也需要考虑到用户教育和参考咨询服务等。20 世纪 90 年代，不少国家的图书馆界开发了各自的图书馆服务质量评价指标体系。Hermon & Altman（1996）用绩效评估（包括投入和产出的测量）来进行图书馆服务质量的评价，论述了效率、效能、成本效益等要素。这种评价使图书馆获得了证明其自身价值的客观数据。中国图书馆服务质量评价研究起步于 20 世纪 80 年代中后期，发展速度较快。国内学者对图书馆评价的概念、内容、指标体系与方法逐步展开探讨与研究。

2. 实践进展

（1）EQUINOX Project。EQUINOX Project 是欧洲委员会于 1998 年资助启动的欧洲图书馆服务绩效评价和质量管理系统项目。该项目针对欧洲图书馆发展和利用新的网络及电子资源的现状，开发出了一套网络数字化环境下图书馆可采用的服务绩效评价方法。EQUINOX Project 共有 14 项评价指标，根据指标内容可分为 5 类：与电子资源使用相关的指标、与成本相关的指标、与技术基础设施相关的指标、与人力资源相关的指标及用户满意度等。该体系虽涉及人力资源和用户满意度的测评，但偏重于研究电子资源、成本以及技术基础设施等图书馆客观条件对服务质量的影响。

（2）ISO 11620 标准。1998 年，国际标准化组织信息与文献技术委员会统计和绩效评估分会（ISO/TC46/SC8）提出了 ISO 11620 标准——图书馆绩效指标，并于当年 4 月 1 日正式颁布实施。该标准制定了图书馆绩效指标的目的："是行使其作为工具的职能来评估图书馆所提供服务和开展的其他活动的质量和效力，并评估图书馆为开展这些服务和活动所配置资源的效率"。从中可见，ISO 11620 作为评价工具，力求通过绩效管理和评价提升图书馆服务质量和效力，提高服务资源的利用效率，从而达到满足读者需求的目标。ISO 11620 的评价指标包括：图书馆使用率、图书馆资料可得性、馆藏利用率、馆员流通处理量、咨询回答的正确率、设备可使用性与利用率、图书馆采购的平均时间、书目编目成本等。

（3）ISO 2789 标准。2003 年，国际标准化组织又颁布了 ISO 2789，即《国际图书馆统计数据标准》。其修订版中增加了一个附录 A：图书馆电子服务使用评价及其指标体系。该体系定义了 8 个统计指标来描述电子资源及其服务，包括：任务数、下载文献的数量、下载记录的数量、虚拟访问次数、一次任务的检索时间、拒绝访问的任务数、检索次数、通过因特网访问的任务数等指标。ISO 2789 的附录 A 认为图书馆中最重要的电子服务内容是数字馆藏，即馆藏是评价图书馆服务质量的重要指标。

（4）MINES。始于 20 世纪 80 年代的 MINES（Measuring the Impact of Networked Electronic Services）是美国研究图书馆协会 ARL 进行的 StatsQUAL

系列评估之一，评价指标围绕图书馆内使用电子化服务、在图书馆外学校内使用电子化服务或者是在学校外使用电子化服务，根据用户的地址判断用户使用图书馆服务的地点，通过用户使用图书馆数字资源的目的来判断数字资源的使用效率及数字资源的使用主要是用于哪种类型的研究项目，从而评估电子资源的利用价值。简言之，MINES是在用户使用的基础上评估图书馆电子资源的服务质量。

4.3.2 以主观因素为主的图书馆服务质量评价体系

由于主观因素主要包括用户和馆员两大因素，因此，以主观因素为主的图书馆服务质量评价体系形成了立足于用户的图书馆服务质量评价和立足于馆员的图书馆服务质量评价两大体系。

1. 立足于用户的图书馆服务质量评价体系

（1）理论研究。20世纪90年代，随着服务营销理论的发展及其在图书馆的应用，图书馆界才真正发现服务是图书馆的本质属性，于是学者们将研究重点转向了用户满意度评价，而后发展成为图书馆服务质量评价。服务质量评价是以用户的感知来衡量的，仅仅通过馆藏数量来测度图书馆质量的评价方法已经过时，并且服务质量用户评价被认为是图书馆服务质量评价的最重要方面。1990年，Line指出用户对图书馆服务质量的评价受到各方面因素的影响。在图书馆评价中应尽可能吸收多人和多方面的意见。随着“顾客至上”理念的不断深入，顾客满意度测量成为图书馆界用户调查的重要方面。顾客满意度调查指标主要集中在馆藏、图书馆服务和图书馆设施3个方面。Herbert 1994年研究发现，图书馆内部设置的评价标准并不能表明从用户的角度来讲图书馆服务是否是好的。格罗鲁斯提出了顾客感知服务质量的概念，其定义为顾客对服务期望与感知服务绩效之间的差异比较，同时把顾客感知服务质量的构成要素界定为技术质量和功能质量。此后，美国的服务管理研究组合PZB（Parasuraman，Valarie & Leonard）在其基础上率先将以用户为中心的评价工具SERVQUAL用于评价公共图书馆的馆际互借业务，掀起了以用户为中心的图书馆服务质量评价浪潮。SERVQUAL包括5个维度，即有形性（Tangibility）、可靠性（Reliability）、响应性（Responsiveness）、保证性（Assurance）、移情性（Empathy）共 22 个问项。这 5 个维度与顾客感知服务质量相关系数高达 0.92。从 1997 年开始，服务质量的研究被 SERVQUAL 所主宰。Van Dyke 和 Kappelman，Coleman等，Andaleeb 和 Simmonds 等都对 SERVQUAL 模型进行了深入的研究。随着研究的深入，对于 SERVQUAL 评价模型在图书馆界应用的可行性和适用性的争论随之而起。许多学者开始对 SERVQUAL 进行修改，对评价方法进行创新，并对此进行了成功的应用（Wisniewski & Donnelly，1996；Hernon，等，1998，1999；Nitecki & Hernon，2000；Calvert，2001）。ARL（美国研究图书馆协会）更是根据 6 年来对 SERVQUAL 的研究和实践经验，与其共同发起了最大规模的，也是此后最有影响的图书馆服务质量研究计划——LibQUAL+™。LibQUAL+™进行了 4 次实验，最终形成了 3 个维度——即服务影响、图书馆环境、信息控制——共 22 个指标。中国基于用户的图书馆并服务质量评价研究兴起于 20 世纪 90 年代末。比较有代表性的有：初景利（1998）、钱佳平（2001）、许玲（2001）、张健兰和吴向丹（2005）、唐琼（2006）、施国洪（2009）、常唯（2003 年）等学者将 SERVQUAL、LibQUAL+™的理论与方法引入国内图书馆进行了较为深入和广泛的讨论。

（2）实践进展。1999 年，美国研究图书馆协会 ARL 发起了“LibQUAL+™”计划，形成了较为稳定的指标体系。该体系包括 22 个测评问题，共分为 3 个层面：服务效果、图书馆环境和信息控制。此外，由于每所图书馆的个性化，除了共性指标外，还需要能体现每个馆个性的指标。LibQUAL+™为实现每个参与馆的个性化需求，设置了 100 多个问题，参与馆可任选其中 5 个能反映本馆特点的问题作为附加问题融合到体系中，从而构成具有 3 个层面、27 个核心问题的 LibQUAL+™体系。Rodski Group 是澳大利亚高校应用较多的用户满意度调查方法，1998 年运用于墨尔本大学、昆士兰大学、新南威尔士大学等高校图书馆的服务质量评价，取得了较好效果。Rodski Group 主要包括读者与图书馆的交流沟通、服务质量、服务传递、设施及设备、图书馆馆员 5 个范畴共 35 个测评指标，每个测评指标又包括两方面的内容：该指标对读者自身的重要程度和图书馆的表现。重要程度和图书馆表现的量化值之间的差距代表了读者最关注的服务与图书馆实际表现之间的差距，差距越大，说明越需要改进。LibQUAL+TM和Rodski Group体系围绕图书馆服务受众——用户——对图书馆服务质量的主观感受来制定，评价的落脚点从客观因素转变为主观因素。与以往评价体系不同的是，LibQUAL+TM和Rodski Group均以用户满意度为关注点，收集用户对评价指标的反馈意见和建议，根据评价结果找出图书馆服务工作的薄弱环节并督促它们加以改正，提高服务水平，保持图书馆对用户的吸引力，真正体现了以用户为中心的办馆思想。

2. 立足于馆员的图书馆服务质量评价体系

立足于馆员的图书馆服务质量评价体系以ClimateQUALTM为代表。ClimateQUALTM的研究起源于马里兰大学图书馆氛围与文化评级体系（Organizational Climate & Diversity Assessment，简称OCDA），该体系力求从馆员的角度对图书馆的服务质量进行评价。Climate QUALTM被译为“图书馆组织气候测评法”，但它并不是对图书馆服务质量直接进行测评的一种方法，而是为图书馆管理活动优化提供决策依据，从而增强员工提高用户服务质量的动力。“组织气候”的概念最早由勒温（Lewin）等人提出，他们认为组织气候是一种社会氛围。Schneider认为组织气候是“在某种环境中员工对一些事件、活动和程序以及那些可能会受到奖励、支持和期望的行为和认知”。Tagiuri和Litwin又提出组织气候可以影响员工的行为，并可用一系列的组织属性加以描述，是可以测评的。Schneider认为多样化是组织生存的必要条件，个人与组织环境存在双边互动，并据此提出了“Attraction—Selection—Attrition（ASA）”即“吸引力——选择——消退”模型，它是一个循环往复的过程。根据此模型，组织选择符合自己的价值、信念及有能力的员工使得组织内成员的同质性不断提高，形成某种组织气候。这种同一化的组织气候在开始时有其积极作用，但最终将导致组织不能顺应外部变化这一恶性结果。因此，组织必须促进多样化。但这也会导致如冲突增加、合作困难等问题。所以组织必须学习如何有效地管理其多样性，并对其进行相关测评。由此，ASA模型便成了ClimateQUALTM测评的理论基石。ClimateQUALTM是从有关图书馆的多样化原则、组织政策和程序以及馆员的服务态度这3个方面就馆员的认识做的测评。它采用李克特7级量表打分，对受访者的身份保密。其核心指标包括9个组织氛围层（可用A表示）和7个组织态度层（可用B表示）及2个可选指标层共29个二级指标及上百个测评问题，如A1公正公平、B7工作冲突等。Hanges等人认为公平公正、多样化、创新、持续学习以及人员多样化等都对用户服务质量的好坏产生了重要影响。中国学者包平与周丽构建了适合中国高校图书馆服务质量评价的体系，并选取3所不同层次的高校图书馆进行实证研究，提出了立足于馆员角度改善图书馆氛围与文化、提升服务质量的相关举措，如健全图书馆公正公平环境、树立以馆员为主导的管理理念等。基于馆员的图书馆服务质量评价，国内外的理论研究与实证研究均不足，处于刚刚兴起的阶段，需要更多的学者进行研究与探讨。

参考文献：

[1]张红霞.国际图书馆服务质量评价:绩效评估与成效评估两大体系的形成与发展[J].中国图书馆学报,2009(1):78-87.

[2]刘朝旭,葛雯.试论建立图书馆自我评价制度[J].情报杂志,2001(6):42-44.

[3]王琼,吴娱,吴英梅.国外学术图书馆服务能力评价体系研究[J].大学图书馆学报,2009(2):85-91.

[4]张玲玲.国外图书馆常见服务质量评价体系的方法分析[J].内蒙古科技与经济,2011(16):157-158.

[5]朱书阳.图书馆服务质量评价综述[J].农业图书情报学刊,2012(12):190-194.

[6]周丽,包平.图书馆服务质量评价述评[J].新世纪图书馆,2012(8):46-49.

[7]赵迎红.中美图书馆绩效评估体系的比较研究[J].图书情报工作,2012(17):83-88.

[8]吴治蓉.中美公共图书馆等级评价之比较[J].图书馆理论与实践,2013(5):86-88.

第5章　高校图书馆评价

高校图书馆作为高校教学、科研的文献信息保障中心，被称为大学的“学习中心”和“大学的心脏”。没有一个高质量的大学图书馆，就不会有高质量的大学。高校图书馆作为信息资源的保障主体，在大学师生的学习和科研过程中发挥着不可替代的作用。如何对图书馆的运行状态和工作绩效进行评价，已成为高校管理者和图书馆工作者关注的重要课题。

5.1　高校图书馆

5.1.1　高校图书馆的内涵

高等学校图书馆是为高等学校教学和科学研究服务的图书馆，是指大学图书馆和学院图书馆等，是高等学校的文献情报中心。2002年2月21日，教育部颁发了《普通高等学校图书馆规程（修订）》，《规程》中明确指出：“高等学校图书馆是学校的文献信息中心，是为教学和科研服务的学术性机构，是学校信息化和社会信息化的重要基地……高等学校图书馆的工作是学校教学和科学研究工作的重要组成部分”。由此可见，高校图书馆作为高校的文献情报中心，是为教学和科学研究服务的学术性机构。

高等学校图书馆担负着为教学和科研服务的双重任务，是培养人才和开展科学研究的重要基地之一，其任务主要包括[1]：①采集各种类型的文献资料，进行科学的加工整序和管理，为学校的教学和科学研究工作提供文献资源保障。②开展阅览和读者辅导工作。③开展读者教育，培养师生的情报意识和利用文献情报的技能。④开展参考咨询和情报服务工作，开发文献情报资源。⑤统筹、协调全校的文献情报工作。⑥开展馆际协作，实现更大范围的资源共享，参加全国图书馆和情报事业的整体化建设。⑦开展学术研究和交流活动。

因此，高校图书馆的基本性质和主要任务奠定了高校图书馆评价的基础。

5.1.2 高校图书馆的特征

高校图书馆与其他类型的图书馆不同，具有明显的自身特征[1]：

（1）读者需求具有稳定性。由于高等学校主要是向学生系统地传授专业知识，教学内容具有相对稳定性，加上专业设置和教学计划一般也比较稳定，因此读者对教学参考书的品种和数量的需求是经常性的、比较稳定的。

（2）读者用书具有集中性。由于教学按教学计划、教学大纲进行，有统一的进度，读者用书具有较强的集中性：一是用书的品种集中于正在进行教学的有关课程的主要参考书刊上；二是读者对教学参考书的用书时间集中。为此，图书馆对需求量大的参考书一般都保证一定的复本量。

（3）文献的收集和组织管理须适应本校的特点。在文献收集上以本校专业设置和科学研究项目为依据，全面收藏专业文献，重点收藏相关学科和边缘学科的文献，适当收藏一般文献。藏书要能反映当代科学发展水平。在组织管理上可根据本校情况划分为文科、理科书库及阅览室，也可按专业组织藏书和划分阅览室，还可按教师、研究生、大学生分别设置阅览室或图书馆（分馆）。在美国等西方国家，高等学校图书馆考虑到本科生与研究生、教师在文献需求和利用上的区别，常单独设立本科生图书馆，集中收藏那些利用率较高、复本较多的常用教学参考文献。这样做的优点是使不同读者分流，减少相互间干扰，提高图书馆的工作效率。

（4）高校图书馆总馆与系（院、所）图书馆（资料室）或分馆互相配合，各负其责。总馆一般收藏各个专业的基本理论著作，还有各科综合性、交叉、边缘与新兴学科的文献和各种参考工具书，并适当收藏供课外阅读的书刊。系（院、所）图书馆（资料室）或分馆主要收藏专业资料，尤其是较专深的专业资料和各种工具书。

高校图书馆的特征决定高校图书馆评价的特色和内容。

5.2 高校图书馆的评价历程

高校图书馆评价是指高校图书馆主管部分或业务指导部门等评价主体依照预先确定的评价标准和评价程序，运用科学的评价方法，对高校图书馆运行的实际效果进行的评价。国内外高校图书馆评价经历了长期的发展过程，形成了完善的评价体系。

5.2.1 国外高校图书馆评价历程

国外的图书馆评价工作起步较早，高校图书馆评价理论研究与实践探索融入图书馆绩效评价之中，同步进行。国外图书馆评价活动开始于20世纪30年代。随着现代信息技术的应用和普及以及社会变革的快速推进，各国图书馆事业得到迅速发展，人们开始逐步重视研究高校图书馆的服务质量和资源的利用问题。同时期，科学管理理论提出并被引入到高校图书馆工作实践中，依靠主观经验评价的方法逐渐被科学评价体系所取代，图书馆界开始将研究视角转向高校图书馆评价。1933年，兰开斯特首次提出要对图书馆藏书从数量、等级结构以及学科覆盖面等方面进行评价，并针对美国芝加哥大学图书馆展了一系列评价活动，开创高校图书馆评价的先河。

国外高校图书馆绩效评估经历了从20世纪60—70年代的早期理论探索和偏重投入评估的实行时期、80—90年代的实用绩效评估研究和偏重产出效益的广泛应用时期、到90年代至今的以“4E”为主题的绩效评估研究转型和数字图书馆评估时期。与此同时，国外还逐步开展了基于绩效评估、偏重对终端用户影响的高校图书馆成效评估研究，逐步形成了一套成熟的理论与方法体系。20世纪90年代以来，由于经济社会环境的急剧变革，特别是网络化和数字化的技术进步，高校图书馆作为文献信息中心的地位受到严峻挑战，其现实社会价值受到不同程度的质疑。因此，欧美等西方国家开始尝试进行定量化的高校图书馆价值评估研究，即把高校图书馆置于社会经济活动中，全面衡量高校图书馆及其服务对于用户、地区乃至整个社会的经济贡献和影响。进入21世纪以来，受全球金融危机的制约，国外图书馆界明显意识到了生存与发展危机，对高校图书馆的经济贡献和社会影响的研究和价值评估意愿进一步加强。在相关学科领域价值评估理论与方法的启示下，国外高校图书馆价值评估研究取得了重大成绩，初步形成了一套评估理论和评估方法，成功开辟了高校图书馆评估研究的新领域，把世界范围内的高校图书馆评估研究重心推进到高校图书馆价值评估的新阶段。特别是很多定量评估项目影响广泛，极大提高了政府和公众对高校图书馆社会价值的认识，引起了世界范围内图书馆界的高度关注[2]。

5.2.2　我国高校图书馆评价历程

1985 年 5 月 27 日，中共中央下达了《中共中央关于教育体制改革的决定》，快速推动了高等教育评估理论研究和实践活动的发展。受高等教育评估的影响，我国高校图书馆评估理论研究和实践活动很快蓬勃开展起来。我国图书馆界的许多学者相继发表了一系列文章对高校图书馆评价的概念、目的、意义等基本理论问题进行了探讨。山东省的高校图书馆于 1986 年率先实行评估，揭开了我国高校图书馆评估工作的序幕。1987 年，国家教委颁布的全国高校图书情报事业“七五”规划（要点）中正式把制定《高等学校图书馆工作指标体系》及评估实施办法作为健全管理体制、加强宏观指导的重要内容之一，从此开创了我国高校图书馆评估工作的新局面。1987—1989 年，山东、宁夏、青海、辽宁、浙江、陕西、福建、甘肃 8 个省（区），先后经省（区）教委（教育厅、教育局）行文，由省（区）高校图工委实施，进行了高校图书馆评估的工作。广东、北京、上海三省（市）也着手开展评估工作的研究，制定了各自地区评估实施方法，有的进行了试点。1989 年 3 月，在西安召开了全国高校图书馆评估研讨会，对 1987 年以来山东等 11 个省（直辖市、自治区）高校图书馆评估的理论与实践进行了交流和总结。西安会议形成了《关于建立普通高等学校图书馆评估制度的意见》和《普通高等学校图书馆评估指标体系大纲》两个草案。同时，还就今后如何开展高校图书馆评估理论研究与实践进行了研讨，这次会议是我国第一次全国范围内的高校图书馆评估研讨会，标志着我国高校图书馆评估的理论研究工作开始进入到有组织、有领导的发展阶段。同年5月，全国高校图书情报工作委员会在徐州举行了全国高校图书馆评估标准起草小组工作会议，对上述两个草案进行了认真的研究和修改。全国高校图书馆评估研讨会的召开，掀起了我国高校图书馆评估实践工作的高潮。江西、吉林、黑龙江、广西、安徽、湖北、河南、山西、天津等省（区、市）也都开展了高校图书馆评估工作。山东、浙江两省还进行了第二次全省高校图书馆评估。此外，煤炭部、商业部、邮电部、财政部、化工部等部属高校图书馆也相继开展了评估工作。

到了20世纪90年代，高校图书馆的生存与发展环境以及图书馆自身形态发生了巨大变化，高校图书馆评价日益受到重视，高校图书馆评价研究也开始趋向内容和角度多元化。1991年国家教委下发《普通高等学校图书馆评估工作指标体系大纲》，同年10月14日，发布《关于开展普通高等学校图书馆评估工作的意见》的文件（即教备［1991］79号），提出将在“八五”期间举行一次全国性的高校图书馆评估，这预示着我国高校图书馆评估将在全国范围内展开，高校图书馆评价开始进入全面经验总结时期。2002年2月，教育部颁布《普通高等学校图书馆规程（修订）》，是新时期高等学校图书馆规范化建设和管理的法规性文件。2003年2月教育部高等学校图书情报工作指导委员会公布了《普通高等学校图书馆评估指标（征求意见稿）》，2006年5月正式颁布《普通高等学校图书馆评估指标（修改稿）》，是国内现阶段评价高校图书馆服务质量的主要标准体系。

进入21世纪，随着信息时代的来临以及计算机网络的普及，数字图书馆的建设和研究已取得了飞跃式的发展，人们对图书馆评价研究的关注焦点从探讨评估的基本理论和实践过渡到了对数字图书馆、网络资源及其服务的评估研究。[3]

5.3 高校图书馆的评价体系

5.3.1 国外高校图书馆的评价体系

5.3.1.1 美国高校图书馆的评价体系

大学图书馆评价是美国图书馆评价的开端及核心组成部分，起源于

Gerould 收集的明尼苏达大学图书馆和普林斯顿大学图书馆的年度统计数据，即 Gerould Statistics，已有百年历史。对大学图书馆而言，有效的评价活动可以帮助图书馆工作人员掌握大学图书馆的运行情况、了解用户的需求，可以证明大学图书馆的价值和贡献，从而使其获得学校的认可和更多的资助。从美国高校图书馆开展评价的机构划分，大学图书馆评价的主体包括国家机构、行业协（学）会、大学图书馆和第三方机构4种类型[4]。

1. 国家机构

在美国高校图书馆评价体系中，由国家机构开展的高校图书馆评价主要包括国家教育统计中心和国家技术标准研究院进行的有关高校图书馆评价活动。

第一，国家教育统计中心。美国国家教育统计中心（The National Center for Education Statistics，简称 NCES）隶属于美国教育部教育科学研究院，其主要职能是收集、分析美国和其他国家与教育相关的数据，并提供数值数据库、图书馆间的对比工具和年度报告等。NCES 的数据一般是由学校主动提供的，因为美国《高等教育法》规定“凡是参与联邦学生资助项目的机构，都应将本机构的教育数据提供给 NCES”。NCES 还资助开展很多调查统计项目，这些项目涉及儿童早期教育、初等教育、学位教育等。“图书馆统计项目”就是其资助的项目之一，涵盖大学图书馆、公共图书馆、学校图书馆媒体中心、各州图书馆等机构。其中具有代表性的高校图书馆评价项目有大学图书馆调查项目、ALS 顾问委员会和 ALS 图书馆代表、高等教育整合数据系统等。

项目一，大学图书馆调查项目。大学图书馆调查（Academic Library Survey，简称 ALS）每两年举行一次，数据来自美国 3700 所拥有学位授予权力的高等教育机构。该调查不仅分析调查问卷、出版调查报告，还研发了大学图书馆对比工具（即只要输入具体图书馆的名称或选择其所在州、城市，就可以实现类似馆在地理位置、机构特色、图书馆员数量、馆藏、服务、馆员信息素养等方面的对比）。利用 ALS 的统计数据，美国国会可以权衡是否需要修订现行有关大学图书馆和联邦资金分配的法律法规；联邦机构可以评价和管理大学图书馆项目；各州教育部门和大学图书馆管理者可以进行地区和国家范围内图书馆资源的对比，实现资金的有效利用；图书馆联盟和研究人员可以判断大学图书馆的地位及运行情况，促进专业发展。

项目二，ALS 顾问委员会和 ALS 图书馆代表。为方便 ALS 的开展，NCES 成立了顾问委员会，其成员包括各大学图书馆、相关行业协会、NCES 及美国人口调查局的代表。为了对各参与馆的情况进行全面掌握，ALS 还将大学图书馆按州进行划分，在 50 个州和哥伦比亚特区分别设立 1 位图书馆代表，为调查的开展提供指导和帮助。

项目三，高等教育整合数据系统。高等教育整合数据系统（Integrated Postsecondary Education Data System，简称 IPEDS）是 NCES 的主要数值数据库，收集了 6700 多所参加联邦学生资助项目的教育机构的统计数据，包括学校基本信息、人力与财政资源情况、招生情况、学生财政资助情况、学位授予情况、学生就业情况等内容。通过 IPEDS 不仅可以全面了解某一教育机构，还可根据各类标准对不同机构进行对比排名，预测某领域的发展趋势，并生成使用报告。IPEDS 的数据可以从 NCES 网站中下载，并且美国大学指南（College Navigator）和 NCES 网站还提供对其的免费检索。

第二，国家标准技术研究院。美国国家标准技术研究院是隶属于美国商务部的联邦机构，其任务是通过改进科学评价的标准和技术来提升美国的创新能力和企业竞争力，以增强经济安全能力和提高公众生活质量。其核心成果“波多里奇绩效标准”涉及企业、健康卫生机构和教育机构三大领域，其中教育机构的标准（Education Criteria for Performance Excellence，简称 ECPE）涵盖“领导力、战略计划、服务对象、测量分析和知识管理、员工管理、过程管理、成果管理”7 个方面。图书馆参照 ECPE 收集具有对比价值的过程数据，用于查找导致绩效差别的原因。例如，美国新墨西哥州洛斯阿拉莫斯国家实验室图书馆曾利用 ECPE 对该州的图书馆进行评价并发现：ECPE 可以提高图书馆领导者和员工的学习能力；图书馆需要同资源供应商保持良好的关系；研发一种将所有资源进行整合的新系统是非常困难的，所以图书馆需要耐心。

2. 图书馆行业协（学）会

美国的图书馆行业协（学）会十分发达，由图书馆行业协（学）会指导进行的高校图书馆评价也非常完善。主要有：

第一，ACRL。美国大学与研究图书馆协会（Association of College and Research Libraries，简称 ACRL）作为 ALA（American Library Association，美国图书馆协会）主管大学图书馆的机构，通过制定针对大学图书馆的评价标准与指导方针、开展大学图书馆调查等方式，开展相关评价活动。ACRL 开展的高校图书馆评价活动主要包括：

一方面，大学图书馆统计。ACRL 每年都会进行大学图书馆统计，2007 年的统计报告显示，美国有 1305 所大学图书馆参与了调查，内容涉及馆藏、服务、费用、人员数量等方面（见表 5－1）。该统计在数据分析处理过程中对副学士、学士、硕士、博士等不同级别的学位授予机构进行分类统计与比较，对影响大学图书馆发展的主要因素进行了分析，总结出本年度大学图书馆的发展趋势。

表 5－1　ACRL 开展的“大学图书馆统计”项目

类型	名称	内容
数据统计	馆藏	专著数量、期刊数量、缩微文献的数量
	费用	图书馆资源采购费用，计算机软、硬件的购买与维护费用，员工的工资等
	数字资源的费用	计算机存储设备采购费用、数字出版物采购费用、书目数据库采购费用、图书馆网站维护费用、ACRL 的运行费用、文献传递和馆际互借费用
	个人或公众服务	员工数量、参考咨询量、流通量、馆际互借量
	人员数量	博士学位授予人数、教师人数、本科生与研究生入学人数
附加统计	网络资源与服务	电子图书馆数量与花费、虚拟参考服务量、数据库登录次数
		数据库检索量、论文全文索取量、图书馆网站访问量、图书馆目录访问量
	数字化活动	数字化馆藏数量、检索次数、直接成本（员工薪水、设备、软件、生产服务部门的花费）

另一方面，大学图书馆的评价标准与指导方针。ACRL 通过标准、指导方针、声明等方式颁布了很多与大学图书馆发展评价相关的政策（见表 5-2），其中应用最广泛的当属《高等教育图书馆标准》。该《标准》自 1959 年颁布使用以来历经 5 次修订，并于 2000 年版将图书馆的成效评估纳入其中。与早期颁布的其他标准相比，该《标准》适用于所有技术学院和研究型大学的图书馆，因为它更关注图书馆对学校发展和学生学习成效的贡献，其原理和内容可帮助大学图书馆设定发展目标，并且为各馆之间横向与纵向对比提供指标参考。该《标准》共分为成效评估、服务、教学指导、资源、检索、员工、设备、交流与合作、管理、预算 10 项内容，每项都列举了 7~11 个问题，而且每个问题都包括“是非判断”“内容”和“方式”3 个方面，如检索中的一个问题大致为“馆藏的安排是否具有逻辑性？图书馆采用何种方式提高资源的检索率？如何保证书目的更新频率和准确性？”ACRL 还会通过 ALA 年会等机会将颁布的各类评价标准对图书馆员开展培训，以保证评价标准在实践中得到正确的应用。

表 5-2　ACRL 颁布大学图书馆的评价标准与指导方针

类型	名称	颁布时间
标准	高等教育图书馆标准	2004 年
	高等教育信息素养能力标准	2000 年
指导方针	大学图书馆教育项目指导方针	2003 年
	大学图书馆分馆指导方针	1990 年
	大学图书馆远程教学服务指导方针	2004 年
	大学图书馆本科生服务指导方针	2005 年
	大学图书馆普通馆藏转为特殊馆藏的选择、转化指导方针	2008 年

第二，ALCTS。美国图书馆馆藏与技术服务委员会（Association for Library Collections and Technical Services，简称 ALCTS）于 1973 年建立北美图书数目计划（North American Title Count，简称 NATC），该计划主要收集成员馆根据《国会分类法》所生成的详细馆藏数据，并对数据进行分析整理、按年度出版，为参与馆和其他图书馆提供馆藏和具体学科评价方面的

参考。但 ALCTS 于 2005 年发表声明“由于出版政策的改变及资源投入的增加，ALCTS决定将 NATC 的出版权转让给 Library Dynamics，由其负责 2001 年版之后的出版工作”。目前，NATC 作为 Library Dynamics 的系列产品之一，仍是图书馆馆藏统计分析的有力工具。

第三，ARL。美国研究图书馆协会（Association of Research Libraries，简称 ARL）97% 的成员馆为大学图书馆，其评价活动主要关注研究型图书馆服务质量、电子资源的利用及其价值、成效评估等方面。ARL 主要通过发布年度统计报告（ARL Statistics）、研发一系列评价工具（StatsQUAL®）、召开评价会议、开设相关论坛与博客、提供咨询顾问等形式开展评价活动。

形式一，ARL 统计报告。ARL 统计（ARL Statistics）是一系列有关 ARL 成员馆的馆藏、经费、职员、服务活动等统计的年度出版物。其统计数据的收集始于 1908 年，这些数据全面、系统地反映了 20 世纪以来北美大学图书馆的发展脉络。其系列出版物包括 ARL Statistics、健康科学类大学图书馆统计、法律类大学图书馆统计、ARL 资源保存统计、ARL 增补统计和 ARL 图书馆员年薪调查。目前，ARL Statistics 面临 3 种变化趋势：首先，期刊统计指标从期刊订阅数量转变为订阅期刊中所包含的主题内容（即订阅的期刊中包含的知识内容）的数量和价值；其次，发表在《高等教育编年史》中的 ARL 成员馆的索引目录不再以各馆馆藏数量为标准，转而采用描述图书馆规模的图书馆运行费用为标准进行排序；再次，试图拟定一套新的统计数据集，以实现对未来馆藏、服务、研究型图书馆之间合作关系的多途径描述。

形式二，图书馆评价工具集。ARL 自 1999 年发起“图书馆评价新工具”运动，到目前为止已经拥有 ARL Statistics™、LibQUAL®、MINES for Libraries™、DigiQUAL®、ClimateQUAL™等一系列先进的评价工具（见表 5－3），统称为 StatsQUAL®。这些评价工具拥有统一的用户界面和工作流程、标准化的数据结构，便于 ARL 进行数据挖掘和数据仓储，也可加速新评价工具的研发。通过对比发现：①对图书馆工作过程的评价仍是各类评价工具的薄弱环节。这是因为用户的感知主要来自于其接受的服务，而用户对服务的过程细节及图书馆的运行流程知之甚少。②各种技术、财政、设备等工具以及图书、数据库与电子期刊等资源，尤其是数字资源，一直都是图书馆评价的核心对象。例如，DigiQUAL®关注用户对数字图书馆资源与服务的评价；而 MINES for Libraries™侧重数字资源的利用，它不仅记录利用总量，同时还评价数字资源开发利用的过程。③注重从图书馆员的角度评价图书馆。如 ClimateQUAL™ 作为一种专门的组织氛围评价工具，主要关注图书馆组织文化的多样性，团队的合作、学习、公平，当前管理措施以及图书馆员的观念与信念等。另外，ARL 对其评价工具经常开展各类培训活动，如论坛、会议、咨询、假期培训班等。这是图书馆员接受评价技能培训的主要途径，大大推动了美国图书馆评价活动的科学发展。

表 5-3 ARL 的主要评价工具

类型 / 工具	研发时间	内容范围				测评重点
		员工	过程	工具	资源	
ARL Statistics™	1961 年	√	√	√	√	包括馆藏、经费、职员、服务活动等全方位评价
LibQUAL®	1999 年	√		√	√	用户对图书馆服务的感知与期望的差距
Digi QUAL®	2003 年			√	√	数字图书馆提供的资源质量、数字信息资源的使用情况、用户对服务的感知
ClimateQUAL™	2007 年	√				图书馆员对所在馆管理组织氛围的感知
MINES for Libraries™	2003 年			√	√	谁在使用电子资源、在哪里使用、为何使用

形式三，图书馆评价报告。2007 年 12 月出版的 SPEC 系列调查报告之“图书馆评价”报告（SPEC Kits 303 Library Assessment），其调查目的是了解 ARL 成员馆开展图书馆评价的具体领域、目的和工具，并为未来开展评价的机构提供参考。调查结果发现，图书馆评价活动在近 10 年内得到迅速

发展，其驱动力主要来自图书馆内部，如为了更好地了解用户和开展服务。同时，各大学图书馆在评价中综合利用多种方法，包括收集统计数据、可用性测试、用户调查等。

形式四，大学图书馆评价会议。为便于评价方法、评价工具及成功经验的交流，ARL 分别于 2006 年和 2008 年成功举行两届图书馆评价会议（Library Assessment Conference），参会机构主要是大学图书馆，主题均为“建立有效、持续、实用的评估”。2008 年会议共有五大洲的 380 所图书馆参加，会议的主题包括“统计数据、评估指标、评估方法、评估工作的意义与影响”，并且会上还讨论了“用户信息素养、图书馆学教育、馆藏、参考咨询服务、组织文化和管理信息等多方面的具体评估实例”。此外，此次会议明确了图书馆评价的最终受益者是用户的理念，提倡转变以图书馆为中心的评价理念，认为“评价是组织变革的催化剂，是彰显图书馆工作成效的有效途径，提高评价标准有利于实现组织目标”。为方便会后交流，会议开办图书馆评价论坛与博客，并且创建用于交流的邮件列表。论坛每隔一段时间召开一次，并邀请专家开办评价技术方法的讲座；开办博客的目的是收集数据和了解用户，促进馆藏和服务的发展。

形式五，图书馆评价咨询服务。为帮助各馆建立符合自身需求的评价体系，ARL 成立“建立有效、持续、实用的图书馆评估”和“服务质量评价研究院”2 个项目，为各馆的评价提供咨询服务。“建立有效、持续、实用的图书馆评估”项目是访问项目，由华盛顿大学图书馆的 S. Hiller 和弗吉尼亚大学图书馆的 J. Self 到提出请求的图书馆实地调查其评价项目的开展情况，并开办讲座，提出改进意见。“服务质量评价研究院”项目定期召开培训班，其目的为：①通过培训传授定性和定量的方法，帮助图书馆员掌握先进的评价技术；②建立一个以成效为主的图书馆评价框架结构；③推广评价工具的应用，并提供参考模型，以此来扩充评价能力。

3. 大学图书馆

自我评价是美国大学图书馆开展评价最主要的形式。根据 S. Wright 和 L. S. White 的调查，美国大学图书馆评价活动已由分配给某一馆员的偶然性行为发展成为各馆的一种正式活动，由专职评价人员、相关机构或委员会负责开展。美国大学图书馆内部的评价机构近年来才得以完善，其管理结构与图书馆的职能框架基本对应，主要呈现出集中式评价和分散式评价两种形式。

第一，集中式大学图书馆评价。集中式大学图书馆评价主要是由全职评价协调员、兼职评价协调员、常务委员会、专门机构和特殊委员会负责图书馆的评价活动。调查显示，70 个图书馆中有 70% 的图书馆将评价管理纳入其组织框架中，而且其中 34% 的图书馆由全职或兼职评价协调员负责，16% 的图书馆成立了常务委员会，13% 的图书馆设置了专门的评价机构。在全职或兼职协调员中，除 1 位兼职协调员和 2 位全职协调员外，其他都是在 2002—2007 年间任命的；专门评估机构都是在 2000 年以后建立的，而且近 60% 的评估机构是在 2005—2007 年建立的；4 个特殊委员会均是在 2002—2007 年建立的；而常务委员会则拥有较长的历史，始建于 1984 年，并且近几年新增趋势显著。人员配置方面，全职或兼职评价协调员方式仅有 1 人负责，且多为图书馆部门主任；专门评估机构的成员数平均为 2.4 人；常务委员会或特殊委员会则由 6 ~7 人组成。

第二，分散式大学图书馆评价。采用分散式组织方式的 21 所图书馆中，有 15 所图书馆实行“由图书馆各部门自行负责本部门的评价，遇到重大的评价项目（如 LibQUAL®）则成立特别委员会或项目组来领导”的方式；另外 6 所图书馆则采用混合式的管理模式，如奥尔巴尼大学图书馆的“评估活动由图书馆管理部门、评估委员会和 1 名兼职统计分析专家共同负责”。

大学图书馆自评涉及范围广泛，几乎覆盖到图书馆的每一个工作流程。根据 SPEC Kits 303：Library Assessment 的统计结果，图书馆自评重点关注的五大领域为：图书馆站点、电子资源、用户导航与培训、参考咨询、馆藏，却很少涉及对管理功能的评价，如人力资源、财政服务、市场营销、图书馆发展，因为这些领域不以用户为中心，以致约有 30% 的图书馆对这些领域毫无涉及。

4. 第三方机构开展的大学图书馆评价

除上述几种类型外，美国还存在很多第三方机构，如科研机构、资源提供方、商业咨询公司、出版机构等，它们都会从各自角度对大学图书馆开展评价。

第一，科研机构。科研机构对大学图书馆的评价重点不在于统计数据的收集与分析，而是强调对图书馆工作流程、资源服务、空间设施等方面的评价，所以有必要客观总结大学图书馆的优势及挑战，列举其对学校教学科研的贡献，并归纳其发展趋势。伯克利高等教育学习中心主要关注高等教育的政策制定和实践发展，其研究范围包括数字时代的高等教育、高等教育与科学技术政策、研究型大学的发展、加州高等教育的发展等。其中，“数字时代的高等教育”这一专题广泛关注免费教科书、数字资源、学术交流和 E-Learning 的改革，其成果将有助于大学图书馆的发展。Pew Research Center’s Internet & American Life Project 作为一个第三方评价机构，主要关注网络对家庭、社区、工作、日常生活、教育、保健及公民政治生活的影响。图书馆在网络时代的发展也是该机构关注的重点，其中图书馆对新技术的应用及其对社会生活尤其是青少年成长的影响受到关注。该机构通过调查发现的很多问题，如 2007 年报告中指出“数字鸿沟并没有给人们利用图书馆解决工作、学习、生活中遇到的问题造成明显差异；越是低收入、低网络接入水平的人群越不愿意去图书馆；人们通过不同渠道进行信息搜寻结果的满意度相差并不大”都推翻了原先的假设，引起图书馆的重视。

第二，图书馆资源提供方。很多图书馆资源提供方（如 Elsevier、OCLC 等）为提高产品的可用性与易用性以及了解资源的使用情况，都研发了配套的资源统计工具。这些馆藏资源统计评价工具将极大地便利于图书馆收集各类统计数据。例如，联机计算机图书馆中心（Online Computer Library Center，简称 OCLC）的馆藏分析工具可将本馆馆藏与 WorldCat 数据进行比对，发现特有馆藏；对本馆馆藏进行评价，找出重复或缺少的部分；了解馆藏资源的使用情况，为馆藏预算分配提供决策支持，并证明图书馆对学校发展的贡献。又如，Elsevier 为每位用户都提供使用报告，并根据 COUNTER 标准对数据进行处理，以方便各馆掌握数据库的使用情况。再如，Library Dynamics 作为评价工具研发商，在接手 NATC 的冠名与出版权后，发展成为拥有统计数据、评价工具的综合性评价机构，其系列评估产品 Spectra 评价的内容包括馆藏分析与评价、当前馆藏发展评测、NATC、馆藏剔除分析、书目数据诊断与修正、培训与咨询服务评价。Spectra 新近发布的当前馆藏发展评测通过对各馆的馆藏量、副本量、使用率和馆藏趋势等进行特殊性分析，为图书馆馆藏的选择和订阅提供支持。

第三，商业咨询公司和出版机构。Primary Resource Group 作为一家关注服务质量的咨询机构，发布的《2008—2009 学术图书馆调查》选取了美、加两国 75 所大学图书馆作为调查对象，并根据学校的规模、类型及公/私立性质进行分类，全面揭示了图书馆人员工资、经费预算、捐赠、特藏、书刊开支、电子图书的评价情况和与在线服务使用、资本预算、馆舍装修、设施管理、信息素养等领域相关的评价情况。而 Information Today 作为信息学科领域的大型出版商，利用其拥有的图书馆方面的信息，每年出版 1 册《美国图书馆指南》，书中包括美、加两国 37 000 所公共图书馆、大学图书馆、专业图书馆及政府相关机构的地址、电话、邮箱、网址、预算经费、特藏、主要负责人、提供的特殊服务等 40 多种类别的信息，不仅方便读者与图书馆联系、查找特藏、获得馆际互借等服务，同时还允许读者对图书馆设置、服务、费用等内容进行对比，便于其接受图书馆的各类培训项目。

5.3.1.2 挪威的高校图书馆评价体系

2002 年，挪威高等教育质量保障署专门成立了高校图书馆质量部，以适应不断发展的高校图书馆质量保障方面的要求，并且从 2003 年 1 月 1 日起正式运行。该质量部的主要职能如下[5]：

（1）根据高等教育质量保障署制定的相关补充条款和挪威教育部下达的标准，对高校图书馆的质量保障体系进行有效的评估；

（2）对公立或者私立高校图书馆申请升格进行认证；

（3）对已认证的高校图书馆进行审核；

（4）通过调查和评价的方式对挪威高校图书馆做其他类型的评估，从而提高其整体服务质量。

一般情况下，挪威高校图书馆质量保障部专门请外部评审专家每 9 年对挪威高校图书馆评估一次，其中学生占高校图书馆质量综合评估委员会中仅有的 5 个成员席位中的一席，而且还有资格参与高校图书馆综合认证和评估工作。挪威学生参与高校图书馆质量评估不仅仅是法定的权利，也是由挪威高校大学生自治的传统所决定的，主要表现为以下几方面：

（1）学生的意见是高校图书馆评估的一项重要指标。挪威的大学图书馆里基本上建立了内部质量评价体系，它高度重视大学生的意见和建议，学生有权查询高校图书馆质量管理工作方面的信息，在评估报告发布前学生都有发布自己意见的权利。

（2）学生有权参与高校图书馆的内部治理工作。在高校图书馆质量保障部理事会的 11 个席位中，有 2 个席位是给学生代表的，从数量上计算，学生代表占比不得少于 1/5，同时不能少于 2 个，充分保障学生参与高校图书馆治理。

（3）高校图书馆必须设立学习环境委员会。学习环境委员会对院校的董事会负责，主要负责搜集和整理影响学生学习活动的因素方面的信息。环境委员会每两年为一届，学生代表人数要超过委员会总席位的一半。

（4）学生在高校图书馆质量保障体系中占据重要地位。挪威高校有很悠久的学生自治传统。目前，挪威一共成立了两个国家级学生组织，即“国家学生联合会”和“挪威学生协会”，代表的是大学和学院学生的群体，这两家机构在全国各地都设有分支。挪威“国家学生联合会”代表了 8. 5 万余名大学生，其主要工作职责是不断促进国内高等教育质量提升，并受理大学生各种利益诉求；挪威学生协会是一个高度自治的学生组织，它代表了全国 7. 5 万名大学生的权益，其主要宗旨是为大学生做好服务，切实保障他们的社会福利和民主权利。这两个组织都有参与高校图书馆质量评估工作的权利，并负责选派大学生代表参加。

（5）挪威大学生福利机构运营和管理情况。1996 年，挪威政府发布了《学生福利机构法》，根据该部法律挪威成立了学生福利机构，它是一家专门保障大学生福利的法人组织，主要为大学生提供餐饮、住宿、图书馆、卫生和医疗、心理和就业等方面的资助和指引。该机构对董事会负责，董事会成员主要由学生代表组成，每个成员所在院校的学生都具有强制性会员资格。

在挪威高校图书馆评估工作中，学生参与评估是最大的创新与成功之处。高校图书馆质量保障部评估专门小组的学生，不仅要具备基本的评估工作能力和资质，还要对评估工作的每个环节和步骤非常熟悉，同时能够具有专业的操作能力。此外，挪威高校图书馆质量保障部还会定期组织专家为评估小组开展联合教育与培训，成员经培训合格后，才能参与评估工作。应该说，挪威高校图书馆评估过程中的学生参与效果明显，且独具一格，有许多值得我们学习的地方。

5.3.2 我国高校图书馆的评价体系

我国高校图书馆评价工作开展较早，并且形成了完整的体系，归纳起来主要包括三个部分[6-8]：一是以《普通高等学校图书馆规程》为依据制定的《普通高等学校图书馆评估指标》。该《指标》由教育部组织，由教育部高等学校图书情报工作指导委员会（图工委）负责实施。2003 年教育部颁布了《普通高等学校图书馆评估指标》（征求意见稿），并于 2004 年推出了大学图书馆单项指标排行榜，又于 2006 颁发了《普通高等学校图书馆评估指标》（修改稿）。该评估指标是“以高等学校图书馆事业整体、各个高校图书馆及其活动为对象，根据特定的目标全面系统地收集资料和数据，描述其状态，经过分析研究，对状态做出判断，提出路线和改进措施的方法”。这是对高校图书馆整体发展的大纲式评价，为科学合理地开展高校图书馆评价提供了参考依据。各省市根据自身特色制定了相应的高等学校图书馆评估标准细则，如“北京市普通高等学校图书馆评估指标体系”就分为 A、B、C 三级，并制定了相应的评价指标。二是高等学校本科教学水平评估中的高校图书馆评价。自 2002 年以来，教育部先后对全国各高校普遍开展三轮本科教学水平评估，并制定了《普通高等学校本科教学水平评估指标》，在“教学条件与利用”一级指标下的“教学基本设施”二级指标中设置“图书资料及利用”观测点，包括生均藏书量和生均年进书量两个评估指标。三是借鉴国外高校图书馆评估标准和经验。随着国外各种图书馆服务质量评价标准和体系相继引入国内，我国高校图书馆评价体系日益完善，如图书馆服务质量评价体系 SERVQAUL 和 LIBQUAL $^{+TM}$。

5.4　高校图书馆的评价指标

5.4.1　美国高校图书馆的评价指标

美国的高校图书馆评价以 ARL 组织开展的大学图书馆评价为代表，建立了完善的评价指标体系。1980—1987 年，ARL 对大学成员馆采用 10 个变量指数为评价标准进行评估：已拥有的册数、增加的册数（毛额）、缩微品的数量、已收到的当前期刊数、图书馆材料性支出、装订支出、总薪金支出、其他经营支出、专业工作人员的人数、后勤人员的人数；1987 年 5 月后，ARL 对变量指标进行了调整，减少至 5 个：已拥有的册数、增加的册数（毛额）、已收到的当前期刊数、总经营支出、专业及后勤人员数（见表 5－4）。最初的索引中使用的 5 个变量由 22 个变量因素决定。这个指标体系在本质上是定量的，以补充其他定性的指标。定性和定量指标对协会内研究型图书馆的绩效评估起支持作用[9]。

表 5－4　ARL 的大学图书馆评价指标

一级指标	ARL 旧指标	ARL 新指标
办馆条件	图书馆材料性支出 装订支出总薪支出 其他经营性支出 专业工作人员的人数 后勤人员人数	总经营支出 专业及后勤人员数
文献资源建设	已拥有的册数 增加的册数 缩微品的数量 已收到的当前期刊数	已拥有的册数 增加的册数 已收到的当前期刊数

5.4.2　我国高校图书馆的评价指标

2003 年 2 月国家教育部拟定了《普通高等学校图书馆评估指标（征求

意见稿)》，并于2004年推出了大学图书馆单项指标排行榜，又于2006颁布了《普通高等学校图书馆评估指标》(修改稿)，这是我国高校图书馆评价中较为完善的评估指标体系。

《普通高等学校图书馆评估指标》指标体系采用5个一级指标、19个二级指标和60个三级指标。一级指标采用100分为满分分值，二级和三级设权重，按权重来确定分值。考虑到地区之间的差异和各地评估时的侧重点不同，二级指标未给出权重（见表5－5）。该指标体系的主要问题是难以定量化，为此提出在评估中对某些指标也可以采用分两步走的办法，即：第一步先给出一个模糊量化的等级概念；第二步从这个模糊量化界定的数量范围内（如A等界定为90～100分，B等界定为80～89分），给出一个相对恰当的分数。这只是一个原则性的方法，可操作性较差。

表5－5　《普通高等学校图书馆评估指标》的评价指标体系

一级指标	指标值	二级指标	三级指标	权重	具体项目及评分办法	评分依据及评分标准
A.办馆条件	100	A1体制	A11 领导体制	0.40	有主管副校长（30分），有校图书情报委员会（30分），馆长符合《规程》的相关规定（有高级职称或硕士以上学位）（40分）	提供学校相关文件或馆长的相关证明。符合，满分；不符合，0分
			A12 组织机构	0.40	机构设置符合工作需要，符合“精简”“效能”的原则（50分），部室负责人称职（50分）	听取汇报，提供部室主任年终考核表。机构设置合理，50分；基本合理30分。部主任考核“优秀”在1/3以上，50分；不足1/3，30分；不合格者每1名在以上基础上扣10分

续表

一级指标	指标值	二级指标	三级指标	权重	具体项目及评分办法	评分依据及评分标准
A.办馆条件	100	A1体制	A13 图书情报工作整体化	0.20	全校实行统一的业务和服务制度（60分），实行分馆制（40分）	提供相关文件。统一编目标准（20分）；院系购书经图书馆审批（20分）；院系资料室对全校师生开放（20分）；有分校区的学校设立了分馆（40分）
		A2队伍建设	A21 队伍建设规划及落实	0.40	有定编且符合教育部关于师生比的要求（25分），实行聘任制（25分），有成文的岗位资格和职责（25分），有在职进修的计划和具体措施（25分）	提供相关文件：学校对图书馆的定编文件、图书馆聘任条例、图书馆岗位条件和职责、图书馆在职进修计划培训进修人员的结业证书。学校师生人数以教育厅2004年《湖北教育年鉴》为准
			A22 人员数量	0.20	符合定编的情况（在编人员数量不大于或不小于定编数的10%，50分），年龄结构（在每个年龄段没有过多和过少的情况，50分）	听取汇报，提供图书馆人员档案和三个年龄段（20—35，36—45，46—60）的人数。在编人员数大于或小于定编数的20%，扣10分；大于或小于30%，扣20分，以此类推
			A23 学历、学科与职称结构	0.40	学历结构（符合学校相关规定30分），学科结构（符合本校教学科研需要20分），职称结构（高：中：初=2：4：4）50分	听取汇报，提供学校有关规定以及人员档案和学历、学科、职称人数表。基本符合，不扣分；不符合，扣20%～80%的分

续表

一级指标	指标值	二级指标	三级指标	权重	具体项目及评分办法	评分依据及评分标准
A.办馆条件	100	A3经费	A31 校拨正常经费	0.60	列入学校预算（20分），占学校办学经费（不包括基建、科研）比例5%以上（60分），每年有所增长（20分）	提供学校财务预算表及给图书馆下达的2003—2004年经费通知。5%以下扣10分，4%以下扣20分……，不足1%为0分。2004年经费比2003年增长10%以上，20分；不足10%，10分；无增长，0分
			A32 其他经费来源	0.20	占校拨正常经费的比例在20%以上，100分；10%～20%，70分；10%以下，40分；无其他经费来源，0分	提供其他经费来源的相关证明
			A33 经费使用情况	0.20	按预算执行（60分），审计没有问题（40分）	提供2004年经费使用报告和学校审计部门的证明
		A4馆舍	A41 独立馆舍	0.30	有独立馆舍（40分），生均建筑面积2平方米（60分）。折合在校生数＝普通本、专科（高职）生数＋硕士生数＊1.5＋博士生数＊2＋留学生数＊3＋预科生数＋进修生数＋成人脱产班学生数＋夜大（业余）学生数＊0.3＋函授生数＊0.1	提供图书馆建筑设计施工图，在校生数以教育厅《湖北省教育年鉴》（2004年）为准。生均建筑面积不足的按比例扣分
			A42 阅览座位	0.30	阅览座位与学生数之比为1：4以上（100分）	实地查看，不足的按比例扣分

续表

一级指标	指标值	二级指标	三级指标	权重	具体项目及评分办法	评分依据及评分标准
A. 办馆条件	100	A4 馆舍	A43 设施与环境	0.40	有防寒防暑防灾设施（40 分），阅览室照度符合规定（拉克斯以上，30 分），绿化、美化、卫生好（30 分）	3 项设施每缺 1 项扣 13 分，3 项全缺扣 40 分。阅览室照度抽查 3 处，一处照度不够扣 10 分，绿化、美化、卫生各 10 分，分好、一般、差 3 等，每等分别为 10 分、5 分、0 分
B. 文献资源建设	100	B1 馆藏	B11 馆藏情况	0.30	中外文书年更新率（新书品种数占馆藏种数之比率）为 3% 以上（50 分），中外文现刊订购量（种数与读者数之比率为 40% 以上（50 分）（电子刊去重后按 1 : 1 换算）	提供馆藏书的种数和 2004 年图书、期刊订购种数的分类统计，检查馆藏图书期刊的书目数据库。按比例扣分。维普期刊按 8000 种算，同方期刊按 5500 种算，两者全订按 12000 种算。纸质刊和电子刊可重复计算种数
			B12 生均文献量	0.50	生均册数达到教育部《基本办学指标》（附件 1）（50 分），近 5 年的生均年购书量（大于 L = 5 × 研究生 + 4 × 本科生 + 3 × 专科生以上（50 分）（电子图书按 1 : 1 换算）	提供馆藏总册数和近 5 年的新书采购统计，抽查书目数据库，对照图工委提供的统计报表和《湖北省教育年鉴》提供的学生数。按比例扣分

续表

一级指标	指标值	二级指标	三级指标	权重	具体项目及评分办法	评分依据及评分标准
B. 文献资源建设	100	B1 馆藏	B13 文献资源特色	0.20	文献资源符合本校学科建设和教学科研的需要（50 分），有长期积累、独具特色的资源（50 分）	听取汇报，实地查看。符合需要，50 分；基本符合需要，30 分；不符合需要，10 分。特色资源（包括特色数据库）全国重点学校要求有 5 种以上，每种 10 分；一般本科学校要求有 3 种，每种 16 分；专科学校要求有 1 种。每种特色资源分优、良、差 3 等，优为满分，良减去 1/3，差减去 2/3。
		B2 加工整序	B21 加工周期	0.20	文献从收登到提供服务的时间：书 4 周以内（40 分）；刊 1 周以内（40 分）；其他文献 2 周以内（20 分）	提供书、刊、声像资料采访记录，各抽样 10 种抽样检查验收日期。书超过 1 天扣 0.1 分，刊超过 1 天扣 10 分，声像资料超过 1 天扣 0.2 分
			B22 标准化程度	0.20	采用哪些国际、国内标准（每种 10 分，最多 60 分），符合标准的程度（完全符合，40 分）	参考标准：中图法、科图法、汉语主题词表、USMark、CNMark、AACR－2、CALIS 联机合作编目条例、西文文献著录条例等。抽查 40 条数据，完全符合 40 分，基本符合 30 分，错误较多 0～20 分
			B23 质量	0.10	数据差错率 1% 及以下 100 分，1% 以上每多 0.1% 扣 10 分	抽查 1000 条数据，错误在 10 条以内，不扣分；10 条以上每错 1 条扣 10 分

续表

一级指标	指标值	二级指标	三级指标	权重	具体项目及评分办法	评分依据及评分标准
B. 文献资源建设	100	B2 加工整序	B24 揭示报道	0. 30	各种资源的报道：有定期新书报道（20 分）；有完整的数据库介绍（20 分）；有导读（20 分）。总馆、分馆、资料室资源统一报道（20 分）。整合印刷资源和数字资源（20 分）	听取汇报，提供 2004 年原始资料
			B25 数据库建设	0. 20	有自建数据库并正常维护更新（50 分），机读目录占馆藏目录比例为 100%（即全部馆藏建库）（50 分，每低 10% 扣 10 分）	听取汇报，查看自建数据库，抽查各类文献是否建库和维护更新。提供全部藏书种数，检查机读目录条数，建库条数每降低 1% 扣 1 分
		B3 保存维护	B31 纸质文献典藏管理	0. 30	一般文献、特色文献、珍贵文献的保护（50 分）和清点（50 分）	实地查看。一般书刊书库整洁、干燥，阳光不直射到书，破旧书已修补，20 分；特色文献、珍贵文献书库整洁，有空调、去湿设备，30 分
			B32 其他载体文献管理	0. 30	缩微资料和磁盘、光盘介质资料等文献的保护（50 分）和清点（50 分）	实地查看。缩微资料有目录、整齐有序、干燥，缩微阅读器可正常使用，50 分；声像资料建库，整齐有序，有空调设备，50 分。无以上资料的 0 分
			B33 数据库维护与更新	0. 40	备份情况（在线、近线、离线、增量备份、总体备份、各种备份的周期）和更新情况（是否按不同数据库的更新周期及时更新）各占 50 分	听取汇报，实地查看。备份 6 项各占 8 分，无备份 0 分；数据库按实有数量检查更新周期，更新不及时的数据库按比例扣分

续表

一级指标	指标值	二级指标	三级指标	权重	具体项目及评分办法	评分依据及评分标准
B.文献资源建设	100	B4资源共享	B41 文献购置协调	0.40	参与集团购买（50分），参与外刊协调订购（50分）	听取汇报，出具证明。省内使用维普、书生、超星的学校均属参加集团购买。未订外刊的学校不要求参与集团购买
			B42 文献加工合作	0.60	参与联机编目（B级及以上馆40分，C级30分，D级20分），承担特色数据库等数字资源建设任务（1项10分，最多60分）	出具CALIS相关证明
C.自动化、网络化、数字化建设	100	C1硬件	C11 服务器	0.25	CPU主频（奔4或相当的类型20分），CPU个数（2个以上20分），内存大小（1G以上20分），满足需要（40分）	查看机房，提供说明书
			C12 工作站	0.25	用于读者服务和业务工作的工作站满足需要（各30分），完好率（95%以上40分，每降低5%扣10分）	听取汇报，提供相关材料，实地查看
			C13 网络设备	0.25	主干带宽1000兆（40分），桌面带宽100兆（20分），接点数满足需要（40分）	提供相关说明书和证明材料，实地抽查
			C14 其他设备	0.25	存储设备满足需要（40分），打印机（20分），不间断电源（20分），扫描设备（20分）	听取汇报，实地查看

续表

一级指标	指标值	二级指标	三级指标	权重	具体项目及评分办法	评分依据及评分标准
C. 自动化、网络化、数字化建设	100	C2 系统软件	C21 服务器操作系统	0.30	系统类型为主流操作系统（30分），为最新版本（30分），满足需要（40分，每年出1次故障扣5分）	听取汇报，实地查看
			C22 网络管理系统	0.35	系统类型为主流系统（30分），为最新版本（30分），满足需要（40分，每年出1次故障扣5分）	听取汇报，实地查看
			C23 数据库管理系统	0.35	同上	同上
		C3 应用软件	C31 集成管理系统	0.30	功能完备（40分），网络服务能力强（40分），开放性好（20分）	提供系统说明书，实地检测。国外系统、汇文系统、ILAS－2系统、博菲特系统6.0、北邮系统免检
			C32 WEB应用	0.50	网页功能完备（40分），定期维护更新（30分），界面实用、方便、美观（30分）	提供网页说明书，实地查看
			C33 数字图书馆应用	0.20	有应用系统（20分），系统功能齐全（40分），正常投入使用（40分）	提供系统说明书，实地查看
D. 读者服务	100	D1 基本服务	D11 开馆时间	0.30	读者可获图书馆服务的时间：借阅时间70小时/周以上（50分）；网上访问时间140小时/周以上（50分）	听取汇报，随机调查读者。总时数＝普通书刊阅览室数＊70，总时数每减少10%，扣10分；网上访问时间每减少20小时，扣10分

续表

一级指标	指标值	二级指标	三级指标	权重	具体项目及评分办法	评分依据及评分标准
D.读者服务	100	D1基本服务	D12 开架率	0.10	开架服务的书刊文献占全部馆藏的比例（70%以上100分，每降低5%减10分）	听取汇报，实地查看，随机调查读者
			D13 生均外借/下载量	0.20	年读者借书量（50册/人，50分），年下载电子书刊量（点击200次/人，50分）	听取汇报，机内调取借阅数据和点击次数
			D14 网上服务	0.40	通过网络提供的服务项目（逐项算分，一项10分，最高100分）	听取汇报，上机操作。网上服务，如预约、馆际互借、意见箱、文献传递、检索、阅读、信息发布、新书通报、培训、提交论文等
		D2信息咨询服务	D21 信息咨询	0.40	咨询服务项目（逐项算分，最高50分），年定题或专题服务量（包括查新）（逐个算分，最高50分）	听取汇报，提供原始记录。咨询项目，如借阅查询、口头咨询、定题追踪服务、专题服务、查新
			D22 馆际互借和文献传递	0.35	年馆际互借和文献传递量（按次或页算分，最高70分），需求满足率（60%，10分；70%，20分；80%及以上，30分）	听取汇报，提供原始记载。生均0.1次/年或1页/年以上为满分70分，不足按比例扣分
			D23 信息编译报导或推送	0.25	年印发或网上发布的编、译篇（条）数（期数）或推送服务人数（信息量）（最高100分）	听取汇报，提供原始记录。年印发10期编译报导或500篇（条）文献（记录），100分；不足按比例扣分

续表

一级指标	指标值	二级指标	三级指标	权重	具体项目及评分办法	评分依据及评分标准
D. 读者服务	100	D3 信息素质教育	D31 读者入门教育	0.20	年接受教育读者数（按新读者比例算分，最高 60 分），每年编印读者手册并免费发给每个新读者（40 分）	听取报告，提供手册原件和新生入学教育原始记录，随机访问新生
			D32 文检课教育	0.40	年听课人数（按在校生比例算分，最高 50 分），通过考试人数（按占听课人数的比例，最高 30 分），使用专门教材（20 分）	听取汇报，提供听课人数、通过考试人数和使用的教材
			D33 校园文化建设	0.20	年办讲座数（按次算分，最高 50 分），办宣传栏数（按次算分，最高 50 分）	提供讲座主题、主讲人、讲座对象和人数；提供宣传栏主题、期数。讲座 5 次、宣传栏 5 期为满分，不足按比例扣分
			D34 学生参与服务	0.20	年使用学生工（时）数（按小时或人次算分，最高 80 分），学生服务效果（“好”为 20 分，“中”为 10 分，“差”为 0 分）	提供学生工名册和年工作时数。学生工工作时数占对外服务总工作时数 10% 为满分，不足按比例扣分；发调查表调查服务效果
		D4 读者评价	D41 读者问卷调查	0.30	年调查次数（每次 10 分，最高 30 分），公布调查结果（每次 10 分，最高 30 分），根据调查改进工作（40 分）	听取汇报，提供读者填写的原始调查表、调查结果的统计表。调查（并公布结果）2 次为满分，1 次 15 分。根据调查改进工作的 40 分

续表

一级指标	指标值	二级指标	三级指标	权重	具体项目及评分办法	评分依据及评分标准
D. 读者服务	100	D4 读者评价	D42 读者座谈会调查	0.30	同上	听取汇报，提供座谈会记录。召开2次座谈会为满分，1次15分。根据座谈会改进各种的40分
			D43 读者意见箱	0.40	年实物意见箱收集意见数（按份数算分，最高20分），电子意见箱收集意见数（按条数算分，最高50分），根据意见改进工作（30分）	听取汇报，提供读者意见原件，查实物意见箱和电子意见箱。近两年有实物意见箱和电子意见箱并经常回收意见的，分别为20分和50分；根据意见改进工作的30分
E. 科学管理	100	E1 规章制度	E11 业务规章制度	0.35	有完备成文的规章制度（40分），每年修订更新（30分），定期检查执行情况（30分）	听取汇报，提供规章制度原件。有采、编、典、自动化、借阅、期刊部门的业务规范，30分；规范科学完善，10分；近两年修订更新，30分；定期检查执行情况，30分
			E12 服务规章制度	0.35	同上	听取汇报，提供原件。有全馆各部门的服务规章制度，30分；制度科学完善，10分；近两年修订更新，30分；定期检查执行情况，30分
			E13 管理规章制度	0.30	同上	听取汇报，提供原件。有全馆“三定（定编、定岗、定责）一聘（聘任）”制度和奖惩制度，30分；近两年修订更新，10分；定期检查执行情况，30分

续表

一级指标	指标值	二级指标	三级指标	权重	具体项目及评分办法	评分依据及评分标准
E. 科学管理	100	E2 民主管理	E21 馆员参与决策	0.50	参与制定发展规划、规章制度（50 分），参与人员聘任、晋升的考评等（50 分）	听取汇报，提供职工代表大会会议记录原件和人员聘任、晋升的职工意见记录
			E22 馆员参与管理	0.50	年度考核、总结等透明、公开（50 分），对馆内重大决策实行民主监督（50 分）	听取汇报，提供反映职工意见的原始记录
		E3 业务统计	E31 统计数据	0.50	年度各类统计数据完备（50 分）、准确（50 分）	提供年度统计报表，抽样检查数据的准确性
			E32 档案资料	0.50	各种档案整理及时、完备、系统（100 分）	提供职工人事档案、公文档案、设备档案、科技成果档案、重要会议档案（各占 20 分）
		E4 学术研究	E41 学术成果	0.40	在海外发表学术成果（篇或个/年 15 分，最高 30 分），在国内发表学术成果（篇或个/年 5 分，最高 30 分），获省部级奖（个/年 20 分），获学会和校级奖（个/年 10 分）	提供成果原件
			E42 学术会议	0.20	主办国际学术会议（每次/年 20 分），主办国内学术会议（每次/年 15 分），主办省内学术会议（每次/年 10 分），主办馆内学术会议（每次/年 5 分）	提供会议通知、会议记录、会议论文原件

续表

一级指标	指标值	二级指标	三级指标	权重	具体项目及评分办法	评分依据及评分标准
E.科学管理	100	E4学术研究	E43 科研课题	0.20	完成省级以上课题（每个/年 20 分，最高 40 分），完成校级课题（每个/年 10 分，最高 40 分），完成馆级课题（每个/年 5 分，最高 20 分）	提供鉴定报告原件
			E44 学术组织成员	0.20	参加国际学术团体（20 分/个），参加国内学术团体（10 分/个），参加省内学术团体（5 分/个），在国内学术团体任职（10 分/个），在省内学术团体任职（5 分/个）	提供相关证书和证明

此外，在普通高校本科教学水平评估中，我国教育部颁发了《普通高等学校基本办学条件指标（试行）》（教发［2004］2 号文件），其中设置了有关高校图书馆的两个评价指标，即生均图书量和生均年进书量，并制定了合格标准（见表 5－6）。

表 5－6　《普通高等学校基本办学条件指标（试行）》中的有关高校图书馆的评价指标

评价指标	学校类型		评分标准
生均图书量	本科	综合、师范、民族、语文、财经、政法类院校	100 册
		工、农、林、医、艺术类院校	80 册
		体育类院校	70 册
	高职（专科）	综合、师范、民族、语文、财经、政法类院校	80 册
		工、农、林、医、艺术类院校	60 册
		体育类院校	50 册

续表

评价指标	学校类型		评分标准
生均年进书量	本科	综合、师范、民族、语文、财经、政法、艺术类院校	3 册
		工、农、林、医、体育类院校	2 册
备注： （1）折合在校生数 = 普通本、专科（高职）生数 + 硕士生数 * 1.5 + 博士生数 * 2 + 留学生数 * 3 + 预科生数 + 进修生数 + 成人脱产班学生数 + 夜大（业余）学生数 * 0.3 + 函授生数 * 0.1； （2）生均图书量 = 图书总数/折合在校生数； （3）生均年进书量 = 当年新增图书量/折合在校生数； （4）进修生数指进修及培训时间在 1 年以上的学生数； （5）电子类图书已在相关指标的定量中予以考虑，测算时不包括在内； （6）本评估指标除最后一栏（评分依据和评分标准）为本省（湖南）制定以外，其余各栏均为全国高校图工委制定。			

在《普通高等学校图书馆评估指标》的基础上，国内许多学者从不同的角度和需要出发，相继研究设计了多种高校图书馆评价指标体系，对于开展高校图书馆评价实践具有一定的指导意义和参考价值[10-19]。

5.5　我国高校图书馆评价存在的问题

与国外高校图书馆评价相比，我国的高校图书馆地位较为特殊，受制于高校教育体制。虽然开展了形式多样的高校图书馆评价实践，形成了较为完善的评价体系，但仍存在着诸多问题制约着高校图书馆评价的健康发展。

从历次高校图书馆评价工作的结果来看，虽然取得了一些可喜的成绩，但也存在着一些突出的问题，主要有：①高校图书馆评价中重建设、轻使用，重投入、轻效益的倾向比较明显，尽管在指标设计上分别设置了办馆条件和办馆水平，强调了图书馆的专业规范性和工作效益，但不论是指标还是权重，其关注点还是集中在硬件建设上。②忽视了作为评价主体的高校图书馆的地位和作用，完全依赖于上级主管部门和外部专家，高校图书馆只是被动地接受评价，难以调动内在的主观积极性。③没有促进高校图书馆建立起自我监督、自我约束的质量意识和长效监控机制，迎评工作演变成一种应付性任务，评价结束了，工作任务就完成了，各项工作依然回到原来的轨道上。④评价结果采取下结论、排名次及公开发布的形式，导致了重结果、轻过程，重结论、轻运行，图虚名、求名次的不良倾向产生。高校图书馆疲于应付，把大量时间和精力投入到应对评价检查上，而忽视了对内涵的扎实建设。为了相互攀比，有些高校图书馆甚至不惜弄虚造假，给评价带来了一些负面影响。

因此，为了克服这些问题，促进高校图书馆评价健康发展，在未来的高校图书馆评价中，高校图书馆应将“加强主体作用，推进内涵发展，建立自控机制，提升办馆水平”作为评价的目标定位，应从原来的注重投入和扩张的外延建设转向注重使用和效益的内涵发展，应提升高校图书馆在评价中的主体地位，将建立健全自我监控机制作为促进其内涵发展的重要措施。重点做好7个转变工作：①评价重心从注重硬件建设转向软件建设，用以促进图书馆的内涵发展，并建立起内部质量保障机制。②评价主体由外部转向内部，由被动转为自觉，从以专家为主体转向以图书馆为主体，充分尊重图书馆的个性化选择和定位，充分发挥图书馆在提高自身办馆能力和办馆水平上的主动性和创新性，调动评价的内趋力。③评价内容从重投入转向重效能与影响力，将成效评价与绩效评价结合起来，从数量的评价转向质量的评价，侧重服务的影响与效果，引导图书馆在提高服务与管理水平、提高办馆效益、创新和影响力上下功夫。④评价重点从注重量化结果转向注重过程和目标控制，推动图书馆设定目标，做好规划，办出特色。其主要测评图书馆的运行状态、工作水平和实际效果，对其目标实现的程度进行评价。⑤评价手段由周期性评价转为常态化监测，以日常自检自评和数据库信息监控为重点，以日常数据作为评价的主要依据，引导图书馆强化日常管理和工作状态监控。⑥评价方式由过分注重量化数据转向定量和定性相结合，敦促图书馆加强组织文化和队伍素质建设。同时引入读者监督机制，使读者作为监督者参与其中，以读者“感知质量”的满意度作为重要参照和客观评价，突出对图书馆的成效与影响力考核。⑦评价结论由单一的水平评定转变为专家对自评结果进行审验，帮助查找问题，诊断问题症结，提出整改指导意见，以突出评价专家的专业指导作用。

5.6　我国高校图书馆评价的发展趋势

随着我国高校图书馆评价的日益完善，高校图书馆评价理论研究和实践工作将会呈现出以下发展趋势。

1. 评价理论科学化

在我国，高校图书馆评价作为图书馆评价中的一个重要研究领域，理论研究和实践工作正逐步走向科学化。一方面，我国高校图书馆评价实践中存在的大量说明我国图书馆评价理论尚不成熟，需要加强理论研究和实践经验总结，为高校图书馆评价实践提供理论指导。而另一方面我国高校图书馆评价实践正在蓬勃开展，强烈呼吁科学的图书馆评价理论作指导。因此，高校图书馆评价理论和实践活动向科学化方向发展，必然成为我国高校图书馆评价的发展趋势。现在我国图书馆界已有人倡导建立图书馆评价学，这是一个很好的建议。但是，建立一门学科不是一件轻而易举的事，它需要大量的理论储备。我国图书馆界的理论研究者们正在努力探索具有中国特色的高校图书馆评价理论体系。理论研究和实践活动科学化的趋势体现在许多文章对高校图书馆评价概念、对象、目的、功能、原则、标准、方法、模式、指标体系等诸多问题的探讨正在逐步深入。

2. 评价工作制度化

高校图书馆评价作为高校图书馆管理的一种重要手段，已经得到普遍认可和运用。1991 年国家教委下发《普通高等学校图书馆评估工作指标体系大纲》，同年 10 月 14 日，发布《关于开展普通高等学校图书馆评估工作的意见》（即教备［1991］79 号），指出："根据《中共中央关于教育体制改革的决定》的精神，为适应高等教育的发展，应对普通高等学校图书馆经常进行状态判断，决定发展路向，不断改善办馆条件和提高办馆水平。因此，需要在高等学校图书馆开展评价，并逐步建立高等学校图书馆评价制度"，并提出将在"八五"期间举行一次全国性的高校图书馆评估，这预示着我国高校图书馆评估将在全国范围内展开，高校图书馆评价开始进入全面经验总结时期。2002 年 2 月，教育部颁布《普通高等学校图书馆规程（修订)》，是新时期高等学校图书馆规范化建设和管理的法规性文件。2003 年 2 月教育部高等学校图书情报工作指导委员会公布了《普通高等学校图书馆评估指标（征求意见稿)》，2006 年 5 月正式颁布《普通高等学校图书馆评估指标（修改稿)》。一系列关于高校图书馆评价文件的发布，标志着我国高校图书馆评价工作即将走上正规化、制度化的轨道。

3. 评价内容标准化

我国高校图书馆评价是以省（直辖市、自治区）或以部为行政单位统一进行的，各单位评价内容不尽相同。《普通高等学校图书馆评估工作的意见》明确规定了高校图书馆评价的基本内容，主要包括：①高等学校图书馆事业发展的内部条件和外部环境；②各高校图书馆所具有的办馆条件；③各高校图书馆的办馆水平。《普通高等学校图书馆评价指标体系大纲》和《普通高等学校图书馆评估指标（修改稿)》的发布，要求各省（自治区、直辖市）教委根据 79 号文件精神并参照指标体系大纲组织本地区的高校图书馆评价。这说明我国高校图书馆评价内容将向标准化方向发展。评价内容标准化有两层含义：一是评价内容量标化，即建立科学的评价指标体系并确定指标体系的量化标准；二是评价内容统一化，即确定统一的评估标准及计分办法。评价内容标准化的深入研究，将促使高校图书馆评价从定性化到定性与定量相统一，从经验化上升到科学化。

4. 评价程序规范化

随着评价理论研究的不断深入和评价实践工作的全面展开，我国高校图书馆评价工作的程序逐步趋向正规化、规范化：即根据评价级别、范围和对象建立相应的组织和机构；进行理论准备；对评价工作者进行必要的培训提高；统一编制指标体系并规定评价标准；印制有关图表；制定有关评价纪律；规定申请评价、实施自评、专家评价和公布评价结果等一系列程序，使评价工作有计划、有目的、有组织、有步骤地进行。

5. 评价手段现代化

随着高校图书馆评价理论研究的科学化、评价工作的制度化、评价内容的标准化和评价程序的规范化以及现代信息技术在高校图书馆评价的应用和普及，高校图书馆评估手段必然向现代化方向发展。评价手段现代化意味着逐步实现高校图书馆评价工作的计算机化、网络化和数字化。随着高校图书馆评价工作在全国范围内展开，其工作量之大，涉及人力、物力之多的状况，要求必须借助现代信息技术，所以高校图书馆评价工作程序化、计算机化、网络化和数字化就成为发展的必然趋势。

6. 评价方式多样化

我国高校图书馆评价一般是采用自评和专家评价相结合的方式。实践证明，这是一种行之有效的方式。但它也存在一定的弊端：高校图书馆评价的信息反馈应该是多渠道的，而我国以往对高校图书馆办馆水平的评价，主要依靠图书馆内部和教育行政部门进行，高校图书馆以外的大量信息很少反馈到高校图书馆内部。因而，高校图书馆偏重于对上负责。但是，高校图书馆的主要任务是为教学和科学研究服务，其服务对象主要是高校学生、教师和科研人员。所以，高校图书馆的广大读者对高校图书馆的办馆水平有很大的发言权。积极依靠学生、教师、科研人员定期对高校图书馆的办馆水平、办馆效益进行评价，加强读者参与图书馆评价和读者满足度调查的举措势在必行。同时，还需要考虑建立高校图书馆的第三方评价体系。

参考文献：

[1]谢灼华. 中国图书和图书馆史[M]. 武汉:武汉大学出版社,1987:11.

[2]黄迎春. 图书馆评价研究及对高校图书馆评价工作的思考[J]. 四川图书馆学报,2012(1):81－83.

[3]李淑敏. 我国高校图书馆评估的现状与未来[J]. 大学图书馆学报,1993(4):14－21.

[4]李海涛,宋琳琳. 美国大学图书馆评价主体的研究[J]. 图书馆建设,2010(4):104－110.

[5]殷月红. 挪威高校图书馆评估中的学生参与模式研究[J]. 图书馆学研究. 2014(13):91－94.

[6]赵迎红. 中美图书馆绩效评估体系的比较研究[J]. 图书情报工作,

2012(17):83－88.

[7]吴治蓉.中美公共图书馆等级评价之比较[J].图书馆理论与实践,2013(5):86－88.

[8]李亚梅.现代图书馆服务质量评价体系构建研究[J].图书馆,2010(4):41－43.

[9]赵迎红.中美图书馆绩效评估体系的比较研究[J].图书情报工作,2012(17):83－88.

[10]温小明,高校图书馆新的评估工作及指标体系探析[J].图书馆建设,2014(6):75.

[11]王钱林.关于高校图书馆绩效评估主体的评析[J].河南图书馆学刊.2014(8):67－68.

[12]赵春辉.我国高校图书馆绩效评估探析[J].河北科技图苑.2014(5):61－63.

[13]刘爽.高校图书馆电子资源评价指标体系构建[J].图书馆理论与实践.2014(10):60－63.

[14]唐元华.高校图书馆服务社会化评价体系构建[J].农业图书情报学刊.2014(5):175－178.

[15]王涛.高职院校图书馆核心竞争力评价体系构建[J].图书馆工作与研究,2012(6):50－52.

[16]毕朝晖,王慧,刘星星.基于动态模糊分析法的高职高专数字图书馆评价研究[J].情报探索,2013(3):129－132.

[17]李世珣.基于教师视角的高校图书馆评价指标体系研究[J].图书馆学刊,2009(12):44－46.

[18]黄迎春.图书馆评价研究及对高校图书馆评价工作的思考[J].四川图书馆学报,2012(1):81－83.

[19]王爱霞.高校图书馆管理评价理论及指标研究[J].现代情报,2008(12):112－114.

[20]李淑敏.我国高校图书馆评价的现状与未来[J].大学图书馆学报,1993(4):14－21.

第6章　公共图书馆评价

公共图书馆是为社会公众服务的图书馆，一般由中央或地方政府管理、资助和支持，免费为社会公众提供服务。公共图书馆作为中央或地方政府支持并免费为社会公众服务的图书馆，必须不断系统评估和审查其管理与服务状况，不断改善和提高公共图书馆的社会性能，才能保证得到民众支持和财政拨款，并健康有序地发展。

6.1　公共图书馆

6.1.1　公共图书馆的内涵

公共图书馆是由国家中央或地方政府管理、资助和支持的，免费为社会公众服务的图书馆。1994年11月29日在巴黎举行的巴黎信息管理（PGI）委员会会议上，委员会接受并批准了由国际图联（IFLA）公共图书馆组主持起草的《公共图书馆宣言》。《公共图书馆宣言》指出："公共图书馆是人们寻求知识的渠道，为个人和社会群体的终身教育、自由决策和文化发展提供基本条件。"它清晰地描述了公共图书馆的性质与定位。从个体的层面看，人们为了获取知识、提升自身能力，需要依赖公共图书馆；从社会的层面看，公共图书馆是实现社会信息公平的重要渠道。

我国文化部于1982年颁布的《省（自治区、市）图书馆工作条例》，其中规定：省级公共图书馆是"综合性公共图书馆"，"是向社会公众提供图书阅读和知识咨询服务的学术性机构，是全省（自治区、市）的藏书、图书目录和图书馆间协作、协调及业务研究、交流中心"。公共图书馆是公共文化服务设施中最重要的因素之一。2012颁布实施的《公共图书馆服务规范》明确规定：公共图书馆（public library）是由各级人民政府投资兴办，或由社会力量捐资兴办的向社会公众开放的图书馆，是具有文献信息资源收集、整理、存储、传播、研究和服务等功能的公益性公共文化与社会教育设施。

深圳市文化局曾经做过一个调查，市民最常去的公共文化设施中图书馆排在第一位。[1] 2004 年大英图书馆对外公布了一份题为《衡量我们的价值》（Measuring Our Value）的报告：图书馆产生的经济效益总量为 3.63 亿英镑，其中 3.04 亿英镑为直接效益，5900 万英镑为间接效益，也就是说国家对大英图书馆每投入 1 英镑，就会对英国经济带来 4.4 英镑的效益。

6.1.2 公共图书馆的特征

公共图书馆是人类社会文明发展的产物，与其他类型图书馆相比，公共图书馆具有如下特征：

（1）公共图书馆内收藏学科广泛，读者成分多样。

（2）公共图书馆是由国家中央或地方政府管理、资助和支持的、免费为社会公众服务的图书馆。它可以是为一般群众服务，也可以是为某一特定读者如儿童、工人、农民等服务的。它是人类社会文明发展的产物。

（3）公共图书馆向所有居民开放。

（4）公共图书馆经费来源于中央或地方行政机构的税收。

（5）公共图书馆的设立和经营必须有法律依据。

6.1.3 公共图书馆评价

公共图书馆评价是指运用定性和定量相结合的评价方法构建评价指标体系，对公共图书馆管理和服务的质量和效果进行综合的测度和考评，简而言之，即对公共图书馆各项资源的投入和产出效益的分析与比较。图书馆评价有利于公共图书馆科学制定中长期规划，对文献、人力和技术资源进行优化配置，实现图书馆资源利用的最优化，对改进公共图书馆管理水平、更新服务理念、满足读者需求具有指导意义。图书馆评价一般意义上是指公共图书馆评价，因此，公共图书馆评价是图书馆评价的核心。

6.2　公共图书馆评价历程

6.2.1　国外公共图书馆评价历程

早在 70 年前，阮冈纳赞就以其远见卓识指出了图书馆服务绩效评估的实质——以用户为中心、以满足用户需求作为评价图书馆服务绩效和服务质量的标准。IFLA 关于学术图书馆绩效评估的指导方针为 1996 年国际图联出版的《评估质量：IFLA 关于学术图书馆绩效限额量的指导方针》，方针给出了关于学术图书馆 7 个方面的 16 个绩效指标。1992 年，在 ISO/TC46/SC8 的授权下，成立了一个专门负责制定图书馆绩效评估国际标准的特别小组。1994 年 12 月，该标准以 ISO 11620 草案的形式出台，并于 1995 年通过了投票表决。该草案标准从用户满意程度、公共服务、服务可获得性、提供文献、检索文献、外借的文献、馆际互借的文献、参考和咨询设施、采购文献、处理文献、编目 11 个方面对图书馆绩效进行了评估，并在每个方面下设了若干具体评价指标。

美国的公共图书馆评价起步较早且体系十分完善。1982 年，美国出版的《公共图书馆成效评量》提出了 12 种评估法，用以评估图书馆服务的绩效，开创了公共图书馆评估的先河。1999 年，美国的 Thomas J. Hennen Jr. 创建了 HAPLR，即美国公共图书馆评价系统（Hennen’s American Public Library Ratings，简称“HAPLR”），根据馆藏的经费比例、人均图书经费、工作人员等 15 项指标对图书馆进行三星、四星和五星级评级。[2] 1999 年 9 月，ARL（美国研究图书馆协会）启动了“新型评估计划”，其中的一项是“使用 SERVQUAL 方法测度服务效果的实用性研究”，即 LibQUAL+™的前身。ARL 和 Texas A&M 大学合作，以 SERVQUAL 为基础，继承了SERVQUAL的评价方法和工作机制，通过反复进行读者调查来对 SERVQUAL 进行不断的修订，于 2000 年正式提出了 LibQUAL+™。LibQUAL+™分 8 个方面（dimension）共 41 个问题（question 41），后精简为三个方面 22 个问题。LibQUAL+™问卷的指标设计对公共图书馆服务绩效评估指标体系的设计具有重要的参考价值[5]。2009 年，Keith Curry Lance 与 Ray Lyons 等人研制建立了 LJI，即公共图书馆星级服务评价（The Library Journal Index of Public Library Service，简称“LJI”）。LJI 重点考察 4 项产出数据，其中人均访问次数、人均流通次数亦为前者所有，参加图书馆各种活动的人次以及公共计算机网络的使用两项指标则为新设指标[6]。

新加坡国家信息与艺术部于 1992 年成立了一个“2000 年图书馆评估委员会”（Library 2000 Review Committee）来考察公共图书馆服务的改善问题，并于 1994 年 3 月形成了《2000 年的图书馆报告》（The Library 2000 Report），提出了公共图书馆评价“七范式演变”模式[5,7]。

日本公共图书馆于 2001 年开始开展评估工作。2002 年日本借鉴美国图书馆绩效指标 ISO 11620 制定了本国的图书馆绩效指标——JISX812，并逐步得到普及。韩国政府于 2006 年正式将图书馆评估写入法律，2008 年开始在全国范围内开展图书馆评估。[8]

6.2.2 我国公共图书馆评价历程

我国公共图书馆评价实践起步较晚，1993 年文化部社图司主持制定了《全国公共图书馆评估标准》，并下发“公共图书馆评估定级通知”。该评估标准最初仅包括办馆条件，基础业务建设，读者服务工作，业务研究、辅导和协作协调，管理，表彰和奖励 6 个方面的内容，2009 年第四次公共图书馆评估增加了“文化共享工程建设”指标。随后在全国范围内开展了 5 次全国性的公共图书馆评估定级活动，分别是在 1994 年、1998 年、2003 年、2009 年和 2013 年。前两次直接由文化部组织进行，后三次则由文化部委托中国图书馆学会组织进行。每次评估都制定省、地、县三级图书馆评估指标体系和定级条件（包括三级少年儿童图书馆评估指标体系和定级条件）。针对每一次评估实践的开展，《公共图书馆评估标准》都会做出相应的调整和修改，如：2004 年首次将“读者满意率”纳入了考察范围，强调了对读者满意度和服务效率的评估；2009 年在一级指标设置上增加了文化共享工程建设，下设省级分中心设备配置、经费投入、资源建设、资源传输渠道、技术培训、指导支中心与基层点建设、服务活动、共建共享、制度建设与管理等评估内容。可见，《公共图书馆评估标准》的具体指标设置是随着图书馆功能拓展和服务深化而不断发生变化的，随着每一次评估实践的不断深入，公共图书馆的评估重心也逐步转向对图书馆的现代化、网络化设施建设和读者服务的考察[5]。

2000年，参照国际标准，国家图书馆研究起草了《国家图书馆绩效评估指标体系》，基本框架分为资源、基础业务、业务研究、管理、读者服务五大模块。资源作为项目指标，完全采用了国际标准中关于图书馆资源的术语、定义、概念和所规范的内容，打破了以往测算效益时只计算当年事业费、购书费的投入及其与读者人次比率的积习，而是将馆舍、馆藏、人力、设备、经费都视为图书馆的资源。基础业务块之下，设置了文献资源采选、文献资源加工、网上资源采集整理、数据库建设、专题资源库建设等指标项目，并使指标尽可能量化，以便平日检查调控。业务研究块，包括业务交流、研究项目、科研成果、馆办刊物、学术论文、学术专著、参加学术会议、组织学术会议等诸多内容。服务块打破以往只统计不调查的传统桎梏，而要在广大的读者中广泛地进行抽样调查[5]。

与公共图书馆评价实践相适应，我国公共图书馆评价理论研究也随之展开。早期的公共图书馆评价研究主要围绕公共图书馆评价实践和《公共图书馆评估标准》进行探讨，包括省、市、县三级公共图书馆《评估标准》和《评估细则》中的评价标准和评价指标以及公共图书馆评价实践中存在的一些问题。进入21世纪，国内学者开始针对《国家图书馆绩效评估体系》的设计进行了一系列研究，同时受高校图书馆和公共图书馆评价实践的影响，这一时期的研究主要是针对我国图书馆评估实践的指标体系设置和问题进行了分析讨论，试图从评估内容、评估分值分配、评估标准等方面探索性地提出我国图书馆评估活动中指标体系的大体构架，使评估标准能更加真实科学地反映图书馆建设的新内容、新变化，从而为我国图书馆评估指标体系的进一步完善和发展提供一些有益的启示。从2005年开始，国内开始关注国外图书馆绩效评价体系和国际标准体系的介绍与分析，相关研究逐渐增多，内容也逐渐多元化。如关于国际标准ISO 2789“国际图书馆统计”、ISO 11620“图书馆绩效指标”、SERVQUAL、

LibQUAL+TM和HAPLR等的介绍与分析。20世纪90年代以来，随着现代信息技术的快速发展以及在图书馆的广泛普及，电子图书馆、网络图书馆和数字图书馆等成为图书馆发展的主要形态，图书馆馆藏资源中电子资源、网络资源和数字资源的比例日益加大，数字图书馆评价、电子资源及其服务评价成为公共图书馆评价研究中的核心主题。

6.3 公共图书馆评价体系

6.3.1 国外公共图书馆评价体系

1. 国际公共图书馆评价体系

1995年8月，第1届国际图书馆和信息服务绩效测评国际会议在英国诺桑比亚召开，截至2007年，已连续召开了7届，专门探讨绩效评估国际标准的开发、测评系统的设计及应用等，目前该国际会议也已开始对成效评估进行探讨与研究。而且，国际图书馆服务质量评价的发展趋势，已经把图书馆评估的重心逐渐从绩效评估转移向成效评估。

在国际图联（IFLA）和联合国教科文组织（UNESCO）的推动下，1998—2003年，国际图书馆界相继出版了有关图书馆绩效评估的系列国际标准，主要包括[9]：

①ISO 11620：1998，即图书馆绩效指标（Library Performance Indicators）（第1版，1998年4月）。

②ISO 11620：1998/Amdl：2003，即图书馆绩效指标补充本：增订图书馆绩效指标（Library Performance Indicators Amendment J：Additional Performance Indicators for Libraries）（补充本第1版，2003年7月）。

③ISO/TR 20983：2003，即电子图书馆服务绩效指标（Performance Indicators for Electronic Library Services）（第1版，2003年11月）。

④ISO 2789：2006，即国际图书馆统计（International Library Statistics）（第4版，2006年9月）。

与此同时，围绕公共图书馆评价实践，国际上形成了最具影响力的几大图书馆服务质量测评系统，有力地促进了世界各国公共图书馆评价的开展[10]：

①美国研究图书馆协会（ARL）的 LibQUAL^{+TM}系统，该系统支持12种语言；

②欧洲委员会的 LIBECON 系统，不仅有欧盟及中、东欧的30个国家加入，还扩充到美洲、亚洲等国家图书馆界；

③英联邦大学和国家图书馆学会网站的“绩效门户”；

④“网络电子资源在线利用统计”国际项目 COUNTER；

⑤国际图联统计与评估专业组正在其网站上努力构建的统计与评估系统。

2. 美国的公共图书馆评价体系

美国公共图书馆评价体系十分完善，成为世界各国开展图书馆评价的蓝本。[9]

美国图书馆协会为了促进公共图书馆事业的发展，从20世纪30年代开始，发布了公共图书馆服务全国标准，并且每隔10年左右进行修订。这些标准的制定便于公共图书馆对其自身进行评价并与其他图书馆进行比较，对美国公共图书馆的发展产生了积极的影响。

1933年，美国在首次发布的公共图书馆服务全国标准中规定了注册、外借和藏书方面的标准，如规定100万以上服务人口的公共图书馆，图书证拥有者的比率应达到25%，年人均外借达到5册，图书馆馆藏达到人均1.5册。美国在1943年发布的战后标准中，提出了公共图书馆的5个目标——教育、信息、美的鉴赏、研究、娱乐，并从服务、经营管理、规模和区域、财政、建筑、藏书、人员及技术8个方面进行了规定。在1956年修订的标准中，弱化了硬性的量化指标，强调了对优质服务的重视。1966年发布的公共图书馆最低标准，增加了公共图书馆的统计标准。

20世纪70年代以后，美国公共图书馆界开始重视图书馆的绩效评价，1973年美国教育局资助出版了《公共图书馆业绩评估》一书，使公共图书馆从投入型评价向产出型评价转变。1982年，美国图书馆协会出版了《公共图书馆产出评估》，对数据的收集以及量化评估进行了说明。在1987年的第二版中，规定了图书馆服务评价的一系列指标以及数据的收集、分析和解释方法。为了便于各个图书馆进行自我评价，美国从 1988 年开始每年出版《公共图书馆数据和服务》，1992 年开始变更为《统计报告：公共图书馆数据和服务》。各个公共图书馆全面系统的统计数据为研究人员了解公共图书馆的发展状况和系统评价提供了有力的保障，也为公共图书馆本身进行评价、检查及制订计划提供了宏观数据。

美国金氏研究院（King Research Ltd）1991 年提出了公共图书馆绩效评估的理论模型，认为图书馆绩效可以从两个不同层次进行测度，即绩效量度（performance measure）和绩效指标（performance indicator）。绩效量度是对图书馆绩效的直接测度，而绩效指标则是两个或两个以上量度之间的关系。根据金氏研究院的定义，绩效测度包括 3 个方面的因素：输入、输出和效果；绩效指标则包括 4 个方面：运行指标、效益指标、成本效益指标和影响指标。

1999 年，威斯康星大学密尔沃基（Wisconsin-Milwaukee）分校的 Thomas J. Hennen，Jr 研究开发出美国公共图书馆等级评价/排名系统（Hennen' s American Public Library Ratings，HAPLR）。1999 年 1 月，第一次发布时排名只依据 4 类人口数据，以后每年的秋季都发布一次统计排名，收集的数据扩大到 10 类。2005 年，已收集了 9211 个公共图书馆的数据。目前，该排名系统已经发布了 2010 年的排名，对美国公共图书馆的发展起到了积极的推动作用。HAPLR 根据美国联邦博物馆和图书馆服务机构（Institute of Museum and Library Services，以下简称“IMLS”）提供的图书馆各类投入和服务产出数据评价全美各种类型公共图书馆的。该系统采用输入和输出变量评审图书馆，计算分数和排名，对服务性能进行比较，对流通量、人员、资料、咨询服务和筹资水平等进行评价。该评价系统依据 15 个输入和输出指标对美国公共图书馆进行评估。目前，全美国有 9000 多家公共图书馆参与该项评价。2009 年，Keith Curry Lance 与 Ray Lyons 等人在HAPLR的基础上研制建立了 LJI，即公共图书馆星级服务评价（The Library Journal Index of Public Library Service，简称“LJI”），使得 HAPLR 和 LJI 成为美国公共图书馆评价两大代表性系统[11]。

综合来看，美国的公共图书馆评价体系十分发达，大致可分为六大类[8]（见表6－1），在不同时期和不同领域发挥了重要作用。

表6－1 美国的公共图书馆评价体系

评价工具	《公共图书馆服务：国际图联》/《联合国教科文组织发展准则》	《公共图书馆数据服务统计报告》	《伊利诺伊州公共图书馆标准》	美国联邦博物馆暨图书馆服务总署与国家教育统计中心数据	美国公共图书馆评价系统	美国星级图书馆
发布机构	国际图联（IFLA）	美国公共图书馆协会	伊利诺伊州图书馆协会	美国人口普查局	—	Library Journal（LJ）
评价内容与标准	社会需求分析/监测和评估/表现性能指标/绩效评价等	人力资源/馆藏资源/基础设施/财政/服务项目/每年使用量及技术等数据	人力资源/图书馆设施/服务项目的设计等24项核心标准	—	采用15个输入和输出变量评审图书馆，确定分数并排名，对服务性能进行比较	根据LJ的公共图书馆服务指标来评审，评出五星、四星、三星等级
样本对象	—	800多个美国和加拿大公共图书馆	州内公共图书馆	全国9000多个公共图书馆	7930个公共图书馆	7268个公共图书馆

3. 欧洲的公共图书馆评价体系

欧洲国家图书馆界还纷纷建立网站进行在线统计，或者设计专门的集统计与绩效成效评估为一体的网络系统。例如：欧洲委员会的LIBECON系统，不仅有欧盟及中、东欧的30个国家加入，还扩充到美洲、亚洲等国家图书馆界；英联邦大学和国家图书馆学会网站中设有“绩效门户”；英国联邦政府2004年发布的《公共图书馆服务标准》共规范10个标准指标——英国文化部希望各机构能够采用该标准进行各种各样的评估，而不论其是外部指导委员会的评审，还是作为一个自我评估的工具。英联邦国家博物馆、图书馆和档案馆委员会（MLA）于2007年12月再次修改了该标准，把两套评估方法（绩效与成效评估）合成了一套连贯的公共图书馆绩效管理方法。

4. 新加坡的公共图书馆评价体系

1992年，新加坡国家信息与艺术部成立了一个“2000年图书馆评估委员会”（Library 2000 Review Committee）来考察公共图书馆服务的改善问题。委员会的工作组于1994年3月形成了《2000年的图书馆报告》（The Library 2000 Report），其主要精神是实现“建立一个全面适应社会需求的公共图书馆系统”“建立无边界图书馆网络”“高度协调的国家藏书计划”“以市场为导向的高质量服务”“与商界和社区建立共存共荣的联系”“从事全球性的知识‘套利’活动”等战略目标。这份报告提到了图书馆“范式演变”7个方面[5,7]。

5. 日本和韩国的公共图书馆评价体系

日本公共图书馆于2001年开始开展评估工作。2002年日本借鉴美国图书馆绩效指标ISO 11620制定了本国的图书馆绩效指标——JISX812，并使之逐步得到普及。韩国政府于2006年正式将图书馆评估写入法律，2008年开始在全国范围内开展图书馆评估。该指标体系总共有40个指标，包括10个二级指标（计划指标、财务指标、服务指标、电子服务指标、馆藏管理指标、人力资源指标、设施指标、公共关系指标、交流与合作指标、图书馆作为当地社区纽带的指标），使用图书馆索引配置操作系统评分，覆盖面广，评估系统周密[8]。

6.3.2 我国公共图书馆评价体系

我国公共图书馆评价体系主要包括4个部分[6,8,12]：一是由国家图书馆制定的《国家图书馆绩效评估指标体系》（2001年）。该评估指标体系主要以ISO 11620：1998（E）《图书馆绩效指标》作为依据，参考了公共图书馆和高校图书馆的评估指标体系，并结合了国家图书馆的特点。二是由中华人民共和国文化部组织，由各省、自治区、直辖市文化厅（局、文管会）负责具体实施的公共图书馆评估定级。公共图书馆评估定级工作是政府加强对图书馆行业的宏观管理、检验图书馆社会效益的有效手段。评价标准以《公共图书馆评估标准》（2009 年 7 月）为基础，按隶属级别不同分为《省级图书馆评估标准》《地级图书馆评估标准》《县级图书馆评估标准》等。各级别图书馆的评价指标相同，但各评价指标的分值略有不同，且同一指标也细分为不同的分值。各馆根据自身情况对应规定的评价标准给予相应的分值，以分值的高低来划分等级。此外，各省市还根据地方特色制定了评估细则。该项评价工作目前每 4 年一次，到目前为止在全国范围已开展了 5 次公共图书馆评估定级。三是借鉴国外公共图书馆评价标准，如借鉴国际标准化组织（ISO）颁布的《文献和信息——图书馆绩效指标》（ISO 11620）、美国公共图书馆学会所出版的《公共图书馆服务成效评估手册》和美国大学及研究图书馆协会所制定的《评估学术图书馆的绩效手册》等为我国公共图书馆评价提供参考。四是以《公共图书馆建设用地指标》（2008 年 5 月）、《公共图书馆建设标准》（2008 年 10 月）、《公共图书馆服务规范》《情报研究与信息咨询工作评估指标体系》《中国文化文物统计年鉴》等国家和地方法律法规、政策文件、统计资料、工作年鉴和报表等为依据开展公共图书馆评价。

6.4　公共图书馆评价标准

6.4.1　国际公共图书馆评价标准

国际标准化组织（ISO）与国际图书馆协会联合会（IFLA）分别制定了图书馆绩效评估指标体系，它们成为世界各国公共图书馆评价的蓝本[13]。

6.4.1.1　ISO 的图书馆绩效评估指标体系

国际标准化组织（ISO）的 TC46/SC8 部门在广泛收集与整理图书馆界已有评估指标基础上，综合国际图书馆学界学者已有研究成果，1998—

2008 年，相继出版了有关图书馆绩效评估的系列标准。

1. ISO 11620：1998 与 ISO 11620：1998/Amdl：2003

ISO 11620：1998 是 ISO 颁布的第一个图书馆绩效指标体系。为保证该指标体系的权威性、准确性，指标的选取经过了严格检验与判定，确保每个指标可为图书馆决策提供有价值的参考，并与图书馆实际相符合。其指标体系制定原则是：充实性、可靠性、有效性、适当性、实践性、可比性。且包括详细的指标描述框架，可用于对新增指标的描述。ISO TC46/SC8 依据图书馆开展的业务与活动，在 ISO 11620：1998 中将所有指标分为 4 个一级指标、13 个二级指标和 29 个三级指标。经过 2003 年修订，“ISO 11620：1998/Amdl：2003”在原指标基础上，增加了 1 个一级指标和 5 个三级指标[9,13]（如表 6 -2 所示）。

2. “ISO/TR 20983：2003”——数字图书馆服务绩效指标

“ISO 11620：1998”颁布之时，有关数字图书馆绩效评估指标并没有得到广泛应用与有效验证，标准在第一版中省略了相关内容。但随着互联网的发展，数字图书馆得到推广，图书馆投入了大量人力物力用于数字资源服务，图书馆急需有关数字服务评价指标，以评测服务质量的好坏，促进数字图书馆发展。值得庆幸的是，欧盟委员会 EQUINOX 项目负责人较早预见到了这一情况，自 1995 年开始，便制定了数字图书馆服务业绩指标。随后越来越多国家通过不同项目组制定了数字图书馆绩效评估指标体系，如英国的 MIEL2 项目、美国的 E-Metrics 项目等。ISO 技术委员会在借鉴已有数字服务绩效评价指标体系基础上于 2003 年颁布了“ISO/TR 20983：2003”——数字图书馆服务绩效指标。该指标体系共包括 15 项评价指标，这一标准的颁布进一步完善了 ISO 图书馆绩效评估体系（见表 6 -2）。

3. “ISO 11620：2008”——图书馆绩效指标

ISO 11620 的第二个版本，取代了第一版、2003 年修订版及《数字图书馆服务绩效指标》，将传统图书馆评价指标与数字图书馆服务评价指标科学有效地结合到一起。新标准在指标选取原则，指标描述框架等方面都没有大变动。与第一版相比其最大不同之处是引入了平衡计分卡理念，借鉴平衡记分卡指标框架体系，将图书馆绩效评估指标内容分为了四大部分（见表 6－3）：①资源、获取和基础设备；②使用；③资源与服务效率；④潜力与发展。

6.4.1.2　IFLA 的图书馆绩效评估指标体系

国际图书馆协会联合会（IFLA）非常关注图书馆绩效评估工作，早在 1996 年就出版了《质量评估：学术图书馆绩效评估国际指导方针》。方针给出了关于学术图书馆 7 个方面的 17 项绩效评估指标。鉴于第一版指标体系的局限性，2006 年 IFLA 推出了该标准的第二版——《质量评估：图书馆绩效评估》，该标准在第一版基础上做了很大改动，仅保留原指标体系的 11 项指标，引入成本效益与平衡计分卡理论，把图书馆绩效评估指标内容分为四大部分（见表 6－3）：①资源和基础设备；②使用；③资源与服务效率；④潜力与发展，并将评估范围由学术图书馆扩展到公共图书馆领域。

表 6－2　ISO 11620 和 ISO/TR 20983 的指标体系

<table>
<tr><th colspan="2" rowspan="2">测评内容</th><th colspan="2">两大绩效指标体系</th></tr>
<tr><th>ISO 11620（34 个指标）</th><th>ISO/TR 20983（15 个指标）</th></tr>
<tr><td colspan="2">用户评价</td><td>用户满意度</td><td></td></tr>
<tr><td rowspan="8">公共服务</td><td rowspan="4">总体</td><td>目标人群覆盖率</td><td rowspan="2">电子服务能服务人群的覆盖率</td></tr>
<tr><td>用户人均成本</td></tr>
<tr><td>人均到馆率</td><td>虚拟访问的比率</td></tr>
<tr><td>到馆平均成本</td><td></td></tr>
<tr><td rowspan="4">文献的提供</td><td>文献获取的有效性</td><td rowspan="2">电子馆藏建设的费用支出比率</td></tr>
<tr><td>需求文献获取的有效性</td></tr>
<tr><td>需求文献在馆藏中的百分比</td><td></td></tr>
<tr><td>需求文献获取的时效性</td><td></td></tr>
</table>

续表

测评内容		两大绩效指标体系	
		ISO 11620（34 个指标）	ISO/TR 20983（15 个指标）
公共服务	文献的提供	人均馆内利用率	
		文献利用率	
		未利用库存的百分比	
		上架准确率	
	文献检索	闭架文献索取的时间	登录被拒率
		开架文献索取的时间	远程 OPAC 登录比率
	文献借阅	外借馆藏周转率	每次登录平均下载文献数
		人均外借次数	每次数据库登录平均成本
		人均外借文献册数	每次文献下载平均成本
		平均外借成本	
		员工人均外借次数	
		库存借阅率	
	外部资源的文献传递	馆际互借速度	
	咨询和参考服务	正确回答满足率	通过电子方式递交的信息请求比率
	信息查询	题名目录检索成功率	
		主题目录检索成功率	
	用户教育		人均用户参加电子服务培训课程的次数
	设备	设备的有效性	人均工作站有效时间
		设备的利用率	每个公共开放工作站的平均服务人数
		座位占有率	工作站利用率
		自动化系统的有效性	

续表

测评内容		两大绩效指标体系	
		ISO 11620（34 个指标）	ISO/TR 20983（15 个指标）
技术服务	文献采访	文献采访的时间	
	文献加工处理	文献加工处理的时间	
	编目	每种文献编目平均成本	
服务的改善			
人力资源的有效性与利用		人均开展用户服务的员工	每位员工参加正式的 IT 和相关培训课程的平均时数
		开展用户服务的员工在总员工中的比率	提供和发展电子服务的员工比率

表 6－3　ISO 11620：2008 和 IFLA 的评价指标体系

ISO 11620：2008 指标体系			IFLA（质量评估：图书馆绩效评估）指标体系		
一级指标	二级指标	三级指标	一级指标	二级指标	三级指标
资源、获取、基础设备	馆藏	需求资料的可得性	资源、基础设备	图书馆空间	人均用户空间
		需求资料占馆藏的百分比			人均座位数
		主题目录检索成功率			与用户需求相比开馆时间
		被拒绝访问量百分比		馆藏	人均信息服务支出
	获取	排架准确率			需求资料的可得性
		阅架文献索取时间			用户被拒绝访问的百分比
		馆际互借速度			馆际互借成功率
		馆际互借成功率			用户所获信息的有用性
	设备	人均工作站访问量		馆员	人均馆员数
		人均工作站访问时间			
		人均用户空间			
		人均座位数			
		与用户需求相比开馆时间			
	馆员	人均馆员数		网站	直接从主页获取的信息

续表

ISO 11620：2008 指标体系			IFLA（质量评估：图书馆绩效评估）指标体系		
一级指标	二级指标	三级指标	一级指标	二级指标	三级指标
使用	馆藏	馆藏流通次数	使用	基本情况	市场渗透率
		人均外借量			用户满意度
		未用馆藏百分比			人均到馆率
		人均单位资料下载量		图书馆空间	公共座席利用率
		馆内人均利用率		馆藏	人均单位资源下载量
	获取	人均到馆率			馆藏使用（流通次数）
		用户数字化方式递交信息需求的百分比			未用馆藏百分比
		服务区域外用户百分比			人均外借量
		服务区域外用户外借量百分比			服务区域外用户外借百分比
		用户人均参与图书馆活动量		信息服务	人均参与课程培训的比率
		用户人均参与课程培训量			人均参考咨询数
	设备	公共座席利用率		文化活动	人均参与图书馆活动量
		工作站利用率			
	基本情况	目标人群覆盖率			
		用户满意度			
效率	馆藏	用户人均外借成本	效率	基本情况	用户服务的平均成本
		人均数据库访问成本			用户访问的平均成本
		单位资源下载平均成本			使用的平均成本
		用户访问的平均成本			馆藏费用支出与员工费用支出的比例
	获取	资源获取平均时间		信息收集成本	文献处理平均成本
		资源查找平均时间			下载平均成本

续表

ISO 11620：2008 指标体系			IFLA（质量评估：图书馆绩效评估）指标体系		
一级指标	二级指标	三级指标	一级指标	二级指标	三级指标
效率	馆员	参与用户服务的馆员比例	效率	处理速度	获取速度
		参与咨询回答准确率			文献处理速度
		馆藏费用支出与员工费用支出比例			馆员处理文献的效率
		馆员处理文献的效率			外借速度
	基本情况	用户服务平均成本			馆际互借速度
				处理可靠性	参考咨询回答准确率
					排架准确率
潜力与发展	馆藏	数字资源信息服务费用百分比	潜力与发展	数字服务	数字资源采集费用百分比
	馆员	提供数字服务馆员的百分比			提供与发展数字服务馆员的百分比
		馆员人均参与正式课程培训量		馆员	馆员人均参与课程培训量
	基本情况	图书馆特殊来源经费百分比		预算	图书馆特殊来源经费百分比
		组织分配的图书馆经费百分比			组织分配的图书馆经费百分比
合计	15个	45个		16个	40个

6.4.2　美国公共图书馆评价标准

美国的公共图书馆评价体系十分完善，见表6－1，共分有六个部分，其中以公共图书馆评价系统（Hennen’s American Public Library Ratings，HAPLR）最具有代表性。HAPLR是根据美国联邦博物馆和图书馆服务机构每年收集的数据评审全美的各种类型公共图书馆。采用输入和输出变量评审图书馆，计算分数和排名，对服务性能进行比较，对流通量、人员、资料、咨询服务和筹资水平等进行评价。该评价系统依据15个输入和输出指标对美国公共图书馆进行评估（见表6-4）[10]。

表6-4 美国HAPLR系统的评价指标和权重

序号	指标名称	权重
1	人均支出（Expend per capita）	3
2	资料经费占预算比例（Percent budget to materials）	2
3	人均资料支出（Materials expend per capita）	2
4	每千人口全日制员工数（FTE staff per 1000 people）	2
5	每千居民期刊数（Periodicals per 1000 residents）	1
6	人均藏量（Volumes per capita）	1
7	每次流通成本（Cost per circulation：low to high）	3
8	人均访问次数（Visits per capita）	3
9	馆藏周转率（Collection turnover）	2
10	全日制员工每小时流通量（Circulation per FTE staff hour）	2
11	人均流通量（Circulation per capita）	2
12	人均参考咨询量（Reference per capita）	2
13	每小时流通量（Circulation per hour）	2
14	每小时访问人次（Visits per hour）	1
15	每次访问流通量（Circulation per visit）	1
总计		29

6.4.3 英国公共图书馆评价标准

2001年，英国文化新闻体育部颁布了公共图书馆服务标准，目的在于清楚明了地将图书馆机构的法定责任界定为提供“全面而有效的服务”，同时第一次为图书馆建立一个绩效监测框架。该标准在《未来框架》出版后于 2004 年首次修订，以确保在地方图书馆提供品质服务的情况下，反映新战略且没有增加不合理的行政负担。该标准是一套基于核心活动绩效的目标集，共有 10 个评价指标。这套服务标准于 2006 年进行了第二次修订，2008 年进行了第三次修订（见表 6 – 5）[14]。

表 6 – 5　英国的公共图书馆服务标准

指标	最低标准或目标
指标 1：固定图书馆一定距离内能覆盖的家庭比例	在距离每一个预定的图书馆站点 0.25 英里（1 英里 = 1.609344 千米）之内或者每一个其他服务点（对于所有图书机构类型）1 英里之内的住户数量都应该确定清楚；在距离固定图书馆，流动图书馆，以及其他服务点一定距离的住户的比例。
指标 2：所有图书馆平均每千人拥有的累计开放时间	128 小时
指标 3：能够提供互联网信息资源的图书馆比例	100%
指标 4：拥有互联网接口和提供联机书目查询服务的电子工作站（包括可供公众使用的固定图书馆、流动图书馆以及其他服务点）应达到每万人拥有数量	6 个或以上
指标 5：图书预约	指标： ①7 天内可获取图书的比例 ②15 天内可获取图书的比例 ③30 天内可获取图书的比例 目标： ①50% 在 7 天内到 ②70% 在 15 天内到 ③85% 在 30 天内到

续表

指标	最低标准或目标
指标6：平均每千人到馆人次	目标： ①内伦敦区7650人次（或增加6800人次） ②外伦敦区8600人次 ③大都会区6000人次 ④自治区6300人次 ⑤郡治区6600人次
指标7：16岁及16岁以上读者对图书馆服务的评价	非常好；好；尚可；差；非常差
指标8：16岁及16岁以下读者对图书馆服务的评价	好；尚可；差
指标9：每千人每年新购馆藏	216种
指标10：流通馆藏替换年限	6—7年

6.4.4 我国公共图书馆评价标准

我国的公共图书馆评价标准以《国家图书馆绩效评估指标体系》和"公共图书馆评估系列标准"为代表，采用分层评估定级方式实施。公共图书馆评估系列标准已于2012年被正式立项为文化部行业标准研制项目。

6.4.4.1 《国家图书馆绩效评估指标体系》

2000年，由国家图书馆研究起草的《国家图书馆绩效评估指标体系》，内容分资源、基础业务工作、业务研究、管理、读者服务5大部分。该体系结构严谨，内容详尽，涉及面广，并且将大量能够量化的指标进行了量化，实践中具有很强的实用性和可操作性，是目前我国最具有代表性和权威性的绩效评价指标体系。区别于其他国际标准体系，《国家图书馆绩效评估指标体系》在业务研究部分重点强调了对研究项目、科研成果、馆办刊物、学术论文、专著及学术会议等科研方面的指标设置；在读者服务部分设置了“读者情况”“读者信息反馈”和“读者培训”等指标，同时就“读者信息反馈”进行了关于服务质量的抽样调查，充分体现了国家图书馆对科学研究及读者满意度评价的重视。但是，该指标体系的设置是站在国家图书馆现状和未来发展的高度，从全方位、多角度进行的项目指标设置，在实际操作中应注意灵活掌握和实施[15]。

6.4.4.2　公共图书馆评估系列标准

1.《全国公共图书馆评估标准》

我国公共图书馆评估起步较晚，1993 年文化部社图司主持制定了《全国公共图书馆评估标准》，该评估标准最初仅包括办馆条件，基础业务建设，读者服务工作，业务研究、辅导、协作协调，管理，表彰、奖励 6 个方面的内容。针对每一次评估实践的开展，《公共图书馆评估标准》都会做出相应的调整和修改，如：2004 年首次将“读者满意率”纳入了考察范围，强调了对读者满意度和服务效率的评估；2009 年在一级指标设置上增加了文化共享工程建设，下设省级分中心设备配置、经费投入、资源建设、资源传输渠道、技术培训、指导支中心与基层点建设、服务活动、共建共享、制度建设与管理等评估内容。可见，《公共图书馆评估标准》的具体指标设置是随着图书馆功能拓展和服务深化而不断发生变化的，随着每一次评估实践的不断深入，公共图书馆的评估重心也逐步转向对图书馆的现代化、网络化设施建设和读者服务的考察[15]。

2.《省级公共图书馆评估标准》

我国省级图书馆评估标准是由文化部组织中国图书馆学会等机构制定的用于评估省级公共图书馆的评估标准。该标准 1994 年首次公布，经历 1998、2003、2009 年三次修订，目前使用的是 2009 年由文化部办公厅发布的《省级图书馆评估标准》。省级图书馆评估标准由《省级图书馆评估标准》和《省级图书馆评估标准细则》两部分组成。《省级图书馆评估标准》将评估指标分为“办馆条件”“基础业务建设”“读者服务工作”“业务研究、辅导、协作协调”“文化共享工程建设”“管理”“表彰、奖励”7 大部分，每部分又细分若干二、三、四级指标，合计 128 项评估指标。

本标准设置了评估分值，共计1000分（见表6－6）。在体系结构上，《省级图书馆评估标准》设置了“标号”“指标”“标准与因素”“分值”“备注”等项目，对评估指标的层级、指标名称、测评标准、对应分值进行了明确、详细的规定。《省级图书馆评估标准细则》对每一项评估指标的含义、评估方法及评估要求进行了详细的说明和规定，具有很强的指导性和可操作性[16]。

表6－6　《省级图书馆评估标准》指标体系

指标类别	指标数量（项）	占总指标数量比例（%）	分值（分）	占总分值比例（%）
办馆条件	26	20.3	180	18
基础业务建设	39	30.5	250	25
读者服务工作	29	22.7	270	27
业务研究、辅导、协作协调	14	10.9	120	12
文化共享工程建设	10	7.8	80	8
管理	9	7	80	8
表彰、奖励	1	0.8	20	2
合计	128	100	1000	100

3. 省、地、县级公共图书馆评估标准

自新中国成立以来，全国性的公共图书馆评估活动共进行了4次，分别是在1994年、1998年、2003年和2009年。前两次直接由文化部组织进行，后两次则由文化部委托中国图书馆学会组织进行。每次评估都制定了省、地、县三级图书馆评估指标体系和定级条件（包括三级少年儿童图书馆评估指标体系和定级条件）。三级公共图书馆评估标准中的评价指标体系设置相同，各指标的权重和分值略有差别（见表6－7）。在县级公共图书馆评估标准的基础上，县级公共图书馆评估采用分层定级，并制定了相应的定级条件（见表6－8）[14]。

表 6－7　我国省、地、县级公共图书馆评估指标体系

省级图书馆评估标准		地级图书馆评估标准		县级图书馆评估标准	
一级指标	分值	一级指标	分值	一级指标	分值
①办馆条件	180	①办馆条件	180	①办馆条件	240
②基础业务建设	250	②基础业务建设	220	②基础业务建设	255
③读者服务工作	270	③读者服务工作	310	③读者服务工作	260
④业务研究、辅导、协作协调	120	④业务研究、辅导、协作协调	120	④业务研究、辅导、协作协调	90
⑤文化共享工程建设	80	⑤文化共享工程建设	50	⑤文化共享工程建设	50
⑥管理	80	⑥管理	100	⑥管理	85
⑦表彰、奖励	20	⑦表彰、奖励	20	⑦表彰、奖励	20
分值合计	1000	分值合计	1000	分值合计	1000

表 6－8　我国县级公共图书馆定级必备条件

一级馆必备条件	二级馆必备条件
①馆舍建筑面积不低于 2500 平方米； 城市的区图书馆不低于 2000 平方米； ②年补助经费不低于 40 万元； ③大专以上学历人员数占职工总数的百分比不低于 30%； ④图书年入藏种数不低于 3000 种； ⑤年外借册次（以计算统计为准）不低于 10 万册次； ⑥“现代化技术装备”“自动、网络化建设”两项得分不低于 50 分； ⑦建立规范化文化共享工程县级支中心，文化共享工程建设得分不低于 35 分； ⑧读者满意率不低于 80%。	①馆舍建筑面积不低于 2000 平方米； ②年补助经费不低于 35 万元； ③图书年入藏种数不低于 2500 种； ④年外借册次（以计算统计为准）不低于 8 万册次； ⑤“现代化技术装备”“自动、网络化建设”两项得分不低于 40 分； ⑥建立规范化文化共享工程县级支中心，文化共享工程建设得分不低于 30 分； ⑦读者满意率不低于 70%。

4. 其他公共图书馆评估标准

2007 年 11 月，国家住房和城乡建设部、国家发展和改革委员会批准发布《公共图书馆建设标准》（建标 108－2008），于 2008 年 11 月 1 日起

施行。《公共图书馆建设标准》确立了以服务人口为主要依据确定公共图书馆建设规模的原则，规定根据服务人口为 20 万以下、20 万 ~ 150 万、150 万 ~ 1000 万数量的不同，建设公共图书馆规模分别为 800 ~ 4500 平方米、4500 ~ 20000 平方米、2 万 ~ 6 万平方米。《标准》还第一次确立了未来 5 ~ 10 年我国公共图书馆建设规模控制的主要指标，如人均拥有公共图书馆藏书 0.6 ~ 1.5 册、千人拥有公共图书馆座席 0.3 ~ 2 个、千人拥有公共图书馆建筑面积 6 ~ 23 平方米。《标准》同时还提出了公共图书馆每平方米藏书量、单个阅览座席占用面积、使用面积系数等基本测算指标。此外，《标准》根据调研对各类型公共图书馆的服务半径做了明确的规定。根据大、中、小型馆以读者乘公交车或骑车 60 分钟、30 分钟、20 分钟可以到达为宜，确定其服务半径分别为 9 千米、6.5 千米和 2.5 千米。《标准》的施行标志着我国公共图书馆设施建设开始步入规范化、法制化的轨道，其作为政府规范性文件，将为我国公共图书馆的建设提供决策标准、行为依据和监督检查尺度[1]。

我国国家质量监督检验检疫总局、国家标准化管理委员会 2012 年 1 月批准发布了《公共图书馆服务规范》（GB/T28220 - 2011），该标准于 2012 年 5 月 1 日正式实施，该标准规定了图书馆服务资源、服务效能、服务宣传、服务监督与反馈等内容，但目前还没有与之配套的具体评价标准。因而在评估公共图书馆的参考咨询服务、特殊人群服务、新媒体服务时，缺乏可操作的评价细则。其他如讲座、展览、培训、阅读推广等活动的评价，只能停留在服务数量比较的初始层级[17]。

国家文化部每年都出版《中国文化文物统计年鉴》，其中有关于图书馆事业的投入—产出统计指标对于公共图书馆绩效评估具有重要的参考价值[18]。

此外，国内众多学者的研究都涉及公共图书馆评价指标体系构建，这些研究从不同的角度和层面分别构建了公共图书馆评价的指标体系，对公共图书馆评价实践具有一定的参考价值[1,5,15,18-29]。

6.5　我国公共图书馆评价的特点

我国公共图书馆评价经过多年的发展，正日益完善，并体现出中国公共图书馆评价特色[17,30-34]：

1. 公共图书馆评价活动制度化

我国有组织地开展公共图书馆评估活动，始于 20 世纪 80—90 年代。这一时期，各地根据中央《关于改进和加强图书馆工作的报告》精神，开展了一些具有地方特色的公共图书馆活动评比，如江苏省无锡市 1988 年组织开展的乡镇“红旗图书馆金杯奖”竞赛、1993—1995 年上海地区的基层图书馆评估、定级工作。1994 年 3 月，文化部正式发出《关于在县以上公共图书馆进行评估定级的通知》，并分别制定了省、市、县三级公共图书馆评估标准；次年，又部署开展了省、市、县三级公共少儿图书馆的评估定级工作。此后，文化部组织实施的全国公共图书馆评估定级工作作为一项制度被长期延续下来。这项评估活动涉及各级公共图书馆的建设、管理、服务等多项内容。

2. 公共图书馆评价目的多元化

我国公共图书馆开展评估的初衷并不在于图书馆服务的检查和评价，文化部在历次评估工作中都强调“以评促建”，通过评估活动“加强对图书馆事业的管理，进一步摸清图书馆事业的状况，更好地推动图书馆事业的发展，提高图书馆的工作水平和工作质量，使图书馆工作规范化、标准化”。文化部要求通过评估活动，推动地方政府对图书馆事业的支持，促进公共图书馆办馆条件的改善，提高图书馆设施的现代化水平；走向公共图书馆建设的制度化、规范化；提高图书馆社会地位，扩大图书馆的社会影响。这些作用和意义已经在近 20 年的评估实践中得到不同程度的验证。

由此可以发现，我国公共图书馆评估活动被赋予了特定的内涵，其基础目标指向，即是提升公共图书馆的服务质量与服务效能，在一定程度上却被分散和弱化了。由于评估设定目标所对应的主体各不相同，有些体现了上级主管部门对图书馆的要求，有些反映了图书馆对上级主管部门的期待，还有些覆盖了图书馆与社会公众互动的领域，目标多元的评价要求被杂糅在同一项评估活动中，影响了评估活动的实效。

3. 政府主导公共图书馆评价活动

根据文化部的统一部署，在我国公共图书馆评估活动中，副省级及以上图书馆的评估由文化部公共文化司负责组织实施；地市级和县市级图书馆的评估由所在各省（区、市）文化厅局负责组织实施。具体实施过程中，一般要求组成专家评估组，在图书馆进行初步自评的基础上进行评估。其中，2003 年第三次评估采取了委托行业组织（中国图书馆学会及其各地方学会）进行评估的方式；2009 年第四次评估时委托中国图书馆学会针对评估系列标准制定了评估细则；2013 年第五次评估时委托国家图书馆研究院对第四次评估标准进行了修订。此外，自 2003 年第三次评估时起，增加了用户参与评估的内容（读者满意率调查）。在 2013 年的第五次评估工作中，部分媒体代表还受邀观察了个别评估组的工作。从上述安排的发展来看，我国公共图书馆评估活动的组织实施在政府主导的基础上，逐步呈现出参与主体的多元化特征。但总体而言，所有变化依然是以图书馆和图书馆的行政主管部门为中心，图书馆用户的参与程度还很低。在 1000 分的总分中，用户满意度评价仅占 20 分；在“服务工作”这一单项中，用户满意度评价的分值也不足 5%。

4. 公共图书馆评价指标单一化

虽然我国公共图书馆评价目标和评价主体出现多元化、评价内容出现多样化和复杂化倾向，但公共图书馆评价的核心仍以服务能力为核心。以第五次《省级图书馆评估标准》为例，其中有关服务能力、服务过程和服务结果的评价指标及其分值充分证明了这一点。

（1）服务能力评价指标。目前我国公共图书馆评估仍然侧重于对服务能力的评价。评估标准中，“设施与设备”“经费与人员”“文献资源”“协作协调”4 大部分均应归于此类；另外，“服务工作”部分的数字资源发布情况、可远程访问数字资源占数字资源发布总量的比例，“管理与表彰”部分的事业发展规划、人事管理、志愿者管理、设备物资管理、环境与安全管理，“重点文化工程建设”部分的机构设置、经费投人、人员配备及技术培训、资源建设、设备配置、平台建设等内容，都是以考查图书馆服务能力为主旨的评估指标，占评估总分值的比例超过了 75%。

（2）服务过程评价指标。评估关注的是对各级公共图书馆服务“制度化、科学化、规范化”的指导，对服务方式与内容做了详细规定。“服务工作”部分的内容，似乎寓示了评估主体对“公共图书馆服务是什么”的理解和期待。具体的各指标评分依据，着重于免费开放和基本开馆时间要求以及政府信息公开服务、为领导机关决策提供信息服务、参考咨询服务、为特殊群体服务、网上服务、新媒体服务、读者活动类型和数量以及图书馆书刊宣传和服务宣传的渠道和方式等，占指标分值的 25% 还要弱。

（3）服务结果评价指标。对服务内容和服务方式的规范，能够为各级图书馆提供一个实际可操作的参考指南，从而促进其有针对性地拓展和提升服务质量。国际图书馆界也一直致力于为图书馆各项服务制定专门的指导性规范。但是对于服务评价而言，其最有说服力的部分仍应在于对服务结果的评价。在现行评估标准中，对服务结果的评价指标数量相对较少，主要为简单评价其服务产出的书刊文献外借册次、馆外流动服务点书刊借阅册次、年网站访问量、数据库使用情况；综合评价其服务投入产出效率的人均年到馆次数、每万人年均参与活动次数以及从第三方角度评价其服务质量的读者满意率等。上述指标分值在评估标准总分值所占比例不足 10%。

5. 公共图书馆评价结果的导向作用

我国公共图书馆评估被赋予了多重目标，主要体现公共图书馆评价结果导向作用上。公共图书馆评价的导向作用主要体现在两个方面：一是横向比较后的评比表彰，发挥示范引领的作用；二是纵向回溯整改，实现发展要求。在前一领域，我国公共图书馆评估通过命名一、二、三级图书馆并通报各省文化厅局进行表彰等方式，调动起各级图书馆及图书馆主管部门发展图书馆事业的积极性；同时在操作过程中，组织各地图书馆行政、业务部门负责人与图书馆学专家共同赴各地进行评估，目的是互相交流、互相学习。在后一领域，要求各参评馆对照评估标准中设定的指标，对本馆业务、服务活动进行自评打分，提交评估分析报告，评估组在完成检查后，对参评馆针对性提供整改意见反馈。实践表明，此举对我国公共图书馆事业发展发挥了巨大的促进作用。

6.6 我国公共图书馆评价存在的问题

1994—2013 年，我国公共图书馆先后组织实施了 5 次公开评估活动，在促进公共图书馆事业发展中发挥了重要作用，取得令人瞩目的成绩。但也存在一系列问题，严重阻碍了公共图书馆评价活动的顺利开展，不利于公共图书馆事业健康发展[35]。

1. 公共图书馆评价主体单一

我国公共图书馆评价实行的是政府主导型模式，可说是我国的公共图书馆评价主要行业内部自我评价，缺少社会组织和社会公众的广泛参与，缺乏建立在科学基础上的专门独立的评价机构，这种缺乏读者参与评价、监督的单一化评价主体会存在评价结果失真现象。在具体实施过程中，行政主管部门又委托相关专家组对公共图书馆进行实地考察。大部分评价组织是临时组建起来的，没有一个稳定的组织和团体专门从事公共图书馆评价活动，这种临时性使得一些评价主体无法潜心于评价研究。因此，由于缺乏稳定的评价队伍，我国的公共图书馆评价无论在理论上还是实践上都无法形成比较完善的体系。另一方面，由于一些领导、专家既是评价条例的制定者，同时又充当执行者，这造成评价组成员大都不具完全的独立性，这会使评价结果有失偏颇。图书馆评价主体中读者和馆员代表的缺位，导致整个评价过程中相关利益群体和个人的话语权的缺失，这就使得图书馆评价主体在评价过程中带有很强的主观色彩，难以保持评价态度的科学性和客观性。

2. 公共图书馆评价内容不够全面科学

评价指标是评价内容的载体，也是评价内容的外在表现。要评判公共图书馆评价内容体系是否全面、科学、有效，就应看公共图书馆评价是否建立了一套科学的、行之有效的评价指标体系。我国现行的公共图书馆评估标准存在以下问题：

（1）评价指标没有充分体现科学性和公平性。我国公共图书馆评价指标设置缺乏科学性和公平性主要表现在：①公共图书馆评价指标体系的系统理论构思还有待完善，在对评价指标的选择时忽视了地区发展特征对图书馆发展的影响因素，不管发达地区还是欠发达地区的评价标准都一样，这就因关注绝对数量而忽视了效率，同时也忽视了评价指标的灵活性。如在公共图书馆评估标准中省、市、县三级的指标体系都包括办馆条件、基础业务建设、读者服务工作、业务研究辅导与协作协调、文化共享工程建设、管理、表彰与奖励 7 个部分，且分值设定标准和子项目设置基本一致，但由于不同地区的经济发展水平、人口及读者密度不一样，因而该标准值得商榷；又如在县级馆的服务指标设置中，年外借册次 10 万得满分 30 分，但该指标对于人口只有 5 万和人口达 50 万的县来说，其概念完全不同。②我国图书馆评价侧重对实体资源的评价，致使评价结果往往只能反映一个图书馆的资源拥有量，而资源拥有量又主要取决于该馆的初始建设级别和经费投入，这就形成大馆的评价成绩总是优于小馆的状况，极大地降低了评价指标的可信度和可用度，不利于实现评价的激励作用。③我国现行的公共图书馆评价指标过分强调结果指标、硬性指标，轻视过程指标、潜在指标和软性指标；强调数量指标，轻视质量指标；忽视了对公共图书馆发展的整体评价。

（2）评价指标内容设计忽视对馆员的评价。目前，公共图书馆评价指标中仅从学历、职称等客观方面对馆员进行评价，而馆员在日常工作中的效率和对读者的服务贡献方面几乎没有涉及，对领导班子的规定过于概括，没有做出明确的规定，同时缺少对整个组织环境的评价。同时，关于读者的信息素质教育水平、用户满意度及若干工作的指标虽有涉及但未见细化，也没有放到重要的评价位置。

（3）评价指标体系中全面、协调和可持续发展的评价内容不够充分。现行的公共图书馆评价指标主要强调图书馆馆舍、技术设备、文献收藏量等资源的投入评价，而忽视图书馆在利用这些资源时的产出评价，更没涉及公共图书馆通过开展各项活动对读者产生的影响及影响程度等方面的成效评价。

3. 公共图书馆评价目的与现实存在差距

历次公共图书馆评价，文化部办公厅都要下发《关于开展县以上公共图书馆第×次评估定级工作的通知》，并且对开展县以上公共图书馆评估定级工作的其目都做明确的说明：①加强对图书馆事业的管理；②积极争取改善办馆条件，推动图书馆事业的发展；③努力改进各项业务工作，提高管理和服务水平。公共图书馆评估定级的原始初衷是正确的，但由于其在评估主体、评估标准、评估时间及评估方式等方面存在一定的缺陷，导致原始初衷与现实效果有相当大的差距。这是因为：开展公共图书馆评估的主体是文化行政主管部门，并非是第三方独立评估；评估标准体现出的主要目标还是停留在绩效评估的初级阶段内容——投入规模评估；评估方法还是以定性分析居多，缺乏科学的数据和事实来证明；评估时间是 4 年一次的短期性评估，缺乏长期性和可持续性。

6.7 我国公共图书馆评价的发展趋势

由于我国公共图书馆评估指标体系的目标复杂与多元，评估主体之间的关系离散，各项评价指标之间缺乏关联分析等原因，评估活动在促进公共图书馆服务质量提升方面，还没有充分发挥其应有的作用，可以考虑从以下方面开始逐步完善[17,33-34]。

1. 构建公共图书馆评价多元模式

目前，我国公共图书馆评估活动中，既包含了对政府主管部门的评价，又包含了对图书馆的评价。政府主管部门、图书馆自身、用户或专业学会等第三方组织等，均采用同一套指标对图书馆活动的不同侧面进行系统评价，这一习惯方式也从侧面反映了人们对评估工作的重大期望。但是，指望通过单一的系统评估了解图书馆事业发展的所有问题，这一愿望的科学性理应受到质疑。我们应该思考，根据各个评价主体的需求差异，针对评价对象各自承担的社会职能目标等，分别制定内容相适应的评价标准和方法，构建对当代公共图书馆活动的多侧面、多角度的总体评价系统。

（1）应当将对政府主管部门的评价与对图书馆自身的评价区分开来，分别建立适应其职责和目标的评价体系。其中，对政府主管部门的评价主要着眼于图书馆服务所需各类公共资源的保障情况；对图书馆的评价主要针对图书馆自身服务目标的实现程度，包括服务内容是否完备、服务流程是否规范、服务方式是否有效、服务对象是否满意等。

（2）要鼓励各种评价主体参与对图书馆服务成效的社会化评价，建立适应公共服务特点和要求的图书馆服务评价标准。基于专业活动的科学管理前提，对图书馆专业服务和活动效用的评价，要避免政府主管部门的行政性介入，建议大力推进图书馆行业内部的专业测评，结合社会专业机构的第三方评价等，寻求评价结果的科学性和公正性。关于每一个具体图书馆的服务质量和服务效益，任何评价体系的设计和实施，都应当保证图书馆服务获取对象的参与。由多个评价主体多侧面地开展图书馆服务评价，将能形成重心不同的评价结果。由这些评价结果共同构成的图书馆服务整体效果显示、公共图书馆活动的社会影响等，才能获得真实的揭示。

2. 完善公共图书馆评价标准规范体系

在世界各地 40 年来的图书馆评估实践中，已经形成了诸多相对成熟的评价指标体系，如英国兰开夏中央大学的 MIEL2 项目绩效评价指标体系、美国研究图书馆协会的 E-Metrics 项目评价指标体系、欧洲委员会的 EQUINOX 电子图书馆绩效指标体系以及国际标准化组织的《信息与文献——图书馆绩效指标》（ISO 11620）等。另外，英美等国有一些专门的图书馆服务标准，如英国文化、传媒与体育部制定的《公共图书馆服务标准》，威斯康星州公共指导部制定的《威斯康星公共图书馆标准》等。还有一些国家的图书馆主管部门或行业组织研制了面向不同对象的服务指南类文件，如英国图书馆协会（CILIP 前身）的《儿童与青少年服务：公共图书馆指南》《面向残疾人的图书馆和信息服务》《面向困居家中的人们的图书馆服务指南》等。IFLA 也先后制定了针对不同用户群体的《图书馆聋人服务指南》《医院病人、长期居住在护理机构中的老人和残疾人服务指南》《诵读困难群体图书馆服务指南》《婴幼儿图书馆服务指南》以及服务当代信息与传媒环境的《数字参考咨询服务指南》《展览租借指南》《移动图书馆指南》等。这些文件是在相关领域成熟经验的基础上提炼形成，对于我国公共图书馆活动的各类具体评价标准制定有重要参考价值。我国虽然也先后制定了一系列公共图书馆评价相关标准和规范，但还很不完善。因此，借鉴国内外同行的经验，完善各类公共图书馆评价标准体系，是当前公共图书馆评价活动深化发展的必由之路。

3. 加强公共图书馆评价方法研究与应用

我国公共图书馆评估从实践上来看，大体上采用的是综合评价方法（或称“多指标综合评价方法”），即运用多个指标对多个参评单位进行评价的方法，而多指标综合评价方法是以层次分析法为基础进行的。在多指标综合评价方法中，指标权重或分值主要有主观赋权评价法和客观赋权评价法两种。我国公共图书馆评估采用的基本是主观赋权评价法中的层次分析方法。只是这种层次分析方法的应用，没有建立在科学可靠的研究基础之上，而仅仅是基于主观经验的一种自发选择，其中无论是指标体系的内容设计，还是各部分指标因素之间的权值分配，都缺乏可重复推演的研究和确认。应当指出的是，在公共图书馆评价中并不存在一种单一的评价方法能够将定量分析与定性评价完美地结合起来并有效避免其中主观判断带来的随机性和不确定性。我国公共图书馆评估单一地使用层次分析方法，最为显著的缺陷在于对专家个人经验与认识的自然依赖，在定性指标缺乏评分细则的情况下，同一专家，在不同时间和环境下也有可能出现不同的主观尺度，导致对不同馆的结论差异。因此，基于不同的评价目的，公共图书馆评价所适用的评价方法应有所不同。在综合评价分析方法之外，针对服务投入、服务产出、服务效率、服务效益等不同侧面的评价，可综合运用定标比超、平衡计分卡等方法。而对这些评价方法的运用必须以对这些方法进行深入研究和适应性改造为前提。例如，应用定标比超方法，必须依据图书馆的目标定位及其现实发展基础选择合适的标杆；平衡计分卡方法的应用则要求对图书馆的战略方向及其所处的发展环境有明确的认识等。

4. 规范公共图书馆评价组织实施办法

1994 年以来的历次公共图书馆评估均由文化部确定组织实施办法。

2003 年第三次评估时，文件中有关评估定级工作范围、评估定级标准、评估定级工作的组织领导、评估定级工作方式与步骤等内容已经基本完备。但也存在一些问题，如文件要求成立各级评估工作领导小组，并规定了该小组的职责，但是对领导小组成员结构没有提出基本要求；再如，要求专家评估组对相关图书馆进行实地评估，但对专家资质仅提出了“具有副研以上专业职称，熟悉图书馆评估标准，有一定的评估工作经验，公道、正派”等模糊要求，以致专家组成员的能力与水平参差不齐等。在文化部 2006 年发布的文化行政执法项目中，“项目 27. 县以上公共图书馆的评估定级”中规定，该项行政执法的工作程序应包括：①接收各地报送的评估材料，审阅报送材料内容是否符合文件要求；②制订评估工作计划，根据评估标准进行评估；③审核报送的评估材料是否符合要求、是否齐全，对材料不全或不符合要求的，通知有关单位及时补正；④根据评估标准审核拟进行评估的单位是否具备评估的必备条件；⑤根据评估结果，对照必备条件为参评图书馆定级；⑥对定级结果向社会公示征求意见，发现问题及时核查；⑦公示完成后经过规定程序正式颁布评估结果。但在 2009 年发布的第四次评估定级工作通知中，除对各级图书馆评估时间有明确规定以外，已无各地报送评估材料、材料审核、社会公示等基本程序和要求；历次评估中，各级图书馆均对照评估标准进行了相应的自评工作，但是由于评估定级通知文件中并没有对图书馆自评的方式、方法给出明确建议，也没有对自评报告的内容体例提出具体要求，各地自评之后提交的评估材料形式不一，很多图书馆没有对照评估标准中的各项指标提供具体的业务统计数据或总结说明，因而也给后续的总结梳理和标准修订等工作造成困难。因此，借鉴《全国重点京剧院团评估办法》《全国重点美术馆评估办法》等同类文化服务机构评估工作办法，出台严密的公共图书馆评估实施办法，对评估机构组成、评估专家遴选、评估材料的准备与审查、评估结果的公示与核准以及对评估过程的监督管理等进行详细规范是公共图书馆评价发展的重要方向。

参考文献：

[1]豆洪青.图书馆辐射力评价研究[J].中国图书馆学报,2009(5):42-46.

[2]澄心堂.新书介绍《博物馆的美学经济》[EB/OL].[2015-01-10].http://blog.sina.com.cn/s/blog_4de997d90100ajwi.html.

[3]吴建中.建中读书文化的贡献力[EB/OL].[2015-01-10].http://www.360doc.com/content/11/0226/20/1040309_96393459.shtml.

[4]吴治蓉,何晓阳.两种美国公共图书馆评价系统之比较[J].图书馆学研究,2014(13):95-97.

[5]徐芳,柴雅凌,金小璞.公共图书馆服务绩效评估指标体系构建研究[J].图书与情报,2007(6):37-40.

[6]吴治蓉.中美公共图书馆等级评价之比较[J].图书馆理论与实践,2013(5):86-88.

[7]吕旭霞.国内外电子资源使用与绩效评估研究述评[J].大学图书情报学刊,2008,26(5):83-86.

[8]赵迎红.中美图书馆绩效评估体系的比较研究[J].图书情报工作,2012(17):83-88.

[9]张红霞.国际图书馆服务质量评价:绩效评估与成效评估两大体系的形成与发展[J].中国图书馆学报,2009(1):78-87.

[10]吴正荆,孙颀,吕少妮.美国公共图书馆评价方法在我国区域图书馆评价中的应用[J].中国图书馆学报,2013(3):74-82.

[11]吴治蓉.中美公共图书馆等级评价之比较[J].图书馆理论与实践,2013(5):86-88.

[12]李亚梅.现代图书馆服务质量评价体系构建研究[J].图书馆,2010(4):41-43.

[13]奉永桃,张洪铭.ISO与IFLA图书馆绩效评估指标体系比较研究[J].图书馆论坛,2012(4):144-148.

[14]李海英,蒋永福.我国公共图书馆治理评价制度的弊端及其改进建议六:以我国现行公共图书馆评估制度为背景[J].情报资料工作,2010(5):

15 – 20.

[15]李建霞,陈福蓉.国内图书馆绩效评价指标体系研究[J].图书与情报,2013(1):65 – 69.

[16]余胜.中外图书馆绩效评估指标体系比较研究[J].新世纪图书馆,2013(6):73 – 76.

[17]申晓娟,李丹.公共图书馆服务评价研究——兼论文化部全国县以上公共图书馆评估工作[J].图书馆杂志,2013(9):51 – 57.

[18]朱相宇,杨柳.公共图书馆效率评价指标体系构建研究[J].华章,2014(16):331 – 333.

[19]易程,李春.基于ISO11620图书馆绩效指标的层次分析法评价模型研究[J].大学图书馆学报,2010(2):28 – 32,78.

[20]许文,张亮.网络环境下公共图书馆评价理论及指标[J].图书馆学刊,2007(3):18 – 20.

[21]马方.公共设施空间服务水平评价方法研究:以武汉市公共图书馆为例[J].规划师论丛,2010:98 – 102.

[22]马宁宁,李春明,周晨.基于不同立场的公共数字图书馆服务评价研究[J].情报理论与实践,2013(7):63 – 66.

[23]易红,王祝康,詹洁,苏红.免费开放背景下公共图书馆绩效评价指标体系的构建研究[J].图书馆论坛,2014(9):21 – 27.

[24]石德万,韦江.试论地县级图书馆《评估标准》《评估细则》指标内容之不足[J].图书馆杂志,2005(12):41 – 42,47.

[25]方小苏.图书馆行业的运转结构及其绩效研究——基于评估指标体系的思考[J].图书馆工作与研究,2007(6):78 – 80.

[26]涂以平.基于知识管理的图书馆绩效评价指标体系研究[J].图书馆学研究,2008(11):20 – 23.

[27]张玉亮.基于UML建模语言的公共图书馆绩效评价指标体系研究[J].图书情报知识,2009(7):95 – 98.

[28]金胜勇,周文超.面向用户评估的公共图书馆评估指标体系构建[J].图书馆工作与研究,2010(2):11 – 16.

[29]王慧秋等.建立读者评估指标体系客观评价图书馆绩效[J].图书馆论坛,2005(3):8－11.

[30]晓舟,起众.办好公共图书馆促进地区精神文明建设[J].图书馆杂志,1996(5):44－45.

[31]陈源蒸,张树华,毕世栋.中国图书馆百年纪事(1840—2000)[M].北京:北京图书馆出版社,2004:334.

[32]中国图书馆学会.中国图书馆学会制定公共图书馆评估标准《细则》[EB/OL].[2015－01－12].http://www.lsc.org.cn/CN/News/2006－04/EnableSite_ReadNews13512611143993600.html.

[33]李丹,申晓娟,王秀香,等.新起点　新视野　新任务——第五次全国公共图书馆(成人馆部分)评估定级标准解读[J].中国图书馆学报,2013(2):4－17.

[34]李丹,申晓娟.从评估定级看我国公共图书馆事业发展20年[J].图书馆杂志.2014(7):4－13.

[35]黄天助.谈公共图书馆评估的体系缺陷与改进建议[J].图书情报工作,2011(1):130－134.

第 7 章　数字图书馆评价

20 世纪末以来，随着现代信息技术在图书馆的广泛应用和普及，图书馆发展形态发生了根本性变化，电子化、网络化、数字化成为图书馆发展的基本趋势，数字化、网络化资源和服务在图书馆中的地位日益突出，数字图书馆在全球发展迅速。数字图书馆是网络信息时代人们获取信息和知识的重要来源，目前各国政府都已经认识到数字图书馆的开发和利用对于国家信息化战略和人民生活的重要作用，因而全球大大小小的数字图书馆项目层出不穷。但是，数字图书馆建设是一项高投入的事业，面对如此高的投入，政策制定者、决策者、管理者、资助者等都希望了解数字图书馆建设方面的投入在多大程度上能得到回报，这些已经完成和正在进行的数字图书馆项目究竟有没有达到预期的目的和效果，对用户的价值到底有多大，这些还缺乏一个权威的评价，这使得数字图书馆评价成为一项紧迫的任务。

7.1　数字图书馆

7.1.1　数字图书馆的内涵

20 世纪 70 年代末，美国著名的图书馆学家兰开斯特发表了《通向无纸情报系统》和《电子时代的图书与图书馆员》两部非常有影响的著作，最早引进了电子图书馆的概念。80 年代末计算机和通信技术日臻成熟，特别是到了 90 年代，社会信息化的需求使数字图书馆应运而生。全球数字图书馆的建设大致可划分为三个发展阶段。第一阶段是数字图书馆建设的起始阶段。1993 年 9 月，美国国家科学基金会（NFS）、美国国家航空和航天局暨太空总署（NASA）、国防部高级研究项目局（ARPA）在数字图书馆建设试验项目的基础上联合提出了“数字图书馆倡议”，表明数字图书馆建设已经过了研究、规划、试验并进入了起步阶段。第二阶段是数字图书馆建设的发展阶段。这一阶段以各馆建立各具馆藏特色的数据库、网站为特征，产生了商业性数字图书馆和图书馆开发的数字图书馆。图书馆开发的数字图书馆主要是在一馆内，将本馆具有特色的、没有版权争议的珍本、孤本、稀有本，或有某些特色的文献资源进行扫描，建成数据库、网站，通过网络供读者使用。第三阶段是数字图书馆建设的拓展阶段。数字图书馆建设开始向全球扩展，全球数字图书馆资源共享系统雏形基本形成。数字图书馆经过传统图书馆与数字图书馆相互结合、共存互补的复合图书馆建设之后，已进入数字图书馆建设的第三个阶段。这一阶段的数字图书馆模式新、规模大、资源丰富、技术更先进、服务面广、受益者多、影响深、竞争激烈。这一时期数字图书馆的建设出现了一些新的标志：美国Google 公司与世界 5 大著名图书馆打造全球最大网络图书馆计划（Google数字图书馆）；欧洲为了与 Google 公司抗衡，进行反击，由法国牵头的 19 所国家图书馆共建欧洲数字图书馆，从而使数字图书馆建设跨入一个世界性竞争的新时代[1]。

关于数字图书馆的定义众说纷纭。“什么是数字图书馆?”“什么是优秀的数字图书馆?”由于其内容和含义的广泛性，采用不同的专业视角，其定义、评价标准、结论各不相同。目前还没有一个十分明确的、完整的定义。

美国的 C. 伯格曼将当前的数字图书馆研究分为两大学派，并比较了两者的差异[2]：①研究学派，以满足特定用户群的需要而收集和组织信息，强调信息内容和信息流动控制的动态过程。他们认为：数字图书馆是关于全球网络化信息资源的建立和信息流动的管理，以及特定用户群对信息的有效利用。②图书馆学派，把数字图书馆看作是以数字形式提供服务的一个机构或组织，并考察现有体系结构如何应用新技术和迎接新挑战，注重静、动结合和外在形象的树立。他们认为数字图书馆是一个提供信息资源的组织，包括专业人员及结构、技术手段……并能不断地收集数字文献信息供特定用户群方便和经济地使用。从中我们可以得出一个数字图书馆整体的基本概念：其共同点就是以先进的数字化技术为手段，充分地提供信息以便特定用户群能有效使用。对于数字图书馆来说，重要的是要把系统、信息/藏书和人，以及在数字图书馆设计过程中承担不同项目的人员的理念凝结在一起。

美国的研究图书馆协会将 20 世纪 90 年代前期流行的各种对数字图书馆的定义进行了归纳，认为这些定义具有 5 个共同的要素，为我们理解数字图书馆提供了蓝本[3-4]：

（1）数字图书馆不是一个实体；

（2）数字图书馆需要技术以连接许多图书馆的资源；

（3）数字图书馆与信息资源的联系对用户是透明的；

（4）普遍存取是数字图书馆的目标；

（5）数字图书馆馆藏不限于传统文献，还包括没有相应印本的数字信息资源。

一般认为，数字图书馆是相对于传统图书馆而言的。传统图书馆收集、存储并重新组织信息，使读者能方便地查到所需要的信息，同时跟踪读者使用情况，以保护信息提供者的权益。数字图书馆就是收集或创建数字化馆藏，把各种文献替换成计算机能识别的二进制数据，在安全保护、访问许可和记账服务等完善的权限处理之下，经授权的信息利用因特网发布技术，实现全球共享。可以说，数字图书馆是用数字技术处理和存储各种图文并茂文献的图书馆，它实质上是一种多媒体制作的分布式信息系统，把各种不同载体、不同地理位置的信息资源用数字技术存贮，以便于跨越区域、面向对象的网络查询和传播。数字图书馆的建立将使人们在任何时间和地点通过网络获取所需信息变为现实，大大地促进资源的共享与利用[5]。

简要地说，数字图书馆就是利用先进的数字化技术，将各种类型、各种形态的文献信息转换成数字化资源，并通过网络提供知识传播服务，使处于全球不同地理位置的用户都能实时方便地利用和享受分散在不同存储地点的信息资源[6]。

综合起来看，数字图书馆（digital library）是用数字技术处理和存储各种图文并茂文献的图书馆，实质上是一种多媒体制作的分布式信息系统。它把各种不同载体、不同地理位置的信息资源用数字技术存贮，以便于跨越区域、面向对象的网络查询和传播。它涉及信息资源加工、存储、检索、传输和利用的全过程。通俗地说，数字图书馆就是虚拟的、没有围墙的图书馆，是网络环境下共建共享的可扩展的知识网络系统，是超大规模的、分布式的、便于使用的、没有时空限制的、可以实现跨库无缝链接与智能检索的知识中心[7]。

数字图书馆提供海量的数字信息资源及其服务，通常以文字、图像、视频、声音、多媒体等方式呈现，最终目的是通过网络为用户提供快捷而方便的信息服务和共享服务。数字图书馆在给用户带来了极大便利的同时，其质量问题也日益引起用户和图书馆界的高度重视，因此有必要设计一种专门的评价体系来确保服务质量和用户满意，从而提高数字图书馆的服务质量和服务水平。

7.1.2 数字图书馆的构成要素

数字图书馆是一个发展中的动态概念，是一个复杂的信息系统，因人、因时、因地而不同。因此，Marchionini 在《图书情报学百科全书》的“数字图书馆研究与发展”部分中指出：“数字图书馆在不同群体中有不同意义。”从数字图书馆的构成要素出发可以帮助我们进一步理解数字图书馆的概念，有利于形成数字图书馆评价的基本框架。

国内外业界和学界分别从数字图书馆理解和数字图书馆评价的角度出发对数字图书馆的构成要素进行了剖析。

从实践领域来看，1993 年 DLI 项目将数字图书馆启动工程作为高风险投资，把研究重点定为新技术试验和演示。在 DLI1（1994—1998）项目中，定义元素集中在技术方面，如“经过开发和维护、能够满足用户信息需求的电子知识资源集合”等。伴随数字图书馆项目的不断增多，检索数据维护（主控文档）、数据流、检索结果转换、版权法、用户、服务类型等信息资源管理元素出现于定义阐释中。1995 年“信息基础结构与应用项目”（IITA）数字图书馆专题讨论会提出，“数字图书馆是向用户群体提供经过组织的庞大的信息和知识贮存系统。其信息组织的特点在于用户能够自己组织和使用信息，并且这种能力因数字技术而大大增强”。1997年3月由美国国家科学基金（NSF）的“分散式知识工作环境”专题报告所定义的“数字图书馆”，不仅与信息管理工具具有同等含义，而且构成一个全新的环境，“将馆藏、服务和人集中在一起，用以支持数据、信息、知识创造、传播、使用和保存的全过程”。这一定义显示出DLI 2的发展方向，即以“数据、信息和知识的创造、传播、使用和保存”为数字图书馆的基本职能，从不同方向扩大数字图书馆的社会影响。

从研究领域来看，Tefko Savacevic等（1999）将数字图书馆系统划分为社会、机构、个人、用户界面、系统、信息处理和信息内容7个层面。“系统”和“用户”构成数字图书馆的两端。以用户为中心的数字图书馆层面包括社会、机构和用户个人。用户界面位于系统与用户之间，能够对存取、查询、导航、浏览和交互服务提供支持。以系统为中心的层面包括工程、处理和内容下属层面。这些下属层面的独立性较强[3]。Tefko Saracevic（2000）又综合考察了若干种有代表性的“数字图书馆”的定义之后，列举出数字图书馆评价的要素：数字化藏书、数字资源，选择、搜集、收藏，媒体，分布、连接、链接，组织、结构、存储，解释、表示、元数据，管理，保存，存取，物理网络，分布，界面、交互，检索，服务，可用性，服务范围（如传播、传递、帮助、指南），使用、用户、用户群，安全性、保密性、政策、法律问题、许可权，管理、操作、人员，成本、经济性，与其他资源、图书馆或服务的整合与合作。这些内容几乎囊括了数字图书馆的所有要素和功能，不只是针对某一个有特定目标的数字图书馆，可以为研究者的应用研究和评价实践提供有价值的参考[8]。Fuhr（2001）将数字图书馆研究划分为两个层次：核心内容是“数字图书馆域”（DL Domain）；基础构成元素包括数据/馆藏、系统/技术、用户、使用；围绕核心域形成“数字图书馆研究域”（DL research areas），由图书馆学研究者、系统技术人员、出版商和图书馆系统人员组成，不同学科背景的人从不同角度对数字图书馆要素及其相互关系展开研究。[3] Robert Sandusky（2006）提出了全面评价数字图书馆的框架，包括6大部分：用户、机构、存取、内容、服务、设计与开发。这些都是从研究层面对数字图书馆评价的范围进行的综合概括，提出了多个相对独立的研究方向，对研究者也有很大的启发意义。一般认为，数字图书馆由用户、馆藏和系统（技术）三大部分组成，评价可以从资源管理（包括组织、描述、存取、利用、保存等）、技术支持（包括系统结构、界面设计、硬件和软件技术等）和用户服务（包括各种服务方式的服务质量、效果和用户满意度等）三个层面进行[3]。

我国学者杨谦认为，数字图书馆是一个完整的有机体，由用户群、使用、数字馆藏和系统技术 4 个要素构成。特定用户群范围决定数字馆藏的范围和内容；数字馆藏的特性决定为之服务而采用的系统技术；数字馆藏对用户群的吸引力和用户群使用这种技术感到是否方便决定着使用状况；一切应以用为中心，从使用中来，到应用中去，是各评价指标的归结点，它是检验和评价数字图书馆的唯一标准[2]。学者徐宽认为，数字图书馆有三个基本构成要素：数字化资源、网络化存取和分布式管理。海量数字化资源是数字图书馆的物质基础，高速数字通信网络是数字图书馆的媒介基础，分布式管理是数字图书馆的组织基础。在全球统一访问协议下，每个数字图书馆都是全球数字图书馆系统中的一个节点，其数字化资源将连为一体，组成一个形态上不定但规模上庞大的图书馆，以便组织和共享全人类的全部知识。其中任何一个节点又都是一个相对独立的数字化信息系统，一般由以下 5 大部分组成，并具备 5 项基本功能，即内容创建和获取、存储和管理、权限管理和认证、访问和查询、信息发布[6]。

7.1.3 数字图书馆的特征

数字图书馆是一个复杂的信息系统，具有如下基本特征[9]：

（1）多学科交叉。福克斯通过分析相关文献列举了与数字图书馆研究相关的 65 个领域。

（2）不同发展阶段并存。数字图书馆经历了一个长期发展过程，以计算机技术、网络技术、数字技术、存储技术等现代信息技术在图书馆的综合应用为标志，在不同的发展阶段有不同的表现形式。数字图书馆研究和实践在从基础研究到具体项目实施的各个阶段同时进行。一些人从事基本实现技术和基本理论问题的研究，另一些人开展应用研究和实践，还有一些人则把数字图书馆置入试验或领域环境中，对其社会方面进行研究，而早期的研究成果也被广泛利用。在相当长一段时期内，数字图书馆都处于从传统图书馆向数字图书馆过渡并且多种形式并存的复合图书馆发展阶段。

（3）分布式异构信息系统。数字图书馆是存在于整个互联网络中的分布式信息系统，且互联网上不同主题、不同规模的数字图书馆并存，一些数字图书馆出现相互融合的趋势，这给数字图书馆的研究和实践带来了新的、复杂的理论、技术、知识产权及经济问题。

（4）规模差异巨大且形式多样。数字图书馆按不同的规模，可以分为微型、小型、中型、大型、特大型数字图书馆，且存在形式各不相同，如图 7－1 所示。

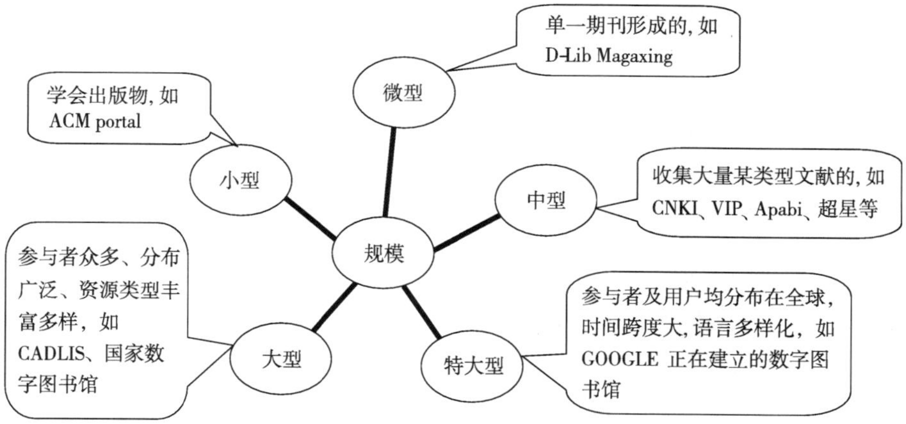

图 7－1　数字图书馆的规模划分及存在形式

7.2　数字图书馆评价

7.2.1　数字图书馆评价的内涵

“数字图书馆”一词出现于 20 世纪 90 年代，并相继出现“电子图书馆”“虚拟图书馆”“多媒体图书馆”“无围墙图书馆”“网络图书馆”等类同术语。21 世纪以来，随着数字图书馆实践的发展，人们对于数字图书馆的认识日渐清晰，并使数字图书馆成为一个快速发展的领域。与数字图书馆研发和建设相比，数字图书馆的评价研究和实践则相对滞后。

评价是一种价值判断活动，是一种合目性的价值判断活动，即判断评价对象对于评价主体有无价值或价值大小。数字图书馆评价是指评价主体通过一系列活动来收集与数字图书馆相关的数据，并对所收集的数据进行分析、处理，采用科学的评价标准和评价方法对数字图书馆建设状况进行判断的一种活动和过程[3]。数字图书馆建设是一项高投入的技术项目和工程，需要加强经费、设备等资源利用的监督和管理，同时也需要提高数字图书馆资源的利用效率，从而提高数字图书馆建设的综合效益。由此看来，数字图书馆评价的目的是评价数字图书馆在何种程度上能满足其目标并提供改进建议，提高资源利用效率和综合效益。数字图书馆评价是一件十分复杂的事情，数字图书馆是一个复杂的信息系统，由多个要素或子系统构成。技术的复杂性、内容和用户的多样化以及评价方法的缺乏，致使目前数字图书馆评价在概念和实践上都是一个巨大的挑战。

7.2.2 数字图书馆评价的意义

数字图书馆评价可以为数字图书馆系统开发和部署提供决策指南，有助于检验数字图书馆是否能适应当前的社会、文化和经济发展的需要，能否满足广大用户的数字资源需求，以及数字图书馆能否健康可持续发展。具体来看，数字图书馆评价的意义主要体现在两个方面。

1. 数字图书馆建设方面

从数字图书馆建设者和管理者方面来看，数字图书馆主管部门在评价中通过制定评价标准，统一行业要求，并引入激励机制，引导数字图书馆沿着科学、健康的方向发展，提高数字图书馆投资效益，促进图书馆可持续发展，使数字图书馆建设更能适应社会发展的要求，满足社会公众的数字文化信息需求。数字图书馆建设部门通过评价有利于提高图书馆的管理水平、服务质量和综合效益，充分利用数字图书馆来满足个人、组织和社会对高质量数字信息资源的需要。此外，数字图书馆评价也是图书馆发展的重要契机，图书馆可以评价为契机，积极争取政府及文化主管部门、教育行政部门、学校主管部门的大力支持，加大图书馆建设的投入力度，保障建设经费，以改善办馆条件、提高服务质量。因此，数字图书馆评价在图书馆资源建设、日常管理、读者服务和社会宣传等方面起着至关重要的作用[3,10-11]。

2. 数字图书馆利用方面

从数字图书馆利用方面来看，用户评价是数字图书馆发展的一个重要组成部分，它对于认识数字图书馆用户群及使用形式和采集分析用户评价信息具有十分重要的作用。美国亚历山大数字图书馆工程（ADL）的重要任务之一就是进行用户评价，用户评价提供了一个非常有价值的用户记录，该记录是数字图书馆用户评价的重要信息来源。用户对数字图书馆的评价可以使数字图书馆提供一种以客户为中心的高质量、低成本持续服务的方法[3,12]。

7.2.3　数字图书馆评价的要素

数字图书馆评价是一个复杂的系统工程，由一系列相互联系、相互作用的要素构成。Saracevic 在《数字图书馆评价：关于概念的发展》中提出了数字图书馆评价的框架，指出了数字图书馆评价的基本要素[13-14]。

（1）评价对象：需要明确评价什么，什么是数字图书馆，它包含的内容是什么，对什么元素（或成分、部分、程序）进行评价。

（2）评价角度：即评价的目的、框架、观点；选择评价标准的关键是什么，选择某个标准的目的是什么。

（3）评价标准：即相应的选择目标所反映的性能标准；性能参数集中在哪一点，评价有什么尺度或特征，使用假定标准专门测度什么。

（4）评价方法：使用哪些测试工具，样本是什么，按什么程序收集数据，怎样分析数据。

7.3　数字图书馆评价历程

7.3.1　国外数字图书馆评价历程

7.3.1.1　实践进展

国外自 20 世纪 90 代中期以来先后开展了多个数字图书馆绩效评估项目并制定了相关指南和标准，为数字图书馆评价积累了丰富的实践经验，这些评价项目主要有[15]：电子图书馆的管理信息系统和绩效评估、欧洲的EQUINOX、欧洲数字图书馆杰出网络（DELOS）和COUNTER项目、美国ARL的DigiQUAL和E-Metrics、由美国国家科学基金会（NSF）和国防高级研究计划局（DARPA）及国家航空和航天局（NASA）联合资助的DLI（Digital Library Initiative，包括DLI－Ⅰ和DLI－Ⅱ）项目、美国存储工程对Perseus的评价、数字化信息定价项目（PEAK）、博物馆教育功能开发计划（MESL）、康奈尔大学图书馆和博物馆馆藏数字化项目、加利福尼亚大学ADL项目、地球科学教育数字图书馆（DLESE）评价项目、英国的图书馆网络服务影响测度体系（SCONUL）、高等教育数字图书馆项目（eLib）、电子图书馆发展评估模型（eVALUEd）、数字图书馆计量项目、电子期刊利用统计的白皮书、网络化环境下国家公共图书馆统计和绩效测度项目、公共图书馆网络统计和绩效测度的国家数据收集模型。如英国的高等教育数字图书馆项目eLib采取开放式评价方法，不仅鼓励用户广泛参与，通过调查法、核心小组、观察研究等方法收集数据，而且通过评价活动帮助设计者了解用户兴趣及所关注的问题。在这些项目的基础之上形成的相关标准成为国际数字图书馆评价实践的行动指南[16－19]：ARL制定的DigiQUAL和E-Metrics标准，英国制定的eVALUEd和SCONUL标准，欧洲发布的EQUI-NOX和DELOS标准，而COUNTER则成为全球参与的数字图书馆评价标准。

7.3.1.2　理论研究

国外数字图书馆评价理论研究比较成熟，理论研究非常注重与实际数图项目的结合，同时注重对数字图书馆服务的评价，特别是以用户为中心的服务质量评价。概括起来，国外的数字图书馆评价研究主要是从两个方面进行的，形成了两大研究派别[3,20]：一是理论派的数字图书馆评价研究。从理论层面对数字图书馆评价进行研究，这种研究并不依附于某个特定的数字图书馆项目，因而具有一定的通用性和实践指导意义。二是实践派的数字图书馆研究。从实践层面对数字图书馆评价进行研究，一般依附于特定的数字图书馆项目，并从特定的数字图书馆项目中归纳、总结出评价经验，因而只对与之相关的评价有参考作用，而不具有普遍性。

1. 理论派的数字图书馆评价研究

理论派的数字图书馆评价研究主要是通过提供一种理论、观点、方法或提供全面的评价指标体系来实现的。其中通过提供一种理论、观点、方法来实现数字图书馆评价研究的主要有[20]：

（1）Kilker 和 Gay 提出了科技社会结构理论 SCoT（The Social Construction of Technology），即不同社会组织对科技的发展和应用持有不同的观点，并将这一理论应用于数字图书馆评价实践，这一评价被看作是通向以系统和用户为中心的数字图书馆评价的桥梁。它认识到与数字图书馆相关的所有用户对数字图书馆都有不同的解释，他们使用不同的术语，并对数字图书馆有着不同评价。评价使用的标准是：相关社会组织和观点的个性化。

（2）Jane 提出了将评价和数字图书馆管理相结合的方法。在该方法中，评价作为一种管理工具，应和图书馆以及上级部门的管理文化相结合。该方法从战略计划和图书馆管理的角度来重新认识评估的角色，强调在实践中进行评价，并将评价作为管理的基础，主要通过计算机自动产生的数据及用户调查（网络、电话等）方式来实现评价数据的获取。

（3）Elsevier Science 公司的 Michael Mabe 教授以市场营销策略的观点来看待数字图书馆问题，从“谁正在使用什么，怎样使用，为什么使用”的视角切入，将数字图书馆的成分划分和市场分割相类比，得出数字图书馆由用户（Who）、馆藏（What）、技术（How）、使用目的（Why）4 个要素组成，其中用户及其使用目的预先决定了数字图书馆的馆藏和采用的技术，数字图书馆评价应该反映出这 4 个方面的情况；同时提出了数字图书馆的评价机制应该独立于其他评价方法，并且是相关的、可测量的。

通过提供全面的评价指标体系来实现数字图书馆评价的研究主要有：

（1）Robert Sandusky 提出了较为全面的评价数字图书馆框架，包括 6 大部分：用户（范围、一致性、适合度），机构（管理、类型、经济模型、任务），存取（收费模式、可视化、连续性、一致性），内容（范围、满足用户需求度、一致性、组织、具体化、数字内容、资源、限制），服务（交互、分析、合作、馆藏发展、参考），设计与开发（设计方法、设计周期、用户咨询)。

(2) Tefko Saracevic 在综合分析不同的“数字图书馆”的定义后，提出了数字图书馆评价应涉及的指标因素：数字化藏书、数字资源，选择、搜集、收藏、媒体，分布、连接、链接，组织、结构、存储，解释、表示、元数据，管理，保存，存取，物理网络，界面、交互，检索，服务，可用性，服务范围（如传播、传递、帮助、指南)，使用、用户、用户群，安全性、保密性、政策、法律问题、许可权，管理、操作、人员，成本、经济性，与其他资源、图书馆或服务的整合与合作。Saracevic 认为：数字图书馆是个复杂的整体，许多方法都适用于其评价，但每种方法都有其优缺点，因此，实际上并不存在着一个最佳的评价方法。Saracevic 于 2004 年发表了《数字图书馆评价研究综述》一文，并于 2005 年在克罗地亚“数字时代图书馆”国际会议上以“如何评价数字图书馆”为题，再次重申他的主要观点。他从构建、环境、尺度和方法 4 个角度，分别对当前数字图书馆评价的研究成果加以概括和分析，其主要内容有 7 个方面。

(3) Fuhr 和 Hansen 等提出了一个包含数据/馆藏、系统/技术、用户和使用 4 个方面的评价框架。

(4) Tsakonas 和 Kapidakis 等测试了数字图书馆组成要素的交互作用，并构建用户与数字图书馆的交互关系模型，如图 7－2 所示。通过这个关系图可看出数字图书馆包括的评价要素有：可用性、有效性和系统性能（结构、角度、标准和方法论）和一些与数字图书馆评价相关的基本问题（为什么评价、如何评价、评价什么)。

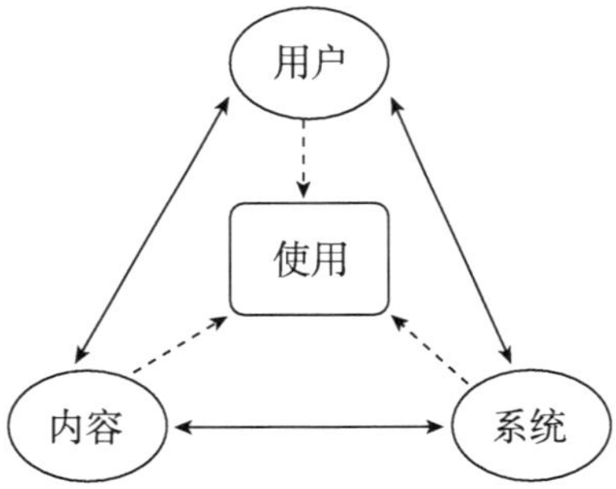

图 7－2　用户与数字图书馆的交互模型

2. 实践派的数字图书馆评价研究

实践派的数字图书馆评价研究根据其应用范围或研究目的又可分为两种：一是为本项目的研究服务，并将评价作为数字图书馆项目的一个环节来对待；二是可为其他项目的研究服务，主要体现在测试数据、工具的提供等方面。

数字图书馆项目中包含数字图书馆评价研究的主要有[20]：

（1）Perseus 从用途、可用性和技术的角度对项目进行的评价是早期使用时间最长的实用数字图书馆评价方法之一。该方法通过调查、访问、文档分析、学习分析等手段来获得评价信息。内容集中在4个方面：学习、教学、系统（运行、界面、电子出版）和内容（范围、准确性）。评价标准包括：是否有助于丰富和加强学习内容、物理设施是否完善、基本概念框架是否清楚、能否对原有系统形成新的挑战等。评价目的在于改进数字图书馆在教学和研究过程中的服务质量。

（2）知识电子获取定价 PEAK（Pricing Electronic Access to Knowledge）项目，该项目不但包含了对使用的评价，而且包含了许多其他方面的评价，特别是对经济因素的评价。评价标准包括：存取能力（向不同对象小组提供不同的期刊存取方式）、定价（不同模式）、收益和成本等，该项目使数字图书馆评价延伸到经济效益分析领域。

（3）加利福尼亚大学的 ADL（Alexandria Digital Library Project）项目通过用户调查、目标用户群分析、人种学研究（ethnographic studies）、注册数据分析、日志分析等方法，对数字图书馆的评价进行了一系列关于“可用性”和“操作功能”相关的研究。在该项目中，研究者对一系列不同地区的用户进行了考察，目的是了解数字图书馆的可用性及其功能的个性化设计，以改进数字图书馆的设计方案；确定项目的完成目标和建设重点，并据此设计用户界面。此外，该项目的研究者还通过对用户日志的研究来判断数字图书馆的可用性。该项目以用户日志为信息来源，在评价用户需求的同时调整馆藏发展策略。项目还采取在线调查、核心小组等定性方法描述系统设计特征、可用性功能等。ADL 以用户反馈、用户界面交互为重点，用“可用性”和“操作功能”为主要评价指标，把评价作为系统设计的有效环节，把来自用户的反馈信息作为调整系统设计的有效措施。

（4）加利福尼亚大学参与的另一个项目也对数字图书馆的评价进行了研究，评价着眼于用户在特定情况下的行为，通过用户访谈形式在特定场景中观察用户行为，了解用户在特定社会环境中所使用的工具和技术。其最终目的是了解用户在特定环境中对数字图书馆的兴趣、使用数字图书馆的行为能力、信息查询机会和局限性，以便最终确立数字图书馆的发展目标。评价重点是社会环境及用户行为。

（5）伊利诺伊州大学以用户行为和用户对检索资料的使用情况作为评价标准对数字图书馆的评价进行了研究。以期刊论文的使用为评价重点，研究读者怎样在印刷和数字环境中，识别、检索、阅读和使用论文资料。项目启动初期，成立了用户评价小组，从人文科学角度研究计算机系统使用情况，根据工作和用户行为评价数字图书馆的可用性。

（6）在 DLI－Ⅰ的基础上 DLI－Ⅱ涉及了更广泛的项目评价。例如，数字地球原型 ADEP（Alexandria Digital Earth Prototype），通过矩阵比较评价信息技术、测试算法、构建测度和评价指标体系，并将评价作为系统开发的一部分。主要涉及两个方面的指标：一是对人类智力发展的贡献（能否促进学习和理解；工作质量评价标准是什么；相关活动和原创概念是什么；如何构思和组织活动；是否拥有充分的资源存取能力）；二是对研究活动的影响程度（对教学、培训和学习理解有什么促进作用；如何扩大参与人群，如性别、种族、残疾人、地理位置等；在什么程度上扩大研究和教育基础，如设施、设备、网络和合作；如何传播和扩大科学和技术知识；对社会将产生什么影响）。

（7）英国电子图书馆工程（eLib）评价。eLib 项目以电子媒体和网络技术为基础，对高等教育改革和学术创新提供支持。eLib 采取开放式评价方法，鼓励用户广泛参与。eLib 项目评价分为几个部分：执行或咨询小组、结构化和系统化反馈渠道、评价计划和设计。执行小组对项目具有决定性影响，其决策影响或改变着项目的发展方向，并能够促进评价结果在产品或服务中的应用。评价数据收集方法包括调查法（面谈和问卷调查）、观察和实地研究、核心小组等定性和定量方法。评价指标分布在项目期待、收益、投资回报和效果评价等不同层面。

可为其他项目提供测试数据、工具的数字图书馆评价项目有：

（1）测试套件（Dlib Test Suite）。它通过异质信息资源集合，为评价提供跨系统交互操作测试环境，促进系统交互能力评价研究的展开。测试套件以“有用性”为原则，为数字图书馆的研究质量、可用内容和技术测试提供资源。测试内容分为 3 个层次：系统（系统与用户的交互能力、系统扩展能力、异质信息处理能力、信息可移植性、可靠性和集成性）、用户（馆藏特指性、及时性、用户努力程度、效果、可用性）和内容（效率、信息更新程度）。

（2）跨语言评价论坛 CLEF（Cross-language Evaluation Forum）。由于全球数字图书馆所提供的信息用不同的语言来表示，跨语言检索 CLIR（Cross-language Information Retrieval）是一个非常重要的内容，相应地出现了跨语言评价研究。跨语言评价主要通过以下两种方式来支持全球数字图书馆应用：一是提供一个单语言/多语言环境的测试、评价基础；二是创造一个可重用数据的测试工具，系统开发者可使用该工具来达到基准目标。

（3）元图书馆和数字图书馆计划 MDLS（Meta-library and Digital Library Schema）。在欧盟的资助下，几个优秀的数据集/馆藏得以创建。为了使这些资源的利用最大化，DELOS-NoE（DELOS Network of Excellence）试图创建一个测试工具和评价方法来供其他研究者使用。评价测试分布在 4 个层面：数据/馆藏、系统/技术、用户、使用。在欧洲数字图书馆测试套件中已有 35 个“元图书馆”为新技术的研究和发展提供测试数据。测试套件是数字资源比较的基础。DELOS 工作小组认为，应在全欧洲范围内建立共同的评价资源，形成具有整体特点的评价矩阵。

（4）XML 检索评估计划 INEX（Initiative for the Evaluation of XML Retrieval）[23-25]：数字图书馆文献大多数采用 XML 格式，INEX 为 XML 文档信息检索方法提供评估。主要任务涉及内容查询的检索和包括内容及目标元素结构的检索。

（5）ARL（Association of Research Libraries）新评价项目将数字图书馆的评价体系定为28个，根据指标的性质，共分成6组：市场渗透度（主要考察使用人群的比例，哪些服务被使用，使用的频率以及使用的地点）、电子服务的提供（主要考察电子资源、设备的使用情况）、电子服务用户（考察电子图书馆提供的服务是否满足用户需求）、对用户的支持度（评估对用户的培训服务）、人力资源（职员技能提高/技能培训评估）、电子服务的费用（评估电子资源设备是否有效益）。

7.3.2 我国数字图书馆评价历程

我国的数字图书馆评价实践和理论研究起步比较晚，尽管我国已经实施了中国数字图书馆工程、国家科学数字图书馆工程、高校数字图书馆工程等多项数字图书馆项目，但在数字图书馆评价实践方面尚未出现与我国数字图书馆发展匹配的专门的数字图书馆评价项目，主要以介绍国外数字图书馆评价项目为主，或者在原有的图书馆评价体系中增加数字图书馆评价的内容。

我国的数字图书馆评价理论研究比较活跃，近年来，数字图书馆评价问题一直是我国学术界和图书馆界关注的热点。从整体来看，我国的数字图书馆评价研究主要是从宏观和微观两个层面进行的[9,21-23]。

1. 宏观层面和整体角度的评价研究

从宏观层面和整体角度研究数字图书馆评价是把数字图书馆看成是一个完整的系统或体系，从整体角度研究数字图书馆的评价问题，如评价理论、评价指标和评价方法等。代表性的研究内容主要有：①系统地介绍国外数字图书馆评价实践和理论研究，这些数字图书馆评价项目和理论研究成果如前所述；②以某一种理论、观点或方法为基础构建数字图书馆评价体系，如基于信息构建（IA）、基于QFD和Kano模型、基于模糊集、基于平衡记分卡方法、基于层次分析法等的数字图书馆评价指标体系构建；③以图书馆为中心和以用户为中心构建数字图书馆的评价体系：一类是站在图书馆的角度——即信息提供与服务者的角度——从整体上提出数字图书馆评价的指标体系或评价对象，主要包括馆藏或信息资源、技术（系统集成、网络等）、服务或功能、管理、法律、效益、标准等评价要素；另一类则是从用户——即信息使用者的角度——来建立评价体系，把网站界面的合理性、交互性、易用性及友好性，用户反馈评价，信息利用效率，提供检索途径等与用户关系较为密切的要素作为评价指标。尽管这些研究还不很完善，但仍具有一定的参考价值。

2. 微观层面和单个要素的评价研究

我国的数字图书馆评价研究更多的则是以某个特定的数字图书馆为评价对象或是针对数字图书馆体系结构中的某一要素或要素的某一方面进行评价研究。这些研究主要集中在以下几个方面：①以某个特定的数字图书馆为例的评价研究较多，如以某大学数字图书馆为例；②以数字图书馆的某一要素为评价对象进行研究的较多，如数字馆藏、电子资源、数字资源、数字图书馆系统、网站、服务、用户评价等；③有些以数字图书馆的某一方面为评价对象进行研究，如数字图书馆服务质量、电子资源计量与使用（如电子期刊、数据库）、用户满意度评价等；④也有针对数字图书馆评价的某一方面的研究，如评价指标、评价方法等。

7.4　数字图书馆评价体系

7.4.1　国外数字图书馆评价体系

欧美国家数字图书馆比较发达，开展了一系列数字图书馆项目，围绕这些数字图书馆项目形成一系列数字图书馆评价标准和体系，推动了国际数字图书馆评价标准和体系的产生（见表7－1）。

1. 国际数字图书馆评价体系

ISO 11620：1998颁布之时，有关数字图书馆绩效评估指标并没有得到广泛应用与有效验证，标准在第一版中省略了相关内容。如图书馆评价国际标准《图书馆绩效指标标准》（ISO 11620：1998）和《学术图书馆绩效评价国际指南》（IFLA，1996），主要用于图书馆服务评价。其中的外借时间、外借数量等不适应于数字图书馆评价。《信息与文献国际图书馆统计指标》（ISO 2789：2002）采用“日志”指标，如用户请求的IP地址、认证信息、时间、交易的成功状态和交易量，链接、计算机浏览和操作系统等，测度电子图书馆服务状况，通过使用时间、成本、数据流量和系统性能等，评价电子图书馆信息组织、用户需求、服务差距和功能底线。但随着互联网的发展，数字图书馆得到推广，图书馆投入了大量人力物力用于数字资源服务，图书馆急需有关数字服务评价指标，以评测服务质量的好坏，促进数字图书馆发展。因此，ISO 技术委员会在借鉴已有数字服务绩效评价指标体系的基础上于 2003 年颁布了 ISO/TR 20983：2003——数字图书馆服务绩效指标。该指标体系共包括 15 项评价指标，这一标准的颁布进一步完善了 ISO 图书馆绩效评估体系[24]。

表 7-1 国外数字图书馆评价项目及评价标准

标准/项目名称	主要内容	指标数	特点
ISO 2789：2002《信息与文献国际图书馆统计指标》	图书馆电子服务使用评价，包含 4 个核心指标（任务数、下载数、访问数等）和 4 个可选指标（检索次数、拒绝次数）	8 个	客观静态指标为主，缺乏投入、人员、效果方面的评估，从设立的角度看也略显过时
NISO Z39.7 - 200X《信息服务和利用：图书馆计量》	这是一套完整的图书馆业务统计测度标准，其中部分指标涉及图书馆的数字资源和服务	23 个	罗列了图书馆常见的数字资源类型、访问统计、相关服务、培训等内容，难以与时俱进
美国研究图书馆学会（ARL）“电子图书馆评价项目（E-Metric）”	“数字资源使用评价指标体系”，重点在于获得统计数据	20 个	功能上较为完整
ISO 11620（1992/1998）《图书馆绩效指标标准》	传统图书馆评估的标准，涉及图书馆服务满意度、读者服务、技术服务、人力资源等	5 大类 29 个指标	基本不涉及数字图书馆相关内容，如信息服务、数字资源及提供等

续表

标准/项目名称	主要内容	指标数	特点
欧洲图书馆绩效评价和质量管理系统项目（EQUINOX）（1998）	“图书馆数字资源服务绩效评价指标体系”大致分为 5 类 14 个指标：数字馆藏使用类、服务成本类、基础设施类、人力资源培训类和用户满意度类	14 个	可以看成是对 ISO 11620 的补充。指标较为综合，但一些指标的获得性较差，比较烦琐
ARL 在线网络电子资源使用统计（COUNTER：Counting Online Usage of Networked Electronic Resources）	对数字资源的联机使用进行了规范	定义了 55 个相关词汇，规范了 8 种报告格式，并规定了报告级别	制定者希望建立一套独立的、能被国际上广泛接受的网络数据库使用统计“实施规范”，然而技术变化太快，原有的电子资源应用模式已经发生了很大的变化
SERVQUAL/ LibQUAL+/ DigiQUAL	SERVQUAL 是一套应用于各类服务性机构的用户满意度测评体系，包括指标和方法。LibQUAL+ 是 ARL 应用 SERVQUAL 进行传统图书馆内容和服务的评估的一套必改进的评估体系；DigiQUAL 是 ARL 为评估美国 NSDL（国家科学数字图书馆）成果而研发的评估体系	LibQUAL+ 22 个问题	以大规模用户调查为依据，把图书馆服务质量分为 5 个方面：服务效率、可靠性、整体环境、馆藏提供和获取信息的途径。目前主要分为服务效果、资源控制和图书馆环境三大类

2. 欧盟的数字图书馆评价体系

欧盟委员会的 EQUINOX 项目自 1995 年开始，便制定了数字图书馆服务业绩指标。EQUNIOX（Library Performance Measurement and Quality Management System）项目致力于图书馆绩效指标和质量测度的开发。其主要目的是扩展 ISO 11620，使之适应电子图书馆评估的需要。该项目包含 4 项主要成果：①一套绩效评价指标，包括计算指标的方法指导；②用于评价绩效的软件；③质量管理框架；④XML 的数据类型定义（DTD），用于解决数据互操作性问题。1997 年，欧盟制定《图书馆电子服务统计指标》，用电子图书馆服务人口比例、平均每人每月注册电子图书馆服务数量、人均每月获取电子文献数量、电子图书馆服务平均注册成本、电子文献提供平均成本、图书馆计算机工作站使用率、系统可用性、信息技术在图书馆全部支出中所占比例等 14 项指标测度图书馆电子服务。

欧洲数字图书馆杰出网络（DELOS）是欧洲信息科学和数字研究联盟的下属组织。从 1997 年开始，DELOS 在欧盟和美国国家科学基金（NFS）的资助下，连续举办了 9 次数字图书馆评价论坛，从评价资源、评价标准和评价方法等不同方面对数字图书馆评价展开全方位研究，以便引导和预测欧洲数字图书馆的未来。1999—2002 年 DELOS 完成了三次大规模评价：跨语言评价论坛，元图书馆、数字图书馆 INEX 评价，XML 检索测试版[25]。

欧盟第五次信息社会技术计划发起了一个“数字图书馆优秀网络”（DELOS Network of Excellence on Digital Libraries）项目，“数字图书馆评价论坛”（Digital Library Evaluation Forum）是该项目下的 5 个论坛之一。他们认为，对数字图书馆而言，评价就意味着为数字图书馆的各个组成部分规定具体的指标以及对这些组成部分进行新的组合，以便衡量其各方面的性能，包括互操作能力、元数据和资源发现、多语种访问等。该项目组于 2002 年 6 月在匈牙利召开了一个有关数字图书馆评价的工作会议，来自欧盟和美国的许多专家就用户和用户界面、具体背景下的评价、指标体系和评价试验、数字图书馆服务和可量测性的评价这 4 个主题进行了讨论。会议最后总结出互为补充的两大论题，一是指标体系和试验平台，二是具体数字图书馆应用背景下的评价，实际上提出了数字图书馆评价标准的制定和应用问题。

欧盟信息社会第六框架计划（6th Framework Programme）（2002—2006）将研究（Research）、评价（Evaluation）、标准化（Standardization）、培训和技术转换（Training and Technology Transfer）、国际合作（International Cooperation）作为信息化社会建设重点，对数字图书馆予以倾斜性资助，

使数字图书馆成为欧洲教育和文化遗产保存计划的重要形式[26]。

3. 美国的数字图书馆评价体系

美国的数字图书馆发展较为成熟，开展了为数众多的数字图书馆评价，形成了较为完善的数字图书馆评价标准和体系。影响较大的数字图书馆评价项目有：美国 ARL 的 DigiQUAL 和 E-Metrics、由美国国家科学基金会（NSF）和国防高级研究计划局（DARPA）及国家航空和航天局（NASA）联合资助的 DLI（Digital Library Initiative，包括 DLI－Ⅰ和 DLI－Ⅱ）项目、美国存储工程对 Perseus 的评价、数字化信息定价项目（PEAK）、博物馆教育功能开发计划（MESL）、康奈尔大学图书馆和博物馆馆藏数字化项目、地球科学教育数字图书馆（DLESE）评价项目等。其中最有影响的数字图书馆评价体系是 ARL 制定的 DigiQUAL 和 E-Metrics 标准。1990 年，ARL（Association of Research Libraries）制定了《学术图书馆绩效评价标准》，包括用户满意程度、藏书的提供与使用、机器设备的使用情况以及信息服务 4 大类 15 项标准。2000 年 7 月，ARL E-Metrics 项目开始，目的是开发一套核心网络统计量和绩效指标。根据在 16 家图书馆中开展的实地测试的结果，该项目提出了一套网络统计量和绩效指标。E-Metrics指标体系共有 20 个项目，其中包括 4 大类 17 个统计量，另外还有 3 个推荐使用的绩效指标。2000 年，ARL 推出了 LibQUAL+TM评价模型。LibQUAL+TM提供了对图书馆服务质量的客观评价方法，通过重复测试来监控和检测服务质量的改进实效，以用户满意度作为衡量服务质量的重要标准，体现了“用户至上”的服务理念。SCONUL 等就利用了 LibQUAL+TM的调查来提高服务水平。通过 4 次实验而最终形成的 3 个维度 22 个指标的 LibQUAL+TM被证明对数字图书馆的服务评价具有很强的适用性。

4. 英国的数字图书馆评价体系

英国通过不同的数字图书馆项目组制定了数字图书馆绩效评估标准和指标体系。在图书馆网络服务影响测度体系（SCONUL）、高等教育数字图书馆项目（eLib）、电子图书馆发展评估模型（eVALUEd）等数字图书馆项目的基础上，英国制定了 eVALUEd 和 SCONUL 数字图书馆评价标准。eVALUEd 是由英国高等教育资助委员会资助的数字图书馆发展评价模型项目，电子信息服务评价指标框架是该项目所完成的主要内容之一，涵盖了数字图书馆的各个方面，是从整体上把握数字图书馆评价。英国高等教育资助委员会资助2000 万英镑，计划用5 年时间开发“高等教育数字图书馆”（eLib），其研究重点不是新技术开发，而是如何将信息和网络技术应用于高校图书馆工作实践。电子图书馆工程以期刊资源、引文索引、灰色资料存取为研究重点。评价分为“创新”和“实用”两个方面。eLib 项目以电子媒体和网络技术为基础，对高等教育改革和学术创新提供支持。eLib 采取开放式评价方法，鼓励用户广泛参与。通过对技术和理念的创新，更清楚地揭示数字图书馆的发展方向。通过评价帮助系统设计者了解用户兴趣及所关注的问题。eLib 项目评价分为几个部分：执行或咨询小组、结构化和系统化反馈渠道、评价计划和设计、执行小组对项目具有决定性影响，其决策影响或改变着项目的发展方向，并能够促进评价结果在产品或服务中的应用。核心小组成员包括用户代表、学校高级管理人员、学科带头人、中间和终端用户代表（图书馆和教学人员）、出版商及其他相关领域负责人[26-27]。

7.4.2 我国数字图书馆评价体系

我国的数字图书馆评价实践和研究开展比较晚，始于2001 年，尚未形成完整的数字图书馆评价标准和体系。我国数字图书馆评价体系主要包括两个方面：一是借鉴国际标准开展数字图书馆评价；二是试图构建我国自己的数字图书馆评价体系。

1. 借鉴国际标准开展数字图书馆评价

2009 年，我国采用“ISO 2789：2006”作为国家标准 GB/T13191（2009）《信息与文献——图书馆统计》；2010 年，国家图书馆发布了《图书馆数字资源统计标准和应用指南》，作为国家数字图书馆工程标准规范建设项目成果之一，其建立了数字资源统计整体框架，不但定义了相关术语和统计指标内容，而且提出了统计方法和统计数据报表，规范了数字资源的馆藏、服务、设施和经费统计。该标准立足于实际业务需求，基本遵循国际标准，具有较强的科学性、适用性和可操作性。[28]

2. 构建我国的数字图书馆评价体系

国家计委、教育部、财政部于 2002 年 9 月下发《关于“十五”期间加强“211 工程”项目建设的若干意见》的文件中，将“中英文图书数字化国际合作计划（CADAL）”作为“十五”期间“211 工程”公共服务体系建设的重要组成部分。CADAL 与“中国高等教育文献保障系统（CALIS）”一起，共同构成中国高等教育数字化图书馆的框架。该项目一期建设 100 万册（件）数字资源，国家投入 7000 万元，美方合作单位投入约 200 万美元，“十五”期间已经完成。一期建设由浙江大学和中国科学院研究生院牵头，北京大学、清华大学、复旦大学、南京大学等 16 个高校参与建设，建成 2 个数字图书馆技术中心（浙江大学、中国科学院研究生院）和 14 个数字资源中心（北京大学、清华大学、浙江大学、复旦大学、南京大学、中国科学院研究生院、上海交通大学、西安交通大学、武汉大学、华中科技大学、吉林大学、中山大学、四川大学、北京师范大学），形成一套成熟的支持 TB 量级数字对象制作、管理与服务的技术平台，探索多媒体、虚拟现实等技术在数字图书馆中的应用，推动我国数字图书馆技术达到国际领先水平，为数字图书馆建设与服务的可持续发展奠定了资源和技术基础。2009 年 8 月 14 日，教育部高教司组织有关专家，对浙江大学牵头草拟的《大学数字图书馆国际合作计划可行性研究报告》进行了评审和论证。专家组听取了项目可行性研究报告的汇报，仔细审阅了有关资料，对报告内容给予充分的肯定并一致通过论证。CADAL 项目二期正式立项。二期建设将在一期百万册的基础上，完成 150 万册（件）数字资源，并建立分布式数据中心和服务体系，实现数据安全和全球服务，由国家投入 1.5 亿建设资金，计划在三年内完成。CADAL 项目制定了数字图书馆在线评价标准，即 CADAL 项目标准（CADAL51501 – 2012），发布了评价框架和指标体系，开发了数字图书馆评价网站，开展了尝试性评价实践[29]（如图 7 – 3 所示）。

图 7－3　CADAL 中国数字图书馆评价网站

7.5　数字图书馆评价标准

一个数字图书馆应该包含哪些要素、具备哪些特征？怎样才算得上是好的数字图书馆？什么是数字图书馆？什么是好的数字图书馆？要回答这样的问题，必须以一定的评价标准为依据。国外数字图书馆的评价标准大都是从一般的数字图书馆项目实践和研究开始，并通过不断修订和完善，提高其适用性和可操作性，逐步上升为国内或行业标准，乃至国际标准。而我国的数字图书馆评价则更多地体现为个性化评价标准，缺乏全国统一的评价标准。

7.5.1　国外的数字图书馆评价标准

7.5.1.1　国际数字图书馆评价标准

国外图书馆界一直重视数字图书馆评价相关标准规范的研制和应用推广，由国际标准化组织（ISO）或其他组织相继出台了一系列标准，为数字图书馆评价提供了一整套的统计和评估工具，使数字图书馆评价活动逐步走向更大范围的标准化。

ISO 2789《信息与文献——国际图书馆统计》和ISO 11620《信息与文献——图书馆绩效指标》是国际上传统图书馆统计和评价的主要标准，为使其能够适应数字图书馆评价的需求，ISO于2006年和2008年分别更新了这两项标准，新版本重点增加了针对数字图书馆资源和服务等方面的统计指标，以及开展和验证评价效果的方法和机制。ISO 2789《信息与文献——国际图书馆统计》附件A——电子图书馆服务使用评价，主要是针对图书馆传统服务以外的电子服务的统计及评价，定义了电子图书馆服务的各种形式、电子信息资源的各种形式、电子服务利用的各种形式。内容包括电子馆藏的评估（Measuring the Electronic Collection）、利用评估（Measuring Use）、电子服务（Electronic Services）、电子服务利用（Use of Electronic Services）、数据调查（Survey Data）等几大方面。2003年发布的ISO 20983《信息与文献——电子图书馆服务绩效指标》，从电子图书馆公共服务、人力资源的有效性与利用两个方面规范了15个指标，对电子图书馆的服务和活动绩效进行测评。除图书馆统计以外，一些国际组织也制定了针对数据库商的评价标准，主要规范数字资源提供者提供的使用统计数据。国际图书馆集团联盟（ICOLC）于1998年11月推出了《基于WEB的索引、文摘及全文资源的使用统计评价指标指南》（ICOLC Guideline），主要针对数据库商提出数字图书馆的统计数据要求，2001年推出的修订版统计指标有所简化，提供了一个更加实用的框架。《COUNTER实施规范》自2002年发布以来，已经被越来越多的出版商所采用，使图书馆有了更可靠、稳定的依据来评价和比较本馆电子资源的价值和使用情况。这类针对数据库商的标准规范现实需求强烈，操作性强，对数字图书馆评价的实践影响也比较大。数字图书馆评价标准问题引起了国际图书馆协会联合会（IFLA）的广泛关注和高度重视，IFLA统计与评估组在2008—2009年战略规划中明确提出，该小组将致力于倡导使用定量的和定性的评估方法和工具，鼓励标准化方法的发展和应用，将与ISO、UNESCO及其他一些国际性组织开展合作，以促进与定标比超和对比分析相关的公认标准的发展和应用。

7.5.1.2 欧洲的数字图书馆评价标准

1. EQUINOX 项目的评价标准

1998—2002 年，EQUINOX 项目针对当时欧洲新的网络及电子资源状况，重点弥补了“ISO 11620：1998”关于电子服务统计评价不足的弊端，提出了电子服务绩效评价的 14 项定量统计评价指标。

EQUINOX 项目，即欧洲图书馆绩效评价和质量管理系统项目。EQUINOX项目以电子服务绩效评价及评价工具为主，针对欧洲图书馆发展和利用新的网络及电子资源的现状，基于传统评价，在质量管理的框架内开展的评价研究工作。该项目包括两部分内容：一部分是设计一套用于普通复合图书馆电子服务绩效评价的指标体系；另一部分是设计一个用于质量管理与绩效评价的软件工具。图书馆可以将有关实际绩效和操作的原始数据输入系统，该系统利用这些数据可以计算出图书馆的绩效指标及预定目标的完成情况。EQUINOX 项目的图书馆电子服务绩效评价指标的设计目的是为了加强和完善 ISO 11620《信息与文献图书馆绩效指标》中传统图书馆服务的评价指标体系，以适应网络环境下图书馆对电子服务绩效评价的要求。项目最初形成的图书馆电子服务绩效评价指标体系包括 34 个指标，进一步的研究讨论认识到这些指标中的一部分归入 ISO 11620 标准中定义的传统指标更合理，还有的一些指标由于可获取性很差也被去掉了，最后于 2000 年 12 月形成了由 14 个指标组成的图书馆电子服务绩效评价指标体系（见表 7 -2）。

表 7 -2　EQUINOX 项目的评价指标体系

序号	指标名称
1	使用电子资源的人数占总服务人数的百分比 Percentage of the population reached by electronic library services
2	服务人群中平均每人使用各项电子服务的时段数 Number of sessions on each electronic library service per member of the target population

续表

序号	指标名称
3	服务人群中平均每人远程使用电子资源的时段数 Number of remote sessions on electronic library services per member of the population to be served
4	各项电子服务平均每一时段被查看的文献和记录数量 Number of documents and entries (records) viewed per session for each electronic library service
5	各项电子资源平均每一使用时段所需的费用 Cost per session for each electronic library service
6	各项电子服务平均查看一篇文献或记录所需的费用 Cost per document or entry (record) viewed for each electronic library service
7	用电子方式提交的信息请求占全部信息请求的百分比 Percentage of information requests submitted electronically
8	图书馆为用户提供的计算机的使用率 Library computer workstation use rate
9	平均每个用户使用图书馆计算机的时间（小时数） Number of library computer workstation hours available per member of the population to be served
10	被拒绝的登录数占所有登录数的百分比 Rejected sessions as a percentage of total attempted sessions
11	用于采购电子资源的经费占全部采购经费的比例 Percentage of total acquisitions expenditure spent on acquisition of electronic library service
12	每个服务对象接受电子资源服务培训的平均时间 Number of attendances at formal electronic library service training lessons per member of the population to be served
13	采购、管理、提供电子资源服务以及培训用户的图书馆馆员占全部员工的比例 Library staff developing, managing and providing ELS and user training as a percentage of total library staff
14	用户对电子资源及其服务的满意程度 User satisfaction with electronic library services

2. COUNTER 项目的评价标准

COUNTER 项目即网络电子资源在线使用统计。COUNTER 是由欧盟图书馆界、出版界和中间商共同发起的关于网络电子资源在线使用统计的研究项目，其目的在于为在线信息服务商和用户提供可靠的、一致的、兼容的使用统计标准和方案。COUNTER 目前已先后发布了“期刊和数据库实施规范”及“图书和参考资料实施规范”。《COUNTER 期刊和数据库实施规范》（第二版）规定了期刊的 4 个使用报告及数据库的 3 个使用报告，即期刊报告 1：每月每种期刊成功的全文请求量；期刊报告 2：每月每种期刊被拒绝的全文请求量；期刊报告 3：每月每种期刊、每种页面类型的各项请求与被拒绝量；期刊报告 4：每月每个集合的总的检索次数，包括被保存的、被修改的，以及检索结果为零的检索次数；数据库报告 1：每月每种数据库的总的检索及会话量；数据库报告 2：每月每种数据库的被拒绝请求量；数据库报告 3：每月每个集合的总的检索及会话量。《COUNTER 图书和参考资料实施规范》（第一版）规定了出版商必须提交的 6 个使用报告，即图书报告 1：每月每个题名成功题名请求量；图书报告 2：每月每个题名成功章节请求量；图书报告 3：每月每个题名拒绝请求量；图书报告 4：每月每种资源拒绝请求量；图书报告 5：每月每个题名总检索和访问量；图书报告 6：每月每种资源总检索和访问量。COUNTER 规范是为图书馆馆员、出版商和数据库服务商所设计的实施规范，是目前电子资源在线使用统计研究取得的最重要成果之一，因而 COUNTER 已成为一种全球标准。

3. DELOS 的评价标准

欧洲数字图书馆杰出网络（DELOS）是欧洲信息科学和数字研究联盟的下属组织。从 1997 年开始，DELOS 在欧盟和美国科学基金（NFS）的资助下，连续举办 9 次数字图书馆论坛，从评价资源、评价标准和评价方法等不同方面对数字图书馆评价展开全方位研究，以便引导和预测欧洲数字图书馆的未来。1999—2002 年，DELOS 完成了三次大规模评价：跨语言评价论坛、元图书馆和数字图书馆计划、“INEX：XML” 检索测试版。欧洲数字图书馆评价框架处于“面向系统” 和“面向用户” 之间。面向系统的评价对环境依赖较小，容易控制和重复进行；面向用户的评价对环境依赖性较多，有更多不可控制的因素。环境直接影响着系统开发和标准制定，如图 7－4 所示。从数字图书馆评价本身来看，评价要素包括：①评价基础设施：包括共同标准、交互纪录集合、数据收集机构、综合性测试资源。②特定评价矩阵：数字图书馆评价多借鉴其他学科环境的评价方法，如信息检索、数据库、人机交互等，欧盟数字图书馆评价小组致力于适合数字图书馆特点的整体评价矩阵建设，并在不同矩阵之间建立关联，以便提高数字图书馆整体评价能力（见表 7－3）。③环境评价技术：环境敏感性对评价矩阵的基本要求，评价结论要能够反映环境特征。欧洲数字图书馆评价矩阵工作小组（MWG）将数字图书馆评价对象概括为 7 个层面：①大规模系统和服务；②用户和系统；③用户努力程度和效果；④准确定位能力；⑤系统能力和通用工具；⑥单一使用者与系统兼容性；⑦数据集合内容和系统能力。欧洲数字图书馆评价矩阵工作小组（Metrics Working Group）提出，评价脚本可用于描述数字图书馆的 6 个相关现象：信息发现（请求和信息检索）、信息传递、未发现的信息使用者、图书馆管理、系统操作和其他，并提出用“可靠性”“准确性”“关联性”“跨媒介”和“跨语言检索能力”测度不同现象的发展水平[25－26,30]。

面向系统	面向用户
能够统合化	适应个人特点
对环境的依赖较少	依赖环境
可以控制	无法控制
可以重复	无法重复
试验设计容易	试验设计困难
时间和成本花费小	花费时间和成本
矩阵仍需要扩大	矩阵更多

图 7－4　欧洲数字图书馆评价框架

表 7－3　欧洲数字图书馆评价矩阵

评价尺度	请求	检索
及时性	请求准备时间 请求回应时间 界面的回应程度 信息新颖性	传递时间
充分性	可用性 界面指南 覆盖面 实际返回率 预计返回率	信息显示的适当性 可检索的能力
正确性	回应的正确性 界面的力量 实际检索结果的准确率 预计的准确率 冗余	检索的正确性
努力	界面的可用性 请求的复杂性 回应的复杂性	用户选择的努力程度

7.5.1.3　美国的数字图书馆评价标准

（1）E-Metrics 项目的评价标准。E-Metrics 项目，即电子图书馆评价项目，2000 年美国研究图书馆学会（ARL）启动了旨在建立一套研究图书馆的电子资源及其使用的科学测度指标体系。E-Metrics 项目的评价指标分为 5 类，共设置 20 个评价指标，其中包括 17 个统计指标和 3 个绩效指标（见表 7－4）。2002 年，E-Metrics 项目报告正式发布，提出了一套推荐使用的电子信息资源和服务的统计指标和绩效评估指标，以及统计数据收集的规则和数据处理指南。目前，已经有数十家图书馆采用 E-Metrics 评价体系。

表 7-4　E-Metrics 的评价指标体系

指标类别	指标名称
用户可使用的数字资源 PATRON ACCESSIBLE RESOURCES	R1. 全文电子期刊的数量 Number of Electronic Full-text Journals
	R2. 电子文献资源的数量 Number of Electronic Reference Sources
	R3. 电子图书的数量 Number of Electronic Books
电子网络资源和服务的使用 USE OF ELECTRONIC NETWORKED RESOURCES AND SERVICES	U1. 电子参考咨询的数量 Number of Electronic Reference Transactions
	U2. 数据库的登陆数 Number of Logins（Sessions）to Electronic Databases
	U3. 数据库的检索数 Number of Queries（Searches）in Electronic Databases
	U4. 数据库中被利用过的记录数 Number of Items Requested in Electronic Database
	U5. 图书馆网站和目录的访问次数 Virtual Visits to Library's Website and Catalog
电子资源及相关设施的花费 EXPENDITURES FOR ELECTRONIC RESOURCES AND RELATED INFRASTRUCTURE	C1. 全文电子期刊费用 Cost of Electronic Full-text Journals
	C2. 电子文献资源的费用 Cost of Electronic Reference Sources
	C3. 电子图书的费用 Cost of Electronic Books
	C4. 图书馆为书目使用、网络设施所付的费用 Library Expenditures for Bibliographic Utilities, Network
	C5. 用于支付书目使用与网络设施的外部费用 External Expenditures for Bibliographic Utilities, Network
图书馆数字化工作 LIBRARY DIGITALIZATION ACTIVITIES	D1. 图书馆数字馆藏的规模 Size of Library Digital Collection
	D2. 图书馆数字馆藏的使用 Use of Library Digital Collection
	D3. 数字馆藏建设和管理的费用 Cost of Digital Collection Construction and Management

续表

指标类别	指标名称
绩效评价 PERFORMANCE MEASURES	P1. 电子参考咨询占全部参考咨询的百分比 Percentage of Electronic Reference Transactions to Total
	P2. 虚拟图书馆访问次数占全部图书馆访问次数的比例 Percentage of Virtual Library Visits to All Library Visits
	P3. 电子图书数量占全部图书数量的百分比 Percentage of Electronic Books to All Monographs

（2）DigiQUAL 项目。DigiQUAL 项目是在 SERVQUAL、LibQUAL$^+$ 的基础上发展起来的，以数字图书馆服务质量评价为主。SERVQUAL 是一套应用于各类服务性机构的用户满意度测评体系，包括指标和方法。LibQUAL$^+$是 ARL 对 SERVQUAL 进行“图书馆化”修正研究之后而形成的对传统图书馆服务质量进行评价的体系方法。DigiQUAL 是 ARL 为评价美国国家科学数字图书馆（NSDL）而开展的对数字图书馆服务质量评价进行研究的项目。该项目经过试验确定了评价数字图书馆服务质量的 3 个维度 12 个主题：3 个维度是服务效果（effect of service）、信息控制（information control）、数字图书馆环境（library as place）；12 个主题是可获取性（accessibility）、导航性（navigability）、互操作性（interoperability）、馆藏建设（collection building）、资源使用（resource use）、评价馆藏（evaluating collections）、数字图书馆用户社区（DL as community for users）、数字图书馆开发者社区（DL as community for developers）、数字图书馆评论者社区（DL as community for reviewers）、版权（copyright）、联邦作用（role of federations）、数字图书馆可持续性（DL sustainability）。

7.5.1.4 英国的数字图书馆评价标准

英国的数字图书馆评价标准以 eVALUEd 项目为代表。eVALUEd 即电子图书馆发展评估模型，该项目于 2001 年 9 月由中央英格兰大学信息中心负责建设、英国高等教育资助委员会投资，直到 2004 年年初建设完成，目的是为了进一步的培训和推广电子图书馆的绩效评估。eVALUEd 项目（2001—2004）的目标是为电子图书馆评估生成一个通用模型，同时提供图书馆评估的培训和推广。作为该项目成果之一的 Toolkit 与 JUBILEE 的 Toolkit 极为相似。现该项目已在项目网站上推出数字图书馆绩效评价模型，并进行了多次培训图书馆管理层的评价。JUBILEE 项目由英国联合信息系统委员会于 2000 年开始投资，主要侧重于研究通过对用户的行为调查来评估电子信息服务质量。JUBILEE 的用户调查研究主要通过网络问卷调查、面对面直接用户调查、电话调查、电子邮件调查以及特定用户调查等几种方式。经过三年的用户调查、数据分析及评估方法的改进，2002 年 JUBILEE 项目集中了 11 个英国高等教育院校 6 个学科的数据，研发出建立在用户特性基础上的包含标杆基准工具的工具包模型（Toolkit）[31-40]。

此外，国外学者对数字图书馆评价进行了系统研究，焦点主要集中在评价对象、评价指标、评价方法和评价模型 4 个方面，这些方面都与数字图书馆评价标准有关。关于数字图书馆评价的对象有两种具有代表性的分类。一是 Savacevic 和 Covi 的观点，分为社会、机构、个人、界面、工程、信息处理、信息内容 7 个方面。其中前 3 层以用户为中心，后 3 层以系统为中心，而第 4 层则是一个分界。一是 Fuhr 等人分成的 4 个侧面：数据/馆藏、系统/技术、用户、使用，它们与效果、效益和质量共同构成评价矩阵。另外，还有欧洲数字图书馆评价小组提出的系统、用户和内容三要素分类法。目前关于数字图书馆评价对象的讨论已经越来越集中到以数据/馆藏、系统/技术、用户/使用为代表的三方面。评价指标研究的焦点主要集中在馆藏资源评估指标研究和用户服务指标研究两个方面。在整个评价研究的相关文献中，馆藏资源评价的研究占到了很重要的部分。在馆藏资源评估指标的确立方面，不同的学者从不同的角度对资源进行了分类，因此得出了不同的分类指标体系。其中有对实体馆藏和虚拟馆藏的评价。在数字图书馆用户服务评估指标体系研究方面，焦点主要集中在 LibQUAL+ 评价体系的实践研究和参考咨询服务质量评价指标研究两项上。在评价模型研究方面形成了多种评价框架：①以系统为中心的评价框架，通常包括系统性能评价，主要是对系统特性、设计以及技术方面的效用和效益进行评价；②以人为中心的评价框架，包括有关信息需求行为的研究，如信息检索、浏览、查询以及完成工作的性能；③以可用性为中心的评价框架，从用户的角度出发，评价系统的不同功能特征；④以环境为中心的评价框架，注重人文，通过研究生活方式、文化、数字图书馆环境，评价数字图书馆影响度。此外，一些评价的研究还触及数字图书馆不同利益权人（stakeholders）以及他们的文化与数字图书馆的关系：⑤以效益为中心的评价框架，包括了成本、成本效益、经济价值及影响度，如美国PEAK项目的评价对象就包含了价格模型、收入和费用等经济因素；⑥以水平为中心的评价框架，包括从微观的特征到宏观的影响度评价，如美国开放式视频数字图书馆项目（The Open Videldigital Library）评价就着眼于研究图像代理的识别速度这一微观层面，而Perseus项目及英国电子图书馆的评价都看重项目的影响度，即宏观层面的评估[15,41]。

国外在数字图书馆评价标准研究方面比较成熟的代表性观点有[42-44]：①基于信息系统的评价，主要从系统性能、系统功能、系统服务、系统使用效益等方面进行指标的构建；②基于服务质量评价实践的LibQUAL+TM，主要从服务效果、图书馆环境、信息获取、用户个人控制、信息素质等5个层面反映数字图书馆绩效评价内涵且将其作为一级指标，又用30个问题作为二级指标反映上述5个方面的内容，以实现对数字图书馆服务质量和服务效果的评价；③基于电子信息服务的eVALUEd项目评价指标，将评价对象作为一个主题划分为用户、存取、管理、资源4个分主题，又在各分主题下设若干子主题，构建数字图书馆评价的指标体系。

7.5.2 我国的数字图书馆评价标准

到目前为止，我国尚未出现全国性或全行业性的数字图书馆评价标准和评价实践活动，仅有一些小范围的评价实践和针对数字图书馆某项要素的评价实践，这些评价实践以借鉴国外数字图书馆评价标准为主，如CALIS针对数字资源的评价、清华大学基于LibQUAL+TM的服务质量评价。另外，我国已制定和颁布的一些图书馆评价标准或多或少都涉及数字图书馆评价的内容，如文化部颁布的《省级图书馆评估指标细则与标准》虽然没有专门的数字图书馆评价指标，但多处指标与数字图书馆评价相关，如电子文献年入藏数量、机读数据、数据库数量、计算机数量、网络情况、网站情况等[45-46]。

我国真正意义上的关于数字图书馆评价标准的制定源于 CADAL 项目评价实践。2012 年 5 月 9 日，CADLA 项目管理中心发布了“CADAL 数字图书馆在线评价标准”，采用 3 个一级指标和 11 个二级指标，并设置了指标权重对我国数字图书馆进行评价[47]（见表 7-5）。

表 7-5　CADAL 数字图书馆评价系统评价指标体系

总测度 $L = rR + tT + sS$					
一级指标	一级指标权重	二级指标	单位/类型	二级指标权重	数据获取*
资源 R	$r = 0.35$	资源总量 R1	GB	0.2	A
		资源跨度 R2	年	0.2	A/B
		自主标引 R3	1/0	0.3	A/B
		特色资源 R4	1/0	0.3	A
技术 T	$t = 0.3$	基本检索 T1	1/0	0.2	B
		高级检索 T2	1/0	0.2	B
		响应速度 T3	ms	0.3	B
		特色技术 T4	1/0	0.3	A
服务 S	$s = 0.35$	用户指南 S1	1/0	0.3	B
		在线咨询 S2	1/0	0.4	B
		特色服务 S3	1/0	0.3	A

* A 表示后台存储静态调用；B 表示前台即时动态获取。R3、R4、T1、T2、T4、S1、S2 和 S3 均可采用“判别‘有’为 1、‘无’为 0”的取值方式；R1 单位可用“GB”；R2 单位可用“年”；T3 单位可用“ms”。

2007 年，上海图书馆与上海科学技术情报研究所提出了《数字图书馆评估指标体系》，《数字图书馆评估指标体系》包括多个规范文本，其中较为重要的有总则、术语定义、指标的分类说明、细则、统计与评价方法、实施指南、案例说明等。数字图书馆评估指标体系包括数字资源、服务、管理和用户感知 4 个方面的测度，给出了一、二两级指标及说明[48]（见表7-6）。

表 7－6 《数字图书馆评估指标体系》

评价内容	指标标识	指标名称	指标含义	级别	取值类型	主/客观性	绝对/相对性	说明
数字资源测度	R01	二次文献数据库数量	所有二次文献或书目数据库	1	记录数	客观	绝对	不包括数字期刊全文数据库
	R011	自建二次文献数据库数量	自建的书目、索引、文摘数据库	2	记录数	客观	绝对	
	R012	二次文献数据库保有量	本地保存的二次文献数据库资源数量	2	记录数	客观	绝对	不包括某些年限内可获取的、停止订购之后不再能够存取的数据
	R02*	全文数据库数量		1	篇数或字节	客观	绝对	包括数字期刊全文、电子书、网上免费资源等
	R021	自建全文数据库数量	自行数字化的数据量	2	篇数或字节	客观	绝对	
	R022	全文数据库保有量	馆藏数字资源总量（不论从何种渠道获得）	2	篇数或字节	客观	绝对	不包括某些年限内可获取的、停止订购之后不再能够存取的数据
	R03	多媒体数据库数量		1	字节	客观	绝对	
	R031	自建多媒体数字资源数量	自行数字化多媒体资源的数量	2	字节	客观	绝对	
	R04	自建数字资源总量	基本上是R011、R021和R031之和	1	条数或字节	客观	绝对	可替代R011/R021/R031

续表

评价内容	指标标识	指标名称	指标含义	级别	取值类型	主/客观性	绝对/相对性	说明
服务测度	S01	供读者使用的计算机数量		1	座位数	客观	绝对	不包括OPAC检索用机
	S011	供读者使用的上网计算机数量	能够上网的计算机总数或座位数	2	座位数	客观	绝对	
	S012	无线上网服务	提供读者自带电脑上网的服务座位数或带宽	2	座位数或AP数*带宽	客观	绝对	取值可具体规定
	S02	网上参考工作提问数量		1	年总数或日均数（百分比）	客观	绝对	取值可具体规定
	S021	网上参考工作回答满意度		2	“满意”所占百分比	主观调查数据	相对（百分比）	实施指南中需说明具体如何取值
	S03*	网页/资源访问数	资源网页点击率	1	年总数或日均数	客观	绝对	
	S031	网页/资源访问用户数	独立IP访问数	2	年总数或日均数	客观	绝对	
	S032	资源查询数量	查询提问的绝对次数	2	次数	客观	绝对	
	S04*	注册用户数	具有网络访问权限的注册用户	1	人数	客观	绝对	
	S041	注册用户占目标用户比例		2	百分比	客观	相对	目标用户取值需要定义
	S042	注册用户使用率	人均单位时间登录次数	2	次数	客观	绝对	需定义单位时间
	S05*	资源下载数		1	篇数或字节	客观	绝对	
	S051	人均资源下载数	可按注册用户计	2	篇数或字节	客观	绝对	需定义单位时间

续表

评价内容	指标标识	指标名称	指标含义	级别	取值类型	主/客观性	绝对/相对性	说明
管理测度	M01	电子资源总支出	年度数字载体资源订购的总金额	1	货币单位	客观	绝对	
	M02	电子资源支出占总资源支出的比例		1	百分比	客观	相对	
	M021	资源使用单位成本	每人每次使用某项资源的平均成本	2	货币单位	客观	绝对	以订购资源的直接成本计，不算管理与设备成本
	M022	资源使用单位时间	每人每次使用某项资源的平均时间	2	时间	客观	绝对	
	M023	电脑使用率	每台电脑每天平均使用时间	2	时间	客观	绝对	
	M03	资源使用的用户培训数量	对用户进行培训的时间或次数	1	时间或次数	客观	绝对	
	M031	受训人数所占比例	评估期限内受训的人数占目标用户数之比	2	百分比	客观	相对	目标用户可以是注册用户，也可以是用户总数
	M04	工作人员培训情况	工作人员受培训的人均次数或时间	2	次数或时间	客观	绝对	需要在实施评估时具体规定
用户感知	P01*	满意度	满意度问卷调查取得的数据	1	人数比例	主观	相对	

注：带星号（*）的系列指标表示在具体应用时可重复；带标识符（a）的指标表示可以替换不带标识符的相应指标，即两个指标可以二选一，也可以都采用。具体

应用中可以只用一级指标，或者只用二级指标，或者一、二级指标都用。在两者都用的情况下某些一级指标可以省略（因多个二级指标可以构成一级指标），或者将二级指标的归属关系进行调整。

此外，我国在数字图书馆评价理论研究方面取得了众多成果，不少研究者分别从不同的角度和层面提出了数字图书馆评价的指标体系。代表性观点有[9,11,49-67]：从管理者评价和馆员评价两个方面构建公共数字图书馆服务质量评价指标体系；以信息构建（IA）为基础，从系统/技术（包括组织系统、导航系统、标识系统、检索系统）、用户（服务和用户体验）、馆藏（馆藏质量和其他）和数字图书馆可持续发展力 4 个方面构建数字图书馆评价指标体系；以信息系统、数字资源和服务为基础构建数字图书馆评价指标体系；从用户评价、公共服务、技术服务和经济指标 4 个方面定性、定量评价数字图书馆绩效；基于平衡记分卡（BSC）财务、内部流程、用户服务、学习与发展 4 个方面构建数字图书馆评价指标体系；从宏观和微观层面构建数字图书馆评价指标体系——宏观层面的数字图书馆评价指标包括数字图书馆对学习、科研等具体活动的影响，对人的发展产生的影响，对社会生产、生活的影响，以及数字图书馆的社会效益、经济效益等；微观层面涉及单个数字图书馆评价标准，包括资源、系统和服务三个方面；基于资源、服务、管理和用户感知的复合数字图书馆评价指标体系。代表性观点还有：基于办馆条件评价、数字化馆藏资源、服务与信息利用率、馆员素质与信息能力、效益综合的数字图书馆评价指标体系；基于两层次评价因素集数字图书馆评价系统；基于馆藏、技术、服务、管理 4 个方面的数字图书馆评价指标体系；从技术、资源、管理、服务、用户 5 个方面构建数字图书馆评价指标体系；从内容、技术、界面、服务、用户、评价环境 6 个维度评价数字图书馆的绩效；从基础设施、资源配置、资源组织、资源利用、服务功能等方面评价数字图书馆；从内容性、技术性、服务性、社会评价、管理性、维护指标、成长性、综合性方面评价数字图书馆；从馆藏质量、可用性、服务质量、数字图书馆系统性能出发构建数字图书馆评价指标体系；从数字资源、系统技术、用户感知和运营管理4个方面构建数字图书馆绩效评价指标体系；从用户可获取资源、电子资源使用和服务、电子资源和相关基础设施费用、用户培训、专门从事电子/网络资源服务的图书馆员、用户满意度6个方面入手建立数字图书馆评价指标体系；从数字馆藏资源、系统技术性能、用户与服务、数字化管理4个方面构建数字图书馆评价指标；从系统性能、系统功能、系统服务和系统使用效益4个方面构建数字图书馆评价指标体系；基于输入、输出评价的数字图书馆评价标准；基于信息系统的数字图书馆评价标准；基于数字馆藏和网络信息的数字图书馆评价标准；从可用性、系统性能、使用和人文及其他等方面构建数字图书馆评价指标体系；从数字图书馆的投入、活动和产出要素构建数字图书馆评价指标；从产出、绩效、服务质量、结果等出发评价数字图书馆；从馆藏质量、可用性、服务质量、系统性能和用户满意度出发构建数字图书馆评价指标体系。

参考文献：

[1]黄宗忠.数字图书馆发展的新阶段——关于Google、欧洲数字图书馆筹建的评价与对策[J].图书情报知识,2005(5):5-16.

[2]杨谦.数字图书馆评价指标构成要素研究[J].情报科学,2002(12):1302-1304.

[3]吴清强,韩涛.数字图书馆评价研究综述[J].现代图书情报技术,2006(6):22-26.

[4]张玉兰,郑春厚.基于信息构建的数字图书馆评价体系研究[J].图书馆学研究,2008(3):40-43.

[5]张玉霞.数字图书馆及其数字资源评价指标体系研究[J].东北电力大学学报,2011(2):99-103.

[6]徐宽.数字图书馆的评价标准[J].图书馆研究,2003(9):19-21.

[7]百度百科.数字图书馆[EB/OL].[2015-01-15].http://baike.baidu.com/link?url=D8HKIICXH57DeILwq6JHee6 RQUabNQTSYy7AiDANKpEKjkocTx5uc2plXYiZT5gBXedAvgFvY3QfvmEPcm41rK.

[8]SARACEVIC,T. Digital Library Evaluation: Toward an Evolution of

Concepts[J]. Library Trends, 2000, 49(2): 350 - 369.

[9]吴建华,王朝晖.数字图书馆评价层次分析[J].情报科学,2009(8):1207 - 1214.

[10]刘兹恒,王海娟.关于数字图书馆评价的若干问题探讨[J].四川图书馆学报,2003(3):2 - 6.

[11]王鉴辉.数字图书馆评价体系问题研究[J].中国图书馆学报,2004(4):55 - 57.

[12] JANE BARTON. Measurement, management and the digital library [J]. Library Review,2004,53 (3): 138 - 141.

[13] SARACEVIC T. Digital Library Evaluation: Toward an Evolution of Concepts[J]. Library Trends,2000,49(2):350 - 369.

[14]杨含斐.我国数字图书馆评价研究述评[J].图书馆学研究,2007(4):16 - 18.

[15]王慧,陈雅.国内外数字图书馆评价文献述评[J].大学图书情报学刊,2007(3):98 - 105.

[16]MARCHIONINI G. Evaluating digital libraries: a longitudinal & multi-faceted view[J]. Library Trends, 2000, 49 (2): 304 - 333.

[17]BISHOP A P. Digital Library Use: Social Practice Design and Evaluation[M]. Cambridge: The MIT Press,2003: 1 - 24.

[18]范莹莹,金以明.基于 DEA 和 CA 的数字图书馆评价研究[J].图书馆论坛,2010(5):55 - 57.

[19]金以明.基于 DEA 和 SOM 的数字图书馆评价研究[J].情报科学,2011(1):93 - 98.

[20]赵凯威,张桂玲.国外数字图书馆评价研究综述[J].情报科学 2003,21(5):479 - 482.

[21]乔欢.数字图书馆评价研究[D].北京:北京大学博士学位论文,2005:3 - 5.

[22]徐革.我国大学图书馆电子资源绩效评价方法极其应用研究[D].成都:西南交通大学,2006:5 - 8.

[23]刘佳,李恩科,康延兴.2002—2008年我国数字图书馆评价研究文献综述[J].晋图学刊,2010(3):108-111.

[24]奉永桃,张洪铭.ISO与IFLA图书馆绩效评估指标体系比较研究[J].图书馆论坛,2012(4):144-148.

[25]乔欢.数字图书馆评价研究[J].国家图书馆学刊,2004(3):49-54.

[26]乔欢.欧洲数字图书馆评价研究[J].图书馆杂志,2004(11):56-60.

[27]李贺,沈旺,国佳.国外数字图书馆评价研究现状分析[J].中国图书馆学报,2010,36(6):88-94.

[28]吕淑萍,罗云川.图书馆数字资源统计标准和应用指南[M].北京:国家图书馆出版社,2010:3-27.

[29]数字图书馆评估体系建设[EB/OL].[2015-01-18].http://www.cadal.cn/wdxz/.

[30]乔欢,马亚平.数字图书馆评价客体解析[J].数字图书馆论坛,2005(5):7-13.

[31]王海娟.数字图书馆评价指标体系初探[J].图书馆工作与研究,2004(1):13-17.

[32]赵悦,申晓娟,孙一钢.数字图书馆评价指标体系[J].数字图书馆论坛,2011(7):8-18.

[33]ICOLC. Guideline for statistical measures of usage of web-based information resources[EB/OL]. [2015-01-18]. http://www.library.yale.edu/consortia/webstats06.htm.

[34] Release 3 of the COUNTER Code of Practice for Journals and Databases[EB/OL]. [2015-01-18]. http://www.projectcounter.org/code_practice.html.

[35] Statistics and Evaluation Section Strategic Plan 2008-2009[EB/OL]. [2015-01-18]. http://archive.i? 0? 4a.org/VII/s22/annual/sp22-2009.htm.

[36]张玲,孙坦,黄国彬.国外数字图书馆评价实践综述[J].图书情报工作,2006(6):131－134.

[37] Library Performance Measurement and Quality Management System Performance Indicators for Electronic Library Services[EB/OL].[2015－01－18].http://equinox.dcu.ie/reports/pilist.html.

[38] E-Metrics: Measures for Electronic Resources[EB/OL].[2015－01－18].http://www.arl.org/stats/initiatives/emetrics/index.shtml.

[39]游毅.国内数字资源评价研究综述[J].图书情报工作,2008(3):66－69.

[40]韩新月,吕淑萍.国内外数字图书馆评价研究与实践进展比较分析[BE/OL].[2015－01－18].http://www.dlf.net.cn.

[41]王咏梅.国外数字图书馆评价研究与实践述评[J].图书馆学研究,2006(6):27－29.

[42]范莹莹,金以明.基于DEA和CA的数字图书馆评价研究[J].图书馆论坛,2010(5):55－57.

[43]金以明.基于DEA和SOM的数字图书馆评价研究[J].情报科学,2011(1):93－98.

[44]FUHR N. Evaluation of digital libraries[J]. International Journal of Digital Libraries,2007,8 (1): 21－38.

[45]董丽等.基于LibQUAL+TM的图书馆服务质量评估方法研究和实践分析[J].现代图书情报技术,2006(3):76－81.

[46]王居平.数字图书馆评价的理论与方法[M].合肥:安徽大学出版社,2008:161－178.

[47]数字图书馆评估体系建设[EB/OL].[2015－01－18].http://www.cadal.cn/wdxz/.

[48]刘炜,楼向英,张春景.数字图书馆评估研究[J].图书情报工作,2007(5):21－24.

[49]马宁宁,李春明,周晨.基于不同立场的公共数字图书馆服务评价研究[J].情报理论与实践,2013(7):63－66.

[50]张玉兰,郑春厚.基于信息构建的数字图书馆评价体系研究[J].图书馆学研究,2008(3):40-43.

[51]王晓军.数字图书馆评估模式探讨[J].图书情报知识,2007(7):39-43.

[52]吴建华.数字图书馆评价方法[M].北京:科学出版社,2009:218.

[53]唐晓玲,何燕.基于QFD和Kano模型的数字图书馆质量评估研究[J].情报理论与实践,2013(6):89-92.

[54]高丽萍.基于Vague集的数字图书馆的评价方法研究[J].数学的实践与认识,2014,44(6):89-96.

[55]王莹.数字图书馆评价指标体系的设计[J].数学的实践与认识,2013,43(16):36-42.

[56]郑建明,胡唐明.基于平衡计分卡的数字图书馆评价研究[J].图书馆杂志,2011,30(7):35-39.

[57]战学秋,温金明.多层次模糊综合评判法在数字图书馆评价中的应用[J].情报科学,2007(7):1035-1039.

[58]樊彩霞,马礼.数字图书馆评价系统的研究与实现[J].软件导刊,2008(6):112-114.

[59]王海娟.数字图书馆评价指标体系初探[J].图书馆工作与研究,2004(1):13-17.

[60]王莹.数字图书馆评价指标体系的设计[J].数学的实践与认识,2013(16):91-98.

[61]罗琳,王卫平.数字图书馆绩效评价指标体系构建研究[J].重庆广播电视大学学报,2012(1):52-55.

[62]张玲.国外数字图书馆评价实践综述[J].图书情报工作,2006(12):131-134.

[63]苏丽.数字图书馆服务评价方法研究[J].情报科学,2007(7):1014-1017.

[64]张玉霞.数字图书馆及其数字资源评价指标体系研究[J].东北电力大学学报,2011(2):99-103.

[65]周奇志,张玉兰,王燕.用户视角的数字图书馆评价标准及个案分析[J].情报杂志,2009(5):91－94.

[66]张玉兰,郑春厚,刘象超.基于IA的数字图书馆评价体系定量分析[J].情报科学,2008(10):1522－1526.

[67]刘兹恒,王海娟.关于数字图书馆评价的若干问题探讨[J].四川图书馆学报,2003(3):2－6.

第 8 章　图书馆服务评价

美国图书馆学大师谢拉曾说过：服务是图书馆的基本宗旨。[1]我国图书馆学著名学者黄宗忠先生也认为：一切图书馆的目的是服务，离开了服务，图书馆就失去了存在价值和发展动力，只能成为摆设，所以服务是图书馆永恒的主题，是需要图书馆人长期关注的重心所在。[2]可见，图书馆服务的重要性不言而喻，不断提高图书馆的服务质量，最大限度地满足读者的信息需求，是图书馆生存和发展的基础与目标[3]。然而图书馆的服务具有无形性，难以准确测度和把握，因此，图书馆服务及其质量评价成为业界和学界关注的焦点。

8.1　图书馆服务

图书馆是公共文化服务机构，也是社会文献信息中心，因此，图书馆事业属于服务性行业。可以说，服务是图书馆存在和发展的前提和基础；服务于读者、最大限度地满足读者的信息需求是图书馆各项工作的根本出发点和最终归宿，也是检验和评价图书馆工作的重要标准。

8.1.1　图书馆服务的内涵

按照国际标准化组织的“ISO 8402：1994”的定义，服务质量（service quality）是指服务能够满足规定和潜在需求的特征和特性的总和，是指服务工作能够满足被服务者需求的程度。在商业领域和市场竞争中，无论是提供有形产品的生产企业还是提供无形服务的服务行业，服务都是基础，而服务质量则是核心，因此，服务质量是市场竞争制胜的法宝。服务质量的内涵与有形产品质量的内涵有区别，消费者对服务质量的评价不仅要涵盖服务的结果，而且要涉及服务的过程。服务质量既是服务本身的特性与特征的总和，也是消费者感知的反映，因而服务质量既由服务的技术质量、职能质量、形象质量和真实瞬间构成，也由感知质量与预期质量的差距所体现[4]。

图书馆服务是指图书馆利用馆藏和设施直接向读者提供文献和情报的一系列活动，有时也称“图书馆读者服务工作”“图书馆信息服务工作”等。图书馆服务的好坏通常通过图书馆服务质量来衡量。服务质量是指服务机构向服务对象提供服务过程中的服务行为和服务环境的具体表现。而图书馆服务质量就是对读者需求满足程度的度量，主要包括技术服务和职能服务质量两项内容。技术服务的质量主要指某项服务带给读者的价值，其核心是读者通过服务所得到的东西；职能服务的质量主要指读者接受服务的感受，它更多地取决于读者的主观感受，其核心是读者如何得到这种服务。图书馆作为信息服务机构主要从事信息产品和信息服务的提供，对图书馆服务质量的评价也就是对图书馆信息服务和对图书馆读者服务质量的评价，前者指技术服务，后者则指职能服务[5]。

8.1.2　图书馆服务的特征

图书馆服务的特征与一般服务具有很大的相似性，具有以下基本特征[6]：

（1）无形性。同有形产品不同，服务在很大程度上是无形的和抽象的。在使用之前，服务是人们看不到也无法触及的。

（2）差异性。差异性是指服务质量水平的差异程度。差异的存在，是因为服务不像有形产品那样有固定的质量评价标准，而是具有较大的不确定性和可变性。因为服务的提供者与价值传达载体主要是“人”，服务的接受者、消费者和体验者也是“人”，人容易受到情绪、身体状况、环境等因素的影响，而无法确保每次都能提供一致的服务水平，也无法确保每次都能体验到一致的服务质量。因此服务质量因提供时间、地点、服务方式以及服务环境的不同而有差异。

(3) 不可分离性。不像物质产品那样，生产与消费的时间是分割的。而服务的生产过程与消费过程同时进行，无法分割，顾客或用户只有加入到服务的生产过程才能最终消费到服务。

(4) 易消逝性。由于服务的无形性和不可分离性，使得服务不可能像有形产品一样被贮存起来，以备未来使用。

此外，图书馆服务还具有针对性（图书馆一般针对特定的读者群体提供服务）、及时性（信息具有时效性，读者需求也具有时效性）、依附性（图书馆服务的提供需要依赖一定的信息资源、设备、建筑和环境等）、公共性（图书馆服务是一种公共产品）等特殊性，同时，图书馆服务过程既提供有形产品（如提供文献等载体），也提供无形服务（如阅览、咨询等）。更为重要的是，随着图书馆服务理念的转变，图书馆服务正在从以馆员为中心向以用户为中心转变，过去以“办馆条件和业务水平”为核心的图书馆服务评价标准也在向以“用户满意度”为核心转变[7]。

8.1.3 图书馆服务的内容

图书馆是综合服务体，随着图书馆形态的变化，图书馆服务的内容也在不断变化。现代图书馆不仅通过阅览和外借等方式向读者提供印刷型书刊资料，而且还提供文献复制、参考咨询、编译报道、信息检索、情报研究、定题服务、文献报道、知识讲座、展览、读者活动、用户培训等多种服务。一般将现代图书馆的服务分为传统服务和数字化服务两个部分。图书馆传统服务主要包括借阅、参考咨询和读者培训等服务，数字化服务则主要包含电子阅览、数据库检索、虚拟参考咨询、文献传递、个性化订制等服务[8]。现代信息技术，特别是计算机技术、网络技术、声像技术、通信技术、缩微技术等，在图书馆的广泛应用，使图书馆服务方式和服务手段日益多样化，服务范围也日益扩大和发展，服务效率不断提高。

8.2 图书馆服务评价

8.2.1 图书馆服务评价的内涵

图书馆服务评价，即图书馆服务质量评价，是以图书馆服务为评价对象，以服务质量为评价内容，采用科学的评价标准和方法对图书馆服务工作及其服务效果进行优劣评判和价值估算的过程[9]。图书馆服务评价是图书馆评价的核心内容。

图书馆服务质量评价包含两个层面：①服务过程评价，即对图书馆的服务内容、服务模式和服务技术等维度进行评价，SERVQUAL、LibQUAL+TM和 Rodski Group 成为该领域最负盛名的评价工具；②服务价值评价，即对图书馆服务给用户带来的影响和价值进行测评。由于服务价值本身的不确定性和评测指标的难以量化性，针对图书馆服务影响和价值评价的研究非常薄弱，绝大部分图书馆服务评价的研究对象是服务过程，甚至将“图书馆服务过程评价”视为“图书馆服务评价”的全部，而忽视了“服务价值评价”。

传统的图书馆服务质量评价多立足于图书馆自身的馆藏资源、馆舍大小、经费投入、组织管理等办馆条件和业务工作[10]。20 世纪 90 年代以来，随着对服务营销理论的进一步研究，图书馆作为信息服务机构和公共文化服务机构的定位越来越明确，正如国际图联主席 Alex Byrne 在第 73 届世界图书馆与信息大会上所说，“图书馆的一切都是围绕提供最高质量的信息服务”。因为只有用户才能评价图书馆的服务质量，所以一切针对服务以外的其他方面的评价从根本上说都是无关紧要的。总之，以用户为中心的图书馆服务质量评价日益受到关注和重视，仅依据馆藏数量等传统内容来测度图书馆质量的评价模式已经过时了[11]。

8.2.2 图书馆服务评价的目的和意义

图书馆服务评价具有多重功能，既是对图书馆服务提供能力的一种确认，也是对图书馆服务提供质量和水平的一种评判，同时也是用户和读者对图书馆服务质量高低、优劣的一种反馈。通过图书馆服务评价，可以确定图书馆服务的效果（即服务质量的好坏），确定图书馆满足用户信息需求的程度（即用户满意度），以及图书馆服务效率（即图书馆服务的经济效益和社会影响）。图书馆服务评价同时也是提高图书馆管理水平和提升图书馆服务质量的有效途径和重要手段。

1. 图书馆服务评价的目的

服务质量是图书馆赖以生存和发展的前提与基础。在及时了解读者需求的基础上，定期对图书馆服务质量做出全面、系统、客观的评价，是确立服务重点，合理配置和有效利用资源，进一步提升图书馆服务水平和服务质量，搞好图书馆服务工作的基础。评价不是目的，而是一种手段。“以评促改，以评促建”，才是图书馆服务评价的真正目的。通过对以往服务工作的评价，发现服务中存在的问题与不足，从而调整服务程序，改进服务质量，提升服务水平，高效地利用图书馆有限的资源最大限度地满足读者的信息需求，才是图书馆服务评价的根本目的。

2. 图书馆服务评价的意义

图书馆服务评价对图书馆服务发展、图书馆发展和图书馆事业发展的意义不言而喻。具体来说，图书馆服务评价具有以下作用[13-14]：

（1）指导图书馆事业的发展。科学的评估指标体系，不仅对现有的服务工作起到评估和指导作用，而且对图书馆事业将来的发展也将起到指导作用。科学的评价指标体系使图书馆的评价方式从经费、资源的数量评价转移到以用户为中心的质量评价模式上来。科学、合理的评价指标体系可以指导各个图书馆做好自己的业务工作、服务工作和管理工作，从而促进整个地区图书馆事业的发展。

（2）指导图书馆的具体工作。通过不同时期、不同阶段的评价，图书馆可以发现当前实际工作中存在的问题与不足，找出当前工作中的主要矛盾，有针对性地改进图书馆的服务工作，合理调配各种资源，并为图书馆制定下一步的发展战略提供依据。不仅如此，图书馆还可以通过基准检查，与同行比较，缩小差距，最终提高用户满意度。

（3）提高社会对图书馆发展的认识。科学、合理的服务质量评价工作能够体现出图书馆提升其自身形象、增强其吸引力的主动性，有利于提高各级教育主管部门和学校对图书馆发展的认识。高校图书馆服务质量评价，能够鼓励读者参与图书馆建设的热情和积极性，加强读者对其服务工作的监督，为图书馆开展各级用户认为最重要、最迫切的服务内容提供依据，为图书馆领导层制定发展规划提供决策性信息，使决策更加贴近读者，也可以进一步提高图书馆为社会提供信息服务的能力，提升高校图书馆的知名度和声誉。

（4）促进图书馆的可持续发展。图书馆的可持续发展需要有资金、人力资源、管理等诸多因素作为保障。着眼于可持续发展，并结合图书馆实际情况而建立的科学的评估指标体系，具有前瞻性和预见性，对于图书馆的发展能起到导向作用。

8.3　图书馆服务评价历程

8.3.1　国外图书馆服务评价历程

国外图书馆服务质量评价实践和研究经历了引入期、成长期与发展期三个阶段。20 世纪 90 年代初，西方图书馆界为了提升图书馆服务质量及用户的满意度，开始尝试寻找可以有效识别图书馆服务存在的问题并指导改进的分析方法。相关的研究集中在图书馆服务数据统计（如文献传递效率、循环效率、馆际互借完成率等）、顾客满意度、服务质量等方面[15]。

美国研究图书馆协会（ARL）从 1974 年开始利用服务数据统计来对会员图书馆进行评价，这一评价方法随着图书馆服务内容的不断扩展，到 1995 年已形成较为广泛和完整的评价体系。20 世纪 90 年代以来，随着“顾客至上”“读者至上”“用户第一”理念的不断深入，顾客满意度测量成为图书馆界用户调查的重要方面。随着服务营销理念的发展，少数几个图书馆引入了服务质量的理念，通过对比用户对图书馆服务的感受和期望之间的差距来测量图书馆服务质量。加拿大学者 Francoise Hébert 率先将 SERVQUAL 用于评价公共图书馆的馆际互借业务。

北欧学派（Nordic）代表人物，芬兰学者 Gronroos 1982 年第一次提出

“顾客感知服务质量”的概念，1984年推出顾客感知服务质量模型，其后对此模型进行了修正。美国学者 Parasuraman、Zeithaml 和 Berry（PZB）于1985年提出服务质量差距模型，并在此基础上，于1988年创建了感知服务质量评价模型 SERVQUAL[16-19]。服务质量评价和 SERVQUAL 模型成功引入图书馆质量评价，得到了整个图书馆界的关注。更多机构和学者开始反思一直以来运用馆藏等硬性指标和顾客满意度进行图书馆质量评价的缺陷，而对应用于商业领域的服务质量评价和 SERVQUAL 评价模型表现出很大的兴趣，如 ARL 于2000年资助其12个会员图书馆进行的 SERVQUAL 试验计划。与此同时，对于 SERVQUAL 评价模型在图书馆界应用的可行性和适用性的争论随之而起。研究都表明，SERVQUAL 的5个维度和22个指标未能全面反映图书馆的服务质量。这一时期，更多的研究则发现在图书馆领域 SERVQUAL 不能再现原有的5个维度，也不能再现指标和维度之间的原始关联。许多学者开始进行 SERVQUAL 的修改和评价方法的创新[20]。20世纪90年代起 PZB 对 SERVQUAL 评价方法进行了多次改进。在 SERVQUAL 的基础上，其他学者又先后推出了 SERVPERF 等众多顾客感知服务质量评价方法。而以用户感知和期望为特征的图书馆服务质量评价问题，也紧随其后，逐步纳入了国内外相关研究者的视野。

1999年12月，ARL 根据德克萨斯州 A&M 大学图书馆6年来对 SERVQUAL的研究和实践经验，与其共同发起了最大规模也是此后最有影响力的图书馆服务质量评价研究计划——LibQUAL+TM[21]。运用 SERVQUAL 进行图书馆服务质量评价的努力证明，如果不对 SERVQUAL 的指标进行修改，而直接将其用于图书馆界是不会成功的。LibQUAL+TM旨在根据研究图书馆特点，融合 SERVQUAL 的建构，通过对大量用户的调查和数据处理，寻找新的图书馆服务质量的评价指标，从而形成适用于图书馆背景的服务质量评价模型。在60次大规模的访谈和细致性分析、整合的基础上，对图书馆用户特性和图书馆服务质量的属性进行分析、总结，从而提炼出服务影响、可靠性、图书馆环境、馆藏资源和信息可获性5个图书馆服务质量维度。后续的研究创建出了 LibQUAL+TM的初始量表[22-24]。此后，为了对初始量表进行有效的修正和完善，LibQUAL+TM分别于2000年、

2001 年、2002 年和 2003 年进行了 4 轮大规模的实验（见表 8－1），图书馆服务质量评价实践日益成熟和完善起来。

表 8－1　LIBQUAL $^{+TM}$ 四次评估实验的内容

年份	2000	2001	2002	2003
维度	服务影响、可靠性、图书馆环境、馆藏资源、信息可获性	服务影响、可靠性、图书馆环境、自主性、信息可获性	服务影响、图书馆环境、自主性、信息可获性	服务影响、图书馆环境、信息控制
指标数目（个）	41	56	25	22
参加馆数（个）	13	43	164	308

8.3.2　我国图书馆服务评价历程

我国图书馆服务评价实践和理论研究以引进和介绍国外图书馆服务评价实践经验和理论成果为主，并进行了适当的改造以适应我国图书馆服务评价，在此基础开展了一些图书馆评价服务实践[25－42]。我国的图书馆服务评价实践和理论研究处于起步阶段，尚不成熟，需要不断地摸索和探讨。

我国图书馆服务质量评价实践和理论研究起步于 20 世纪 90 年代，初景利最先将 SERVQUAL 理论与方法引入我国图书馆界，并从服务质量理论角度对图书馆服务质量评价和管理提出对策和建议。其后，钱佳平等对 SERVQUAL 进行了更为深入、广泛的探讨。任馨等则较早地介绍了 LibQUAL $^{+TM}$。而后，常唯、刘锦源等则对 LibQUAL $^{+TM}$ 进行了更多的介绍和研究。值得一提的是，我国有几个图书馆也先后运用 SERVQUAL 原型和 LibQUAL $^{+TM}$ 的修正模型各自进行服务质量调查，另外，国内还有一些学者运用模糊数学的方法对图书馆服务质量评价做了一些探讨。

8.4 图书馆服务评价体系

8.4.1 国外图书馆服务评价体系

世界图书馆界历来就十分重视图书馆服务质量评价。1977 年，美国著名图书馆学家 F. W. Lancaster 曾在《如果你想评价你的图书馆》（IF YOU WANT TO EVALUATE YOUR LIBRARY）一书中，将成本（costs）、效果（effectiveness）和效益（benefits）作为评价图书馆服务的三个基本要素，做了比较深入的剖析。此后，国际图书馆界在对服务评价进行研究和实践的过程中，先后提出了质量评价、投入评价、输出评价、绩效评价、成本效益评价、影响评价、价值评价、成效评价等基于不同维度的评价理论与方法。

国外早期的图书馆服务评价以图书馆和馆员为中心，立足于图书馆服务统计，很多成熟的国际图书馆评价标准和欧美图书馆评价体系都属于此。例如，ISO 11620 共包含 5 大类 29 个用于评估图书馆相关服务和活动的业绩指标，主要用于评价读者反映，文献提供、检索、借阅、获取、编目、处理，参考咨询，馆际互借，图书馆设备等；1982 年美国公共图书馆协会（Public Library Association，简称 PLA）出版了《公共图图书馆服务绩效评估手册》；1990 年美国大学及研究图书馆协会（Association of College and Research Libraries，简称 ACRL）也制定了《评估学术图书馆绩效标准》，其中都包括使用者满意情况、藏书的提供与使用情况、图书馆及其设备使用情况和信息服务 4 大类 15 项标准[41]。但是，随着服务质量评价理论和用户满意度测量在图书馆服务评价中的引入，以用户为中心，立足于用户满意度的图书馆服务质量评价体系日益完善，以 SERVQUAL 评价模型和 LibQUAL$^+$ 评价体系为代表，引起了全世界各国图书馆界的关注[35,42]。国外图书馆服务质量评价经过多次演变，形成了三种有代表性的评价体系[43]。

1. 以图书馆系统为中心的服务绩效评价体系

图书馆界一向重视统计各种业务数据，即统计图书馆业务工作数据，如馆藏数量、经费支出、流通量，输入了多少资金、人务，输出了多少服务（借阅量、开放时间等），用统计数据来表明图书馆服务的效率，形成了以图书馆系统为中心的图书馆服务质量评价体系，也称为“图书馆服务绩效评价体系”。早期的统计数据不够规范和系统，也缺乏可比性，各图书馆自行决定统计哪些内容、如何统计，给不同图书馆之间的横向比较造成了困难。为了使统计数据对决策更有指导意义，图书馆界对统计工作进行了规范，制定了具有可比性的指标体系，这类指标体系的一个典型实例是国际标准化组织（ISO）于 1998 年颁布的国际标准“ISO 11620：1998 Information and Documentation Library Performance Indicators”，即图书馆绩效评价指标。该标准对统计项目的定义、统计方法、数据的应用给出了明确的规定。之后颁布的各种国际图书馆评价标准都以此为基础进行了补充和修正[44]（如图 8－1 所示）。

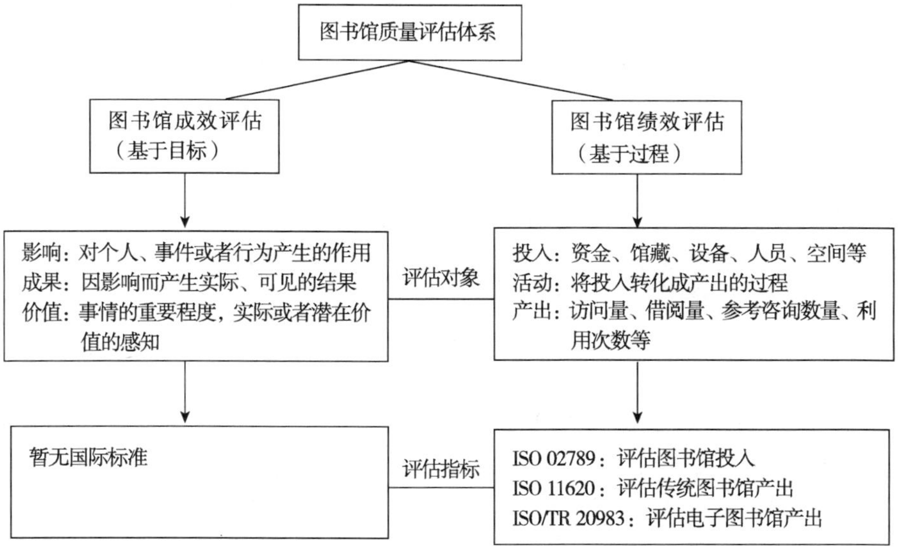

图 8－1　国际图书馆服务质量评价体系

2. 以用户为中心的图书馆服务质量评价体系

即调查用户满意度，把用户满意程度作为衡量图书馆服务质量的标准。随着时间的推移，以图书馆系统为中心的评价体系，即“系统中心论”的局限性逐渐被人们认识到，因为它主要统计图书馆内部业务数据，对最有权力来评价图书馆服务质量的人——用户关注不足，为了弥补这一缺点，一种评价图书馆服务质量的新视角产生了，即“用户中心论”，它的基本思想是让用户对图书馆的各项服务进行评价，完全从用户的角度来评价图书馆的服务质量。在这种评价方法中，美国研究图书馆协会（Association of Research Libraries，简称“ARL”）于2000年提出的LibQual是一个影响较为广泛的评价工具。LibQual的理论依据和基本方法来源于SERVQUAL（代表service quality），可以说是SERVQUAL在图书馆领域内的具体应用。SERVQUAL是A. Parasuraman提出的用于评价商业服务质量的方法，该方法虽有争议但应用广泛，尤其是在商业机构中。SERVQUAL认为，在评价一项服务的质量时，只有顾客的评价是有意义的，其他评价都是无关紧要的；而在测量用户满意程度时，采用了服务质量间隙理论（Gap Theory of Service Quality），即测量用户对某项服务的期望水平、实际感知到的水平以及最低可容忍的水平，并计算三者之间的差距（gap score）。LibQual把与图书馆服务质量相关的问题分成了若干方面，每个方面由若干问题组成，针对每个问题，请用户回答他所期望的服务水平实际感知到的服务水平，以及最低可容忍的服务水平。通常实际感知到的水平会落在期望的水平和最低可容忍的水平之间，期望的水平与实际感知到的水平反映图书馆服务的差距，如果实际感知到的水平低于最低可容忍的水平则应引起严重关注。LibQual的问卷每年会有所改动，在2005年的问卷中，共有22个问题，被分为四个方面，分别反映图书馆对用户情感方面的影响、用户自主获取信息的程度、图书馆环境是否舒适宜人、利于学习和研究等。LibQual为测量用户满意度提供了一个理想的量化工具。在LibQual出现之前，通常测量用户满意度的做法是：确定一个分数范围（如0~10分，分数越高代表满意程度越高），请用户打分，实际上测量的是用户感知的服务水平，不测量用户的期望值和最低容忍值，因此无法比较用户感知的服务水平与用户期望之间的差距，也就无法让图书馆了解其服务水平与用户的期望之间有多大差距。

3. 以图书馆影响为中心的图书馆服务质量评价体系

即测量图书馆服务对用户的影响，研究图书馆服务在用户的学习、研究、工作、生活等方面起了什么作用。“图书馆服务对用户的影响”是指在使用图书馆资源和服务后用户所产生的变化，如用户在技能、态度、行为、竞争力等方面发生的变化。它可以是现时的、直接的，如找到了所需要的信息，也可以是长期的、潜在的，如增强了用户的信息检索能力。这种评价方法的主要思想是定量或定性地测量图书馆服务对用户个体在学习、研究、工作、生活等方面的影响，以及图书馆服务对社会的影响，用这种影响的性质和强度来确定图书馆服务的质量。可以看出，这种方法把目光从图书馆自身转向了图书馆与环境的互动关系，即图书馆服务对用户个体和社会的影响，重点考察以下几个方面。

（1）图书馆利用与用户学术或职业成功的关系。试图找出图书馆利用程度与用户学术或职业的成功程度之间的关系，需要测量两方面的数据：①图书馆利用情况，通常用以下数据体现：利用频率（如借书、到馆的频率）、利用服务项目的多少（咨询服务，用户培训，馆际互借）、馆藏的利用范围（纸本文献、电子期刊、特殊资源）、参加培训的情况。②用户的学术或职业的成功程度，表现在更短的学习时间、更高的分数、就业情况、出版物的质量等方面。现有的研究项目尚不能证明图书馆利用与用户学术成就之间的正比关系。

（2）图书馆服务与用户信息素养的关系。探讨图书馆提供的培训对用户信息素养的影响，研究方法是：调查用户对于培训效果的反馈，分别于培训前后测试用户检索信息的能力，用户自我评价，观察用户行为，分析用户所撰写的论文的参考文献的变化。有些研究项目采用分别于培训前后测试用户检索信息能力的方法，确实证实了图书馆在提高用户信息素养方面的正面作用。

（3）图书馆对研究工作的重要性。主要是为了证实图书馆服务对用户的研究工作有益，通常采用分析参考文献的方法，用户在其学位论文和其他论文中列出的参考文献中有多少是可从图书馆获取的，并附带调查用户从哪里获取这些参考文献，如果不利用图书馆，用户能否获取这些文献。

（4）图书馆的社会作用。了解图书馆的存在对所属社区的影响，如丰富社区的文化生活、提高儿童的阅读兴趣等。一般采用调查法，了解用户利用图书馆所得到的直接收获和潜在的好处。

(5) 图书馆的经济价值。大多数图书馆服务没有直接的经济收入，所以只能用替代法测量经济价值，所谓“替代法”即调查以下两个问题：第一，如果图书馆服务终止，用户愿意接受多少金钱作为补偿？第二，用户愿意为所得到的图书馆服务支付多少钱？大英图书馆用这种方法得出的结论是：对图书馆投资1英镑可以产生4.4英镑的经济价值。

8.4.2 我国图书馆服务评价体系

我国的图书馆服务评价没有形成统一的具有权威性的评价体系。一方面，图书馆服务评价蕴含于各类图书馆评价中，如高校图书馆评价、公共图书馆评价和数字图书馆评价；另一方面，现有的图书馆服务评价以引进和介绍国外图书馆服务评价体系为主，并结合国内图书馆服务实际进行了一些理论和实践探索，提出相应的评价模型。

1. 国家科学数字图书馆分布式参考咨询服务系统

中国科学院国家科学数字图书馆（CSDL）分布式参考咨询服务系统在一期建设中，在国内率先提出了一套分布式数字参考咨询系统服务评估指标体系，包括2个一级指标、8个二级指标和30个三级指标，为质量评价工作奠定了深厚的理论研究基础。伴随系统二期建设工作的深入及系统运作的切实可行性要求，在一期建设基础上，对质量评价指标体系进行了再次修改与完善，选取部分指标组建了拟在系统实际评估中采用的评价体系，重在强调可操作性，并在此基础上制定了“服务质量控制与评价方案”[45-46]。

2. 借鉴国外图书馆服务质量评价体系

在介绍和研究国外图书馆服务质量评价体系的同时，我国的一些图书馆也先后尝试运用SERVQUAL原型和LibQUAL+TM修正模型各自进行用户服务质量调查，如西南交通大学图书馆、宁波大学图书馆对SERVQUAL原型的应用，清华大学图书馆、中山大学图书馆对LibQUAL+TM进行一定修正后的应用等。国外图书馆服务质量评价体系虽然具有一定的借鉴和参考价值，但不完全适合我国图书馆服务评价，需要根据我国图书馆服务发展实际情况进行调整和改造。

3. 我国学者构建的图书馆服务质量评价模型

在 SERVQUAL 评价模型和 LibQUAL $^{+TM+}$ 评价体系的基础上，我国学者提出了一些服务于我国图书馆服务质量评价的评价框架和模型，对指导我国图书馆服务质量评价实践具有一定的参考价值。如杨恒平构建的以资源建设为中心，以服务为目的，以技术、设备和环境为支撑的图书馆服务质量评价模型[47]；韩毅、杨晓琼、李健等构建的图书馆服务质量影响因素评价模型[48]；王频等根据馆员提供服务和读者消费服务的流程将服务质量分为设计质量、服务传递质量、关系质量和技术质量 4 个环节[49]；金更达提出图书馆服务质量评价五要素框架[50]；刘开第等以从服务能力、信息资源、信息服务、服务效果 4 个方面构建了图书馆服务质量模型评价矩阵[51]；李亚梅运用层次分析法（AHP）构建了现代图书馆服务质量评价指标体系[52]；韩红予借鉴 LibQUAL $^{+}$ 的评价思路和方法构建了包括资源建设与利用、服务效果、环境和设备及设施、图书馆人员 4 个层面的图书馆服务质量评价体系[53]；吴冬曼等构建了基于用户需求的图书馆服务质量评价指标体系[54]；孙静提出以用户为中心包括图书馆环境、信息获取、用户的个人控制、服务效果 4 大指标的图书馆服务质量评价模式[55]；申晓娟借鉴教育界用于课程评价的 CIPP 评价模式可以将图书馆服务评价大致分为服务能力评价（包含 CIPP 中的背景评价和输入评价）、服务过程评价和服务结果评价等三个层次[56]；还有基于有形服务质量、服务过程质量和服务结果质量的图书馆服务质量评价模型等。

8.5 图书馆服务评价标准

8.5.1 国外图书馆服务评价标准

国外有关图书馆服务质量评价的研究和实践始于 20 世纪 70 年代末 80 年代初。早在 20 世纪 70 年代，国外图书馆界引入了以“顾客满意程度”作为评价服务质量标准的“期望—实绩模型”和“需要满意程度模型”，应用于图书馆实践并检验，得到的效果并不理想。到了 20 世纪 80 年代，国外图书馆界又引入了一种“面向顾客”的问卷式服务质量评估工具——SERVQUAL，应用于图书馆服务质量的评估工作中。该体系将用户满意程度作为评价的唯一可靠依据，忽视了不同读者对于不同性质图书馆的期望度以及馆藏资源等主客观条件。经过几年的实践证明，该体系是科学、可靠的。到了90年代末，美国研究图书馆协会（ARL）在SERVQUAL的基础上，克服了不足，建立了一种更加实用的图书馆服务质量评价模式LibQUAL+。该体系是在SERVQUAL理论的基础上，将调查问卷、服务评价指标体系、数据收集过程等进行重新设计和改进，增加体现图书馆服务特色的评价指标，并经过反复实践而最终形成的指标体系。

1. ISO 11620图书馆服务绩效评价标准

国际标准化组织（ISO）于1998年公布以“ISO 900422”为前提的“ISO 11620信息与文献——图书馆绩效指标标准”，该项标准列5大类29项指标，包括图书馆之服务满意度、读者服务、技术服务、推广服务、人力资源利用等指标，可供各类型图书馆进行服务绩效评估时参考使用，以期了解图书馆服务之效率与效能[57]（见表8-2）。

表8-2　ISO 11620：1998的图书馆服务绩效评价指标

领域	子领域	指标
用户感知	一般情况	用户满意度，即：请用户打分来表达对图书馆服务的满意程度
公共服务	一般情况	接受图书馆服务的人口占全部服务对象的比例
		平均每位用户每年所用经费
		一年中平均每位服务对象到馆的次数
		一年中平均每次到馆所花费的经费
	提供文献	用户可利用的文献占全部文献的比例
		用户索取的文献中可获得的比例
		用户所需要的文献中图书馆所拥有的比例
		用户所需要的文献中图书馆拥有以及可以在将来提供的比例

续表

公共服务	提供文献	一年中平均每人在图书馆内使用的文献数量
		文献使用比例，即用户使用的文献数量与图书馆拥有的文献总数的比例
	文献检索	从闭架获取文献的平均时间
		用户从开架获取文献的平均时间
	文献外借	馆藏外率
		一年中平均每人的借书量
		某时段（例如一个，一学期）平均每人外借文献的数量
		平均每次外借的费用
		平均每个工作人员的外借数量
	利用外部资源进行文献传递	馆际互借的速度
	咨询服务	咨询问题的正确回答率
	信息检索	文献题名检索成功率
		主题检索成功率
	设施	设施的可利用率
		设施利用率
		座位使用率
		自动化系统正常工作的时间与计划正常工作时间的比例
内部业务	文献采购	文献采购的平均天数
	文献加工	文献加工的平均天数

2. SERVQUAL 服务质量评价标准

1988 年，美国服务市场营销学家 L. L. Berry、A. Parasuraman 和 V. A. Zeithaml 依据“全面质量管理”（TQM）理论提出一种称为“服务质量评价（SERVQUAL）”的方法，并于 20 世纪 90 年代出版代表作《开展优质服务：平衡用户的知觉与期望》（Delivering Quality Ser-vice：Balancing Customer Perceptions and Expectations）一书。其核心思想是：服务质量的评价要依据用户的知觉和用户对服务的期望。要对某项服务质量进行评价，就要依据用户的知觉，着眼于用户的期望，这样才能准确衡量服务提供者的表现。他们认为，服务质量评价取决于用户感受到的服务水平与用户所期望的服务水平之间的差值，其理论基础是“服务质量差距模型”，即服务质量取决于用户所感知的服务水平与用户所期望的服务水平之间的差别程度（因此又称为“期望—感知”模型），用户的期望是开展优质服务的先决条件，提供优质服务的关键就是要超过用户的期望值。Berry 等人经过大量的定量和定性的分析，确定评价服务质量的因素主要由切实性、可靠性、服务效率、保障度和情感投入 5 要素组成（也称为“5 个维度”），并根据这 5 个要素构建了具有 22 个问题的调查表，每个问题设立了三个值：用户可接受的最低值、用户对服务的感知、服务期望。通过问卷调查、顾客打分和综合计算得出服务质量的分数（见表 8－3）。

表 8－3　SERVQUAL 量表

1. 有形性	（1）有现代化的设备
	（2）有令人赏心悦目的馆内设施
	（3）图书馆工作人员穿着整洁、得体
	（4）有丰富的馆藏资源
2. 可靠性	（5）在承诺的时间内提供服务
	（6）可靠地解决用户的问题
	（7）为用户提供一次性成功的服务
	（8）服务与承诺相符
	（9）图书馆员在处理用户需求时值得信赖
3. 响应性	（10）使用户知晓服务过程的进展
	（11）向用户提供及时迅速的服务
	（12）工作人员愿意帮助用户
	（13）时刻准备为用户提供服务
4. 保证性	（14）工作人员鼓励用户使用图书馆的信心
	（15）确保用户的个人信息和借阅、咨询记录准确保密
	（16）工作人员有礼貌地对待用户
	（17）工作人员具备解答咨询的知识

续表

5. 移情性	（18）关注用户的个性化需求
	（19）对不同的用户给予特别的关注
	（20）工作人员理解用户的需求
	（21）好的图书馆应当把用户利益放在第一位
	（22）好的图书馆应当有方便的开放时间

SERVQUAL 计算公式为：$SQ = \sum_{i=1}^{22}(P_i - E_i)$

式中；SQ 为感知服务质量；

P_i 为第 i 个因素在顾客感受方面的分数；

E_i 为第 i 个因素在顾客期望方面的分数（$i = 1、2、3、\cdots\cdots n$，$n = 22$）。

SERVQUAL 的提出，很快就受到英美图书馆界的关注，并应用到图书馆服务质量评价中，同时引发了图书馆界对“全面质量管理”的极大兴趣，改变了图书馆信息服务质量评价的观念和方法。

3. LibQUAL⁺图书馆服务质量评价标准

由于 SERVQUAL 是针对银行、零售业等其他服务行业提出来的，因此，在应用到图书馆信息服务评价时，发现有很多不适应图书馆评价的要求，于是美国研究型图书馆联合会对 SERVQUAL 进行了调整和改进，提出了更为合理的图书馆服务评价体系 LibQUAL⁺。LibQUAL⁺评价体系较之 SERVQUAL 评价模型在体现图书馆服务专业特色方面，有了非常程度的提高与完善。LibQUAL⁺计划首先肯定了 SERVQUAL 所设立的着眼于用户、基于用户需求的评价图书馆服务质量的主要技术指标。同时，对人们提出疑问最多的 SERVQUAL 决定质量的 5 个层面重新进行了论证与整合。在 SERVQUAL 原有的基础上增加了三个层面：图书馆的场所（Li-brary as Place）、指导和帮助条款（Instructions/Custom Items）、自立能力（Self-reliance）。通过实践调查和用户的访谈，研究人员认为 SERVQUAL 模型的 5 个评价指标在应用到图书馆服务质量评价时，会出现重叠的现象；在 2001 年和 2002 年的 LibQUAL⁺服务质量评价调查中，经过认真反复的实践和总结，最终形成了 LibQUAL⁺服务质量评价体系的 4 个层面 25 个问题，即：服务影响（Service Effect）、图书馆整体环境（Library as Place）、馆藏获取（Access to Collections）和可靠性（Reliability），并在原 41 个指标的基础上，提炼出 34 个指标[15]（见表 8－4）。

表 8－4　LibQUAL⁺量表

服务影响用户服务感受	（1）愿意帮助用户
	（2）可靠地解决用户提出的问题
	（3）工作人员始终彬彬有礼
	（4）给予用户个别的关注
	（5）工作人员待人友善
	（6）工作人员具备解答用户咨询的知识
	（7）随时准备回答用户的问题
	（8）工作人员培养用户的信心
	（9）工作人员了解用户的需求
信息控制用户个人控制可靠性	（10）用户能在家或办公室即可获取电子资源
	（11）有让用户轻松找到所需信息的现代化设备
	（12）图书馆主页可以让用户自行检索信息
	（13）有简便易用的工具使用户能自行找到信息
	（14）使信息便于存取供独立使用
	（15）图书馆馆藏能方便地得到利用
图书馆环境	（16）图书馆环境有利于安静学习
	（17）适于独处
	（18）整体环境舒适有吸引力
	（19）启发思考
	（20）宜于思考、发挥创造力
馆藏获取	（21）期刊的完整性
	（22）文献传递与馆际互借及时
	（23）重视用户对交叉学科的信息需求
	（24）方便的开馆时间
	（25）完备的印本资源

4. 参考咨询服务评价标准

参考咨询服务是图书馆服务的重要内容，因此对参考咨询服务的评价历来备受图书馆界关注。1996 年，美国参考咨询与用户服务协会（RUSA）提出了《参考与信息服务专业人员行为指南》，明确了参考咨询服务质量评价的主要指标。1997 年，VRD（虚拟参考咨询台，Virtual Reference Desk）专家根据参考咨询服务及管理的实际经验，提出了《数字参考服务质量指标体系》。该指标体系经过多次修改，直至 2003 年 6 月，美国虚拟参考咨询台协会（ASKA）提出“Facets of Quality for Digital Reference Services”，并颁布了第 5 版评价标准，将评价标准划分为三大部分共 11 项指标：①服务过程标准指标（User Transaction），包括可获取性（Accessibility）、反应快速性（Prompt Turnaround）、答复政策的明确性（Clear Response Policy）、交互性（Interactive）、指导性（Instructive）；②服务管理标准与规范（Service Development/Management），包括权威性（Authoritative）、专家队伍的训练有素性（Trained Expert）、保密性（Private）；③服务质量，定期评估总结（Reviewed）、提供有用相关信息（Provides Access to Related Information）、宣传推广（Publicized）[47,58]（见表 8－5）。

表 8－5　美国 VRD 数字参考服务质量评价指标体系

参考咨询服务过程	可获取性	用户可以通过电子邮件或网络问卷表格进行联系，信息容易查找；残疾人能够方便地使用；非英语用户在组织内部的翻译帮助下能够使用、能够插件使用，但不是必需的
	响应及时性	规定合理及时的响应时间，包括处理问题的具体工作日、时间的紧急程度及对非即时性问题应在收到问题的 1～2 天内 100% 地给予适当回答
	政策明确性	规定明确的回复政策，即网站主页或者在发送给用户的回复确认信息中明确标明参考咨询服务的问答过程和提供的服务、问题界定范围、提供答案的类型、用户对专家的期望回复时间

续表

参考咨询服务过程	交互性	鼓励用户将年龄、职称和研究的学科领域等重要信息通过电子邮件或网络问卷表单公开，但不泄露用户的隐私；通过电子邮件或用聊天工具等方式澄清用户的问题；通过设置追踪问题计数器的方法来验证相关的信息；允许用户在每次服务后在答案不满意的情况下继续咨询；运用共同协议，链接相关的答复设置，推动后续问题
	指导性	对用户进行必要的指导，包括为用户提供能搜寻到最好资源的路径和索引，使他们能够学会自己找到相似答案；当答案或资源找不到时，就为用户提供路径、关键词和尝试其他的处理方法；学科专家在适当的时候提供其他的指导
	权威性	确保答复的权威性，即服务人员中至少包括一名合格的专家，监督咨询服务的质量和答复的准确性；专家通过电子邮件或网站和用户交流；在回答问题时应该和用户进行沟通；在网站上公布专家名单及专家资格证明
参考咨询服务过程管理	在职培训	加强人员培训，即为所有的参考咨询服务人员，包括非正式人员，提供一些培训服务，包括回答方针、经验指导、回复政策和程序、服务礼仪等，将培训的过程做成书面文件交给有关的组织
	隐私保护	重视隐私保护，包括不允许透露用户姓名、电子邮件，除非用户通过网络问卷表等书面文件在信息公开前表示同意；可在网站上公布保护隐私的政策；在公布到公共知识库之前，将问答设置中所有可以识别的个人信息清除掉；18 岁以下用户的个人信息，应获得其父母的同意；保护用户和专家相关的信息不受到有害的监视；通知用户哪些资料将被服务机构保留；提供给用户修改简介和问题的机会
	服务评估	定期对咨询质量、准确性、遵守服务政策进行监控，从而提高服务技能，包括评估用户、咨询人员对服务的满意度、专家依据服务政策和程序使用资源、对在线资源和回复进行监控、与其他参考咨询服务组织合作以提供同业互查、检查回复中依靠链接的应用
	提供相关信息的存取	保证相关信息的自由存取，包括允许访问服务内容范围内的资源、选择外部资源的标准和政策、每年至少检查和更新网站内容 3 次、公布相关资源清单并定期检查、对推荐的网站链接做出注释、协作服务网中确定合作伙伴关系
	服务公知性	开展宣传推广活动，制订公关计划，包括电子讨论组发布消息、设立咨询服务的链接、向用户发送邮件、在期刊上发表文章等，制订一个适当的宣传计划

5. ClimateQUAL™服务质量评价标准

ClimateQUAL™是美国研究图书馆协会最新推出的图书馆服务质量评价体系，该体系力求从馆员的角度对图书馆的服务质量进行评价，其核心思想为[59]：图书馆的组织文化是全体馆员共同的价值理念，对馆员有一种内在的号召力，并赋予其归属感和认同感、荣誉感和责任感，使馆员努力工作，自觉维护组织的声誉。和谐的组织文化是一种黏合剂，能减少组织内部的摩擦和内耗，形成和谐宽松的人际关系，增强凝聚力和向心力。从馆员的角度研究图书馆组织文化对人力资源发挥效益值的影响、考察馆员对组织氛围与文化的满意度进而衡量图书馆的服务质量水平，体现了图书馆事业发展的人本内涵。ClimateQUAL™包括 17 个一级指标和 29 个二级指标，构成了一套完整的服务质量评价指标体系（见表 8－6）。

表 8－6　ClimateQUAL™的服务质量评价指标体系

A1 公正公平（Climate for Organizational Justice）	**A7 团队合作（Climate for Teamwork）**
a11 分配公正	a71 馆员对团队合作效益的信念
a12 程序公正	a72 团队合作的结构便利
a13 信息公正	a73 团队合作的组织价值（可选）
a14 人际关系公正	a74 团队合作的信息便利（可选）
A2 领导（Climate for Leadership）	**A8 心理安全（Climate for Psychological Safety）**
a21 对领导的信任	a81 团队层面
a22 领导—成员间关系的质量	a82 图书馆整体层面
a23 管理者的服务热情	**A9 人际相处（可选）（Climate for Interpersonal Treatment）**
a24 可信的变革型领导	a91 团队层面的人际相处
A3 深度多样化（Climate for Deep Diversity）	a92 管理者与馆员间的人际相处
a31 无歧视行为	**A10 用户服务**
a32 团队间程序的标准化	**B1 工作满意度（Job Satisfaction）**

续表

a33 对多样化的重视程度	**B2 组织承诺（Organizational Commitment）**
A4 人员多样化（Climate for Demographic Diversity）	**B3 组织公民行为（Organizational Citizenship Behaviors）**
a41 种族	**B4 离职（Organizational Withdrawal）**
a42 性别	**B5 工作场所心理赋权（Psychological Empowerment in the Workplace）**
a43 级别	b51 个人赋权
a44 性取向	b52 团队赋权
A5 创新（Climate for Innovation）	**B6 任务参与度（Task Engagement）**
a51 监督管理	**B7 工作冲突（Work Unit Conflict）**
a52 同事	b71 人际冲突
A6 持续学习（Climate for Continual Learning）	b72 任务冲突

8.5.2 我国图书馆服务评价标准

国内有关图书馆服务质量评价的研究和实践始于20世纪90年代。20世纪90年代，各图书馆系统的行政主管部门分别制定了图书馆评估标准，评估标准的重点是办馆条件和业务水平，这对于处于起步阶段的图书馆建设而言是有利的，它保证了各馆的基础设施建设，对图书馆事业的发展起到了不可估量的作用。但随着图书馆的不断发展，这种把读者排除在外，未把读者需求及读者对服务的感知等作为评价依据的做法，显然已经不适应现代化图书馆发展的需求。21世纪以来，图书馆服务质量评价越来越引起国内图书馆界的重视，尤其体现在《普通高等学校图书馆评估指标》和《省级公共图书馆评估指标》的颁布，其中高校图书馆评估指标设置了读者服务评价一级指标，包括基本服务、信息咨询服务、信息素质教育、读者评价4个二级指标和14个三级指标（见表8－7），省级公共图书馆评估指标中设置了读者服务工作（在7个指标中给出的分值最高）。目前，国内一些综合性重点院校如北京大学、清华大学、中山大学、浙江大学等，相继改造 SERVQUAL，借鉴 LibQUAL⁺的评价思路和方法，针对本校师生，在全校范围进行了图书馆用户调查，具体了解用户的意见和建议，并以此为依据不断改进图书馆服务工作，使图书馆各项工作决策更加贴近读者，取得的效果比较显著[13]。

表 8－7　《普通高等学校图书馆评估指标》中的读者服务评价指标

D 读者服务	D1 基本服务	D11 开馆时间
		D12 开架率
		D13 生均外借/下载量
		D14 网上服务
	D2 信息咨询服务	D21 信息咨询
		D22 馆际互借和文献传递
		D23 信息编译报导或推送
	D3 信息素质教育	D31 读者入门教育
		D32 文检课教育
		D33 校园文化建设
		D34 学生参与服务
	D4 读者评价	D41 读者问卷调查
		D42 读者座谈会调查
		D43 读者意见箱

参考咨询服务评价文献，以中国科学院国家科学数字图书馆（CSDL）提出的分布式数字参考咨询系统服务评估指标体系为代表，包括 2 个二级指标（系统服务和服务水平）、8 个二级指标（用户使用状况、问题答复状况、系统技术及规范、服务能力、问题响应时间、问题处理时间、问题响应质量、用户满意度）和 30 个三级指标[45－46]（见表 8－8）。也有学者从参考咨询服务环境、参考咨询人员、服务管理和服务绩效 4 个方面构建参考咨询服务评价指标体系[60]。

表 8-8　CSDL 的分布式参考咨询服务系统服务评价指标体系

CSDL 分布式数字参考咨询系统服务评价指标体系			
系统服务	用户使用状况	相对提问用户数量	注册用户数——已在用户注册表中注册过的用户数量
		相对系统访问次数	登录次数——系统被使用的次数
		用户忠诚度	用户忠诚度——使用 10 次以上的用户数占总用户数的比率
	问题答复状况	问题解答率	接受问题百分比——系统接受参考咨询量占总参考咨询量的百分比；回答用户问题的百分比——系统响应中用户得到问题答案的数量占系统接受参考咨询总量的百分比
		问题征解率	问题征解的百分比——需征解问题量占总咨询量的百分比
	系统技术及规范	系统稳定性	
		系统安全性	
		系统规范性	FAQ 维护——知识问答库维护
	服务能力	咨询队伍	当年信息专家人数占该系统咨询人员总数比例；当年学科专家人数占系统咨询人员总数比例
		合作咨询	
		人员培训	
服务水平	问题响应时间	问题转发或征解时间	系统管理员响应问题的时间；系统管理员将问题分配给参考馆员的时间；参考馆员响应问题的时间；系统管理员再次转发问题的时间
	问题处理时间	问题处理时间	参考馆员答复问题的时间；系统管理员转发参考馆员回复的时间
	问题响应质量	问题答复率	问题响应质量指标分析：系统管理员正确回答度；系统管理员对问题的响应度；参考馆员对问题的响应度；参考馆员回答量度
		解答正确率	参考馆员正确回答度，答案规范
	用户满意度	用户满意度	

参考文献:

[1]J. H. 谢拉. 关于图书馆学的基本原理[J]. 图书馆学通讯,1982(2):65 -69.

[2]黄宗忠. 服务是图书馆的永恒主题——兼评国外图书馆服务的新理念、新方法[J]. 图书馆论坛,2005(6):22 -29.

[3]刘颖,宋乐平. 我国图书馆服务评价研究综述[J]. 图书馆学研究,2012(20):7 -11.

[4]百度百科. 服务质量[EB/OL]. [2015 -01 -20]. http://baike.baidu.com/link? url = iPqUBzHb9D9gTYaYUQ4IM4rshJbqgKl6hJtUzpOXwqV4LzrePmKT1m7ZJSLReRYqh78AhHWyXOcY5ESSU5jzA.

[5]百度知道. 服务的特征[EB/OL]. [2015 -01 -20]. http://zhidao.baidu.com/link? url = YxI6gemMZFX4Yvdp_2skQhZjuvS - TPclXwCb6NAf5YH7P0titBkc2f1pUdiwjO4M4DuzQcTdg8jQIaJaGL3d - K.

[6]刘开第,庞彦军,郝继梅. 图书馆服务质量综合评价的一种新方法[J]. 情报杂志,2008(8):133 -135.

[7]张明霞. 从图书馆的服务特性谈图书馆服务营销[J]. 现代情报,2009(10):49 -52.

[8]席晓南. 浅谈图书馆服务质量评价体系[J]. 全国新书目,2008(15):91 -92.

[9]施国洪,王治敏. 图书馆服务质量评价研究回顾与展望[J]. 中国图书馆学报,2009(5):91 -98.

[10]NITECKI D A. Changing the concept and measure of service quality in academic libraries[J]. The Journal of Academic Librarianship, 1996 (5):181 -190.

[11]刘玲玲. 现代化高校图书馆服务质量综合评价研究[C]. 华北地区高校图协第二十四届学术年会交流论文,2011:340 -345.

[12]张树华,王京山,刘绿茵,等. 数字时代的图书馆信息服务[M]. 北京图书馆出版社,2005:200 -201.

[13]施国洪,王治敏. 图书馆服务质量评价研究回顾与展望[J]. 中国图

书馆学报,2009(5):91 - 98.

[14]GR. NROOS C. Strategic management and marketing in the service sector[M]. Helsinki:Swedish School of Economics and Business Administration, 1982:101.

[15]韦福祥.服务质量评价与管理[M].北京:人民邮电出版社,2005:64 - 65, 73 - 76, 130 - 134.

[16]PARASURAMAN A,VALARIE A Z, Leonard L B. A conceptual model of service quality and its implications for future research[J]. Journal of Marketing, 1985, 49(3): 41 - 50.

[17]PARASURAMAN A,VALARIE A Z,LEONARD L B. SERVQUAL:A multiple item scale for measuring consumer perceptions of service quality[J]. Journal of Retailing, 1988, 64(1): 12 - 40.

[18]NITECKI D A, HERNON P. Measuring service quality at Yale University's Libraries[J]. Journal of Academic Librarianship, 2000(26): 259 - 273.

[19]COOK C, THOMPSON B. Psychometric properties of scores from the web-based libQUAL^{+} study of perceptions of library service quality[J]. Library Trends, 2001, 49(4): 585 - 604.

[20]THOMPSON B, COOK C, HEATH F M. Structure of perceptions of service quality in libraries: A libQUAL^{+TM}study[J]. Structural Equation Modeling, 2003, 10(3): 456 - 464.

[21]COOK C, HEATH F M. Users perceptions of library service quality: A libQUAL^{+} qualitative study [J]. Library Trends, 2001, 49(4): 548 - 584.

[22]THOMPSON B, COOK C, KYRILLIDOU M. Concurrent validity of LibQUAL^{+TM} scores: What do libQUAL^{+TM} scores measure? [J]. The Journal of Academic Librarianship, 2005, 31 (6): 517 - 522.

[23]初景利.图书馆发展变革与服务转型[M].北京:国家图书馆出版社,2012:55.

[24]钱佳平.基于SERVQUAL的大学图书馆信息服务质量测评体系的研究与设计[J].大学图书馆学报,2001(4):34 - 37.

[25]任馨，章云兰，金中仁．图书馆服务质量评价新模式——从SERVQUAL到LIBQUAL+[J]．情报杂志，2002(7)：47－48．

[26]常唯．LIBQUAL+TM——图书馆服务质量评价方法新进展[J]．大学图书馆学报，2003(4)：23－26．

[27]刘锦源．LIBQUAL+TM的信度与效度检验：来自本土大学图书馆的证据[J]．图书情报工作，2007，1(9)：96－99．

[28]许玲．面向全面质量管理——用SERVQUAL评价图书馆服务质量[J]．图书情报工作，2001(5)：1－5．

[29]张健兰，吴向丹．基于SERVQUAL模型的图书馆服务质量评价实证研究[J]．三大类型图书馆事业，2005(3)：91－93．

[30]吴冬曼，赵熊，解春伟，等．网络环境下图书馆服务质量评价方法探析——清华大学图书馆读者满意度调查工作的实践与思考[J]．大学图书馆学报，2006(1)：49－52．

[31]唐琼，张玫，曾颖，等．基于LibQUAL+TM的广东高校图书馆服务质量评价[J]．大学图书馆学报，2006(2)：63－69．

[32]宋姗姗．多层次模糊数学模型在图书馆服务质量评价中的应用[J]．情报杂志，2007(8)：46－48．

[33]陈晓菊，钱树云．图书馆服务质量评价体系的探索[J]．情报杂志，2008(6)：123－125．

[34]张应祥．高校图书馆信息服务质量综合评价研究[J]．情报杂志，2007(11)：128－130．

[35]于良芝，古松，赵峥．SERVQUAL与图书馆服务质量评估：十年研究评述[J]．大学图书馆学报，2005(1)：151－57．

[36]罗曼．图书馆服务质量模型及其应用[J]．中国图书馆学报，2005，31(2)：20－24．

[37]袁琳，刘银红．ARL对LibQUAL+图书馆服务质量评价模式的研究与应用[J]．图书情报知识，2004(2)：75－77．

[38]沙振江，施国洪．基于服务质量评价的图书馆服务功能定位研究[J]．图书情报工作，2009(15)：38－41．

[39]范小华,袁勇智,李启仁.图书馆服务质量评价指标体系研究[J].图书馆建设,2009(8):46-51.

[40]臧鸿妹.国外图书馆信息服务质量评价模型研究[J].情报杂志,2007(8):40-43.

[41]史继红.图书馆服务质量评价方法的演变[J].情报杂志,2008(3):40-43.

[42]向远媛,温国强.大学图书馆成效评估及其指标体系构建探索[J].大学图书馆学报,2011(3):11-17.

[43]袁红军.国内外数字参考咨询服务质量评价指标比较分析[J].图书情报工作,2007(10):41-44.

[44]杨义民.美国虚拟参考咨询台协会与CSDL数字参考咨询服务质量评价标准的比较分析[J].情报科学,2008(1):110-114.

[45]杨恒平.高校图书馆服务社会评价体系探析[J].图书馆学刊,2011(8):63-66.

[46]韩毅,杨晓琼,李健.图书馆服务质量影响因素的权重测定及模糊评价分析[J].中国图书馆学报,2007(5):79-80.

[47]王频.图书馆服务质量内涵分析及评价[J].甘肃社会科学,2005(5):254-255.

[48]金更达.图书馆服务质量评价实现探讨[J].大学图书馆学报,2002(3):49-55.

[49]刘开第,庞彦军,郝继梅.图书馆服务质量综合评价的一种新方法[J].情报杂志,2008(8):133-135.

[50]李亚梅.现代图书馆服务质量评价体系构建研究[J].图书馆,2010(4):41-43.

[51]韩红予.新时期图书馆服务质量评价体系研究[J].图书馆理论与实践,2010(5):4-6.

[52]吴冬曼,邵敏,张喜来.研究图书馆服务质量评价指标构建实证研究[J].大学图书馆学报,82-89.

[53]孙静.用户感知的服务质量评价模式——以用户为中心的图书馆

服务质量评价[J]. 图书情报工作,2005(11):105－109.

[54]申晓娟,李丹. 公共图书馆服务评价研究——兼论文化部全国县以上公共图书馆评估工作[J]. 图书馆杂志,2013(9):51－57.

[55]王慧,陈雅. 国内外数字图书馆评价文献述评[J]. 大学图书情报学刊,2007(3):98－105.

[56]梁灵艳. 美国图书馆数字参考咨询服务质量评价标准[J]. 图书馆建设,2005(3):63－65.

[57]包平,周丽. 基于ClimateQUAL™的高校图书馆评价实证研究[J]. 大学图书馆学报,2011(1):35－40.

[58]王野,刘慧娟. 关于建立公共图书馆参考咨询评价体系的思考[J]. 图书馆学研究,2003(4):55－60.